公路工程建设管理

修林岩　阎明阳　白会杰　主编

吉林科学技术出版社

图书在版编目（CIP）数据

公路工程建设管理 / 修林岩，阎明阳，白会杰主编
. -- 长春：吉林科学技术出版社，2020.1
ISBN 978-7-5578-6396-8

Ⅰ．①公… Ⅱ．①修… ②阎… ③白… Ⅲ．①道路工
程－施工管理 Ⅳ．① U415.1

中国版本图书馆 CIP 数据核字（2019）第 299348 号

公路工程建设管理

主　　编	修林岩　　阎明阳　　白会杰
出 版 人	李　梁
责任编辑	端金香
封面设计	刘　华
制　　版	王　朋
开　　本	185mm×260mm
字　　数	430 千字
印　　张	19.5
版　　次	2020 年 1 月第 1 版
印　　次	2020 年 1 月第 1 次印刷
出　　版	吉林科学技术出版社
发　　行	吉林科学技术出版社
地　　址	长春市福祉大路 5788 号出版集团 A 座
邮　　编	130118

发行部电话／传真　0431—81629529　　　81629530　　　81629531
　　　　　　　　　　81629532　　　81629533　　　81629534

储运部电话　0431—86059116

编辑部电话　0431—81629517

网　　址	www.jlstp.net
印　　刷	北京宝莲鸿图科技有限公司
书　　号	ISBN 978-7-5578-6396-8
定　　价	80.00 元

前　言

公路工程（highway engineering），指公路构造物的勘察、测量、设计、施工、养护、管理等工作。

公路工程建设管理主要存在绪论、公路工程施工建设、桥梁工程施工建设、公路桥梁养护技术、工程项目管理、公路桥梁养护、公路桥梁管理系统等内容。本书主要是向公路建设工作人员提供基础的信息资料，希望能够保证施工人员的工作开展。

目　录

第一章 绪 论

第一节 公路概述

公路是现代术语，是可以行驶汽车的公用之路、公众的交通工具行驶之路，汽车、单车、人力车、马等众多交通工具及行人都可以走，当然不同公路限制不同。民间也称作马路，如"马路天使"里的用法，不限于马匹专用。

公路作为现代语词有两个基本因素：可以行驶汽车，公用之路。那么，就排除了其他的车道，例如古代的车路不是公路。

有一般公路与汽车专用公路之别，后者越来越多，二级公路因此就有两种规格。

因为汽车和修路技术的发展，公路发展出不同级别。

公路等级：有不同分级体系。中国人民交通出版社于 2004 年出版的《公路工程技术标准》，对公路分为五个技术等级，还有行政等级。台湾省早有《公路及快速公路管理规则》，分为高速、快速、普速三个等级。中国近年又有高等级公路等名称，是新的分级法。

一、含义

（一）语义

公路是现代术语，是可以行驶汽车的公用之路，汽车、单车、人力车、马等众多交通工具及行人都可以走。早期的公路没有限制，大多是简易公路，后来不同公路有不同限制；由于交通日益发达，限制性使用的公路越来越多，特别是一些公路专供汽车使用（有的城市公路从禁止单车到禁止摩托车），而且发展出公路这种类型，专供汽车全程封闭式使用。

公路作为现代语词有两个基本因素：可以行驶汽车，公用之路。那么，就排除了其他的车道，例如古代的车路、丝绸之路、古罗马帝国的车路不是公路。

公路大概是区别于铁路的，铁路是专供火车行驶，公用区别于专用。

有一般公路与汽车专用公路之别，后者越来越多，二级公路因此就有两种规格。

（二）历史

有人必有路，走的人多势必成路，这是真理。不过，有的路并非公路。公元前三千年，

1

古埃及人为修建金字塔而建设的路，那是专用之路，哪是公路？

18 世纪中期英国发生了工业革命，工业的发展迫切需要改善当时的交通运输状况，特别是陆路交通。为此，苏格兰人约翰·马卡丹发明设计了上面所说的"马路"。由于"马路"的出现使得英国不仅水路畅通而且陆路也很便利，这样，为迅速发展英国工业和贸易往来提供了方便条件。人们取这种路的设计者姓氏，称这种路为"马路"，以表纪念。

公路的修建也有一个不断提高技术和更新建筑材料过程。最早当然是土路，它易建但是也易坏，雨水多些，车马多此，便凹凸不平甚至毁坏了。欧洲较早出现了碎石路，这比土路进了一大步。再后出现了砖块路，也比中国早很多。

在碎石上铺浇沥青是公路史上一大突破，这是近代的事了。中国自古有驿站驿路，但是真正第一条较先进的公路，是 1906 年铺设的广西龙州至镇南关的公路。

（三）区别各类道路

公路是指连接城市之间、城乡之间、乡村与乡村之间和工矿基地之间按照国家技术标准修建的，由公路主管部门验收认可的道路，包括公路、一级公路、二级公路、三级公路、四级公路，但不包括田间或农村自然形成的小道。主要供汽车行驶并具备一定技术标准和设施。

道路是供各种车辆（无轨）和行人通行的工程设施。按其使用特点分为城市道路、公路、厂矿道路、林区道路及乡村道路等。其中城市道路是指城市规划区内的公共道路，一般划设人行道、车行道和交通隔离设施等。包括城市快速路、城市主干道、城市次干道、城市支路、胡同里巷等。

二、等级

（一）五级分类法

一般按照公路所适应的年平均昼夜交通量及其使用任务和性质，将公路分为若干技术等级。中国人民交通出版社于 2004 年出版的《公路工程技术标准》，对公路分为五个技术等级。

它们的时速标准，一级就相差 20km。

1. 高速

公路，能适应年平均昼夜汽车交通量 25000 辆以上。具有特别重要的政治、经济意义，专供汽车分道高速、连续行驶，全部设置立体交叉和控制出入，并以长途运输为主的公路。

时速一般是 120km，可以 100km。

2. 一级

一级公路能够适应年平均昼夜汽车交通量 5000 ~ 25000 辆，连接重要政治、经济中心，通往重要工矿区、可供汽车分道快速行驶、部分控制出入和部分设置立体交叉的公路。

时速 100 ~ 80km。

3. 二级

二级公路能适应按各种车辆折算成中型载重汽车的年平均昼夜交通量 2000 ~ 5000 辆，连接政治、经济中心或大型工矿区以及运输繁重的城郊公路。

时速 80 ~ 60km。大概要双向四车道。

4. 三级

三级公路能适应按各种车辆折算成中型载重汽车的年平均昼夜交通量 2000 辆以下，沟通县与县或县与城市的一般干线公路。

双车道，一般地方路宽 8.5m，丘陵地区 7.5m。

时速 60 ~ 40km。

5. 四级

四级公路能适应按各种车辆折算成中型载重汽车的年平均昼夜交通量 200 辆以下，沟通县与乡、镇之间的支线公路。

如滇藏新通道里的旧路丙察察公路路宽 3 ~ 4.5m，砂土为基，简易公路。

时速 40 ~ 20km，有的更低。

（二）行政等级

国道、省道、县道等。

（三）三个等级分类法

高等级公路：公路和一级公路。

中等级：二级公路。

低等级：三级四级。

（四）三级时速分类法

注意：我国台湾地区早有行政法规《公路及快速公路管理规则》，分为公路、快速公路、普速公路三个等级。

三、分类

（一）按行政等级划分

公路按行政等级可分为：国家公路、省公路、县公路、乡公路、村公路（简称为国、省、乡道、村道）以及专用公路六个等级。一般把国道和省道称为干线，县道和乡道称为支线。

1. 国道

指具有全国性政治、经济意义的主要干线公路，包括重要的国际公路，国防公路、连接首都与各省、自治区、直辖市首府的公路，连接各大经济中心、港站枢纽、商品生产基地和战略要地的公路。国道中跨省的公路由交通部批准的专门机构负责修建、养护和管理。

2. 省道

指具有全省（自治区、直辖市）政治、经济意义，并由省（自治区、直辖市）公路主管部门负责修建、养护和管理的公路干线。

3. 县道

指具有全县（县级市）政治、经济意义，连接县城和县内主要乡（镇）、主要商品生产和集散地的公路，以及不属于国道、省道的县际间公路。县道由县、市公路主管部门负责修建、养护和管理。

4. 乡道

指主要为乡（镇）村经济、文化、行政服务的公路，以及不属于县道以上公路的乡与乡之间及乡与外部联络的公路。乡道由人民政府负责修建、养护和管理。

5. 村道

指直接为农村生产、生活服务，不属于乡道及以上公路的建制村之间和建制村与乡镇联络的公路。乡（镇）人民政府对乡道、村道建设和养护的具体职责，由县级人民政府确定。

乡道和村道规划由县级人民政府交通运输主管部门协助乡（镇）人民政府编制，报县级人民政府批准，并报省人民政府交通运输主管部门、市（州）人民政府或地区行政公署交通运输主管部门备案。乡（镇）人民政府编制村道规划，应当征求沿线农村集体经济组织的意见，必要时还应当举行听证会，听取村民的意见。

6. 专用公路

指专供或主要供厂矿、林区、农场、油田、旅游区、军事要地等与外部联系的公路。专用公路由专用单位负责修建、养护和管理。也可委托当地公路部门修建、养护和管理。

（二）按使用任务、功能和适应的交通量划分

根据中国现行的《公路工程技术标准》（JTGB01 — 2003），公路按使用任务、功能和适应的交通量分为公路、一级公路、二级公路、三级公路、四级公路五个等级：

1. 公路为专供汽车分向分车道行驶并应全部控制出入的多车道公路

四车道公路应能适应将各种汽车折合成小客车的年平均日交通量25000～55000辆。

六车道公路应能适应将各种汽车折合成小客车的年平均日交通量45000～80000辆。

八车道公路应能适应将各种汽车折合成小客车的年平均日交通量60000～100000辆。

2. 一级公路为供汽车分向分车道行驶并可根据需要控制出入的多车道公路

四车道一级公路应能适应将各种汽车折合成小客车的年平均日交通量15000～30000辆。

六车道一级公路应能适应将各种汽车折合成小客车的年平均日交通量25000～55000辆。

3. 二级公路为供汽车行驶的双车道公路

一般能适应每昼夜 3000 ~ 7500 辆中型载重汽车交通量。

4. 三级公路为主要供汽车行驶的双车道公路

一般能适应每昼夜 1000 ~ 4000 辆中型载重汽车交通量。

5. 四级公路为主要供汽车行驶的双车道或单车道公路

双车道四级公路能适应每昼夜中型载重汽车交通量 1500 辆以下。

单车道四级公路能适应每昼夜中型载重汽车交通量 200 辆以下。

四、技术体系

（一）组成

公路的主要组成部分有路基，路面，桥梁、涵洞、渡口码头、隧道、绿化、通信、照明等设备及其他沿线设施。

（二）工程施工

1. 公路施工企业承包工程范围

（1）公路工程施工总承包企业承包工程范围

1）特级企业可承担各等级公路及其桥梁、隧道工程的施工。

2）一级企业可承担单项合同额不超过企业注册资本金 5 倍的各等级公路及其桥梁、长度 3000m 及以下的隧道工程的施工。

3）二级企业可承担单项合同额不超过企业注册资本金 5 倍的一级标准及以下公路、单跨跨度小于 100m 的桥梁、长度小于 1000m 的隧道工程的施工。

4）三级企业可承担单项合同额不超过企业注册资本金 5 倍的二级标准及以下公路、单座桥长小于 500m、单跨跨度小于 40m 的桥梁工程的施工。

（2）公路路基工程专业承包企业承包工程范围

1）一级企业可承担各级公路的土石方、单跨跨度小于 100m、单座桥长小于 500m 桥梁、防护及排水、软基处理工程的施工，二级企业可承担单项合同额不超过企业注册资本金 5 倍的一级标准及以下公路的土石方、中小桥涵、防护及排水、软基处理工程的施工。

2）三级企业可承担单项合同额不超过企业注册资本金 5 倍的二级标准及以下公路的土石方、中小桥涵、防护及排水、软基处理工程的施工。

（3）施工流水作业

流水施工为工程项目组织实施的一种管理形式，就是由固定组织的工人在若干个工作性质相同的施工环境中依次连续地工作的一种施工组织方法。工程施工中，可以采用依次施工（亦称顺序施工法）、平行施工和流水施工等组织方式。对于相同的施工对象，当采用不同的作业组织方法时，其效果也各不相同。

流水施工组织的具体步骤是：将拟建工程项目的全部建造过程，在工艺上分解为若干个施工过程，在平面上划分为若干个施工段，在竖向上划分为若干个施工层，然后按照施工过程组建专业工作队（或组），并使其按照规定的顺序依次连续地投入到各施工段，完成各个施工过程。当分层施工时，第一施工层各个施工段的相应施工过程全部完成后，专业工作队依次、连续地投入到第二、第三……第n施工层，有节奏、均衡、连续地完成工程项目的施工全过程，这种施工组织方式称为流水施工。例如吊顶的班组在10层工作一周完成任务后，第二周立即转移到11层干同样的工作，然后第三周再到12层工作。别的工作队也是这样工作。

此种作业法既能充分利用时间又能充分利用空间，大大缩短了工期，三个楼层总工期为35天。同时又克服了平行作业法资源高度集中的缺点，所以，流水作业法是一种先进有效的作业组织法。流水作业法可保证生产的连续性和均衡性，而生产的连续性和均衡性势必使各种材料可以均衡使用，消除了工作组的施工间歇，因而可以大大缩短工期，一般可缩短1/3～1/2。

流水施工的优点是：各工作队可以实行专业化施工，因而为工人提高技术熟练程度以及改进操作方法和生产工具创造了有利条件，可充分提高劳动生产率。劳动生产率得到提高，相应可以减少工人人数和临时设施数量，从而可以节约投资，降低成本；同时专业化施工，有助于保证工程质量。

流水施工具有以下特点：

1）科学地利用了工作面，争取了时间，总工期趋于合理。

2）工作队及其工人实现了专业化生产，有利于改进操作技术，可以保证工程质量和提高劳动生产率。

3）工作队及其工人能够连续作业，相邻两个专业工作队之间，可实现合理搭接。

4）每天投入的资源量较为均衡，有利于资源供应的组织工作。

5）为现场文明施工和科学管理创造了有利条件。

上述经济效果都是在不需要增加任何费用的前提下取得的，可见，流水施工是实现施工管理科学化的重要组成内容，是与建筑设计标准化，施工机械化等现代施工内容紧密联系、相互促进的，是实现企业进步的重要手段。

（三）工程预算

（1）定期预算

在这一预算中，为下一财政年度制订一个随时期推移而改动最少的计划。一般来说，每年度的预期总费用是按月、按要素成本的活动优势分摊在全年中的。这样月"工资"作为预期成本的1/12简单分摊在各个月份上，而销售的季节性波动，要求多一点关注营销和生产成本以及在波动的过程中成本的变化。

（2）连续（滚动）预算

在这一预算中，准备一个试验性的年度计划，其中第一个季度按月份详细准备，二、三季度的计划准备相对较为简略，而第四季度的计划只有一个大概轮廓，每月（或者也许是每季度）该预算都要通过增添下个月（或季度）所要求的详细情况来加以修订，并且加上一个新的月份（季度），以这种方式使计划向前延伸至一年，这种编制预算的程序图顺应环境的变化和一些不确定性因素的影响，是非常理想的。因为它迫使管理人员不论处在当前财政年度的哪一阶段，都要不断为新的一年考虑具体的条件。定期预算对于处在稳定行业的公司来说常常是令人满意的，因为这些公司可以对计划期间做出相对精确的预测。相反，在更为常见的由消费者需求不确定带来的某些不规则周期活动的情况下，滚动预算具有更大的价值。

五、中国公路里程

到 2014 年末，全国公路总里程达 446.39 万千米。公路密度为 46.50km/ 百平方千米。公路养护里程 435.38 万千米，占公路总里程 97.5%。

全国等级公路里程 390.08 万千米，占公路总里程的 87.4%。其中二级及以上公路里程 54.56 万千米，占公路总里程的 12.2%。按公路技术等级分组，各等级公路里程分别为：公路 11.19 万千米，一级公路 8.54 万千米，二级公路 34.84 万千米，三级公路 41.42 万千米，四级公路 294.10km，等外公路 56.31 万千米。

全国公路总里程中，国道 17.92 万千米、省道 32.28 万千米、县道 55.20 万千米、乡道 110.51 万千米、专用公路 8.03 万千米。

全国公路里程达 11.19 万千米。其中，国家公路 7.31 万千米。全国公路车道里程 49.56 万千米。

全国农村公路（含县道、乡道、村道）里程达 388.16 万千米，其中村道 222.45 万千米。全国通公路的乡（镇）占全国乡（镇）总数 99.98%，其中通硬化路面的乡（镇）占全国乡（镇）总数 98.08%；通公路的建制村占全国建制村总数 99.82%，其中通硬化路面的建制村占全国建制村总数 91.76%。

全国公路桥梁达 75.71 万座、4257.89 万米。其中，特大桥梁 3404 座、610.54 万米，大桥 72979 座、1863.01 万米。全国公路隧道为 12404 处、1075.67 万米。其中，特长隧道 626 处、276.62 万米，长隧道 2623 处、447.54 万米。

六、行业价值

2006 年行业利润增长可观，估值水平下降收费公路类上市公司是典型的现金流充裕且稳定的公司。城市化水平提高以及消费升级提速使社会进入轿车消费高峰期，这两方面因素都推动公路上的货车、客车流量稳步增长。

作为稳定成长的防御型品种，公路公司在 2006 年取得了较大的盈利增长，根据前三季度的数据统计。

然而，从 2005 年末本轮牛市开始以来，公路行业的表现一直落后于大盘，导致行业平均动态市盈率从 20 倍一度下降 10 倍，2006 年末有所回升，2006 年市盈率在 15、16 倍左右徘徊。

公路行业相对大盘价值低估截至 2006 年末，沪深 300 指数的市盈率已经超过 30 倍，按照 2006 年盈利增长 20% 计算，2006 年的动态市盈率已经超过 25 倍。从成长性角度看，沪深 300 的盈利水平未来三年能够保持 15% 的增长是比较合理的估计，而根据我们后面的分析，优秀的公路公司未来三年保持 15% 以上的增长是没有问题的。因此我们认为从成长性和估值的不匹配上看，公路行业相对大盘存在低估。

绝对估值表明，公路公司的合理市盈率在 18 倍左右公路股估值水平低的原因之一是受收费年限的限制，从现金流折现的角度看不如永续经营的公司净现值高。我们不妨假设几个接近实际的条件，来看看公路公司的理论估值水平。

假设盈利水平以 10% 的增长速度增长 8 年，此后保持稳定，经营期限设为 23 年，不考虑折旧等非支出性成本，以净利润在经营期限内折现，折现率取 9%，则理论 PE 值为 18 倍。

这仅为一个粗略假设，没有考虑公司的后续收购、新建能力，因此持续收购、新建能力的公司应该给予更高的估值。

国际比较表明，A 股公路公司的估值水平最低，收费公路的上市公司主要集中在欧洲、香港、以及 A 股市场。

欧洲的西班牙、意大利、法国是主要收费公路公司所在地，拥有世界排名前几位的收费公路上市公司。其中，法国的三家公司已经或正在被私有化，因此，估值水平基本反映收购价值，2006 年市盈率最低 23 倍，最高 31.2 倍。ABERTIS 和 AUTOSTRADE 是世界排名前两位的公路公司，2006 年的市盈率分别为 25.8 倍和 19.3 倍。

2007 年的市盈率水平在 11 ~ 17 倍。

七、铁路的竞合

从美国经验看公路与铁路的竞争与合作。美国与中国同样属于国土面积大，资源分配不均的国家，因此美国的运输体系发展经验对中国有借鉴意义。

美国经验一：

私家车普及使公路运输在客运中占统治地位；货运以公路运输为主，铁路主要运输长距离、低价值的大宗货物。由于美国私家车普及率很高，居民出行除了乘坐飞机以外一般采取自驾的方式，因此铁路的客运份额不足 1%，在美国公路上，80% 以上的车辆均为轿车、小客车。

从美国货物运输数据来看，公路运输份额从货运价值和货运量上看都遥遥领先，而铁路运送的货物价值仅占货物总价值的 3%，货运量仅占货物总重量的 10%，但货物周转量却占总周转量的 31% 左右，反映了铁路在低价值大宗货物长距离运输市场的地位，同时也说明了公路运输在高价值小批量短距离运输市场上的优势。

美国经验二：

现代生产方式改变促使物流方式转变，企业更依赖于使用快捷可靠的运输方式，过去十年公路与航空运输更受青睐。

美国从 1980 年开始放开陆上运输业的管制，包括放开公路货运业的准入管制以及铁路运输业的运价管制，这一系列放开管制的措施促使运输业的规模扩大和效率提高。

从 1990 ~ 2000 年，美国 GDP 年均增长 3%，而社会货运量年均增长达到 4.2%，其中，增长最显著的是航空和公路，年均复合增长率分别为 16.7% 和 6%，而铁路仅为 2.9%，水路基本没有增长。各种运输方式按从低端到高端排序，越高端的运输方式增长越快，这在一定程度上反映了现代物流的发展趋势，起决定因素的则是现代企业生产方式的转变。

生产方式决定物流模式，现代企业生产方式经历从"推"模式向"拉"模式的转变，促使物流模式也发生同样的转变。过去是以生产推动销售，物流模式的特点是高库存；而现代企业生产方式则是市场需求拉动生产，相应的物流模式也由高效率、低成本的运输系统和信息系统替代高库存。在这样的模式下，运输出现差错的后果更严重，因此生产企业选择运输方式时除了考虑成本因素，还要考虑货物价值、运输速度、能否全程追踪、以及承运方的服务水平等附加因素，企业更依赖于使用快捷可靠的运输方式，在这方面，公路运输比铁路运输更有优势。

八、行业未来

在上述启示之下是我们认为公路行业最值得关注的四个方面。其中，未来轿车消费量大的地区和有资产注入的公司成长性最值得期待，另外有成本控制计划以及计重收费计划的公司也值得关注。

（1）关注未来轿车消费量大的地区

从各家公路公司最近两年的收入和车流量数据上看，普遍呈现收入增长慢于车流量增长的情况，原因是因为小型轿车增长速度快于大型货车，使单车收入降低。

自 2002 年中国汽车行业步入高速发展轨道以来，汽车销量已经连续 5 年快速增长，2006 年尽管油价高企，汽车销量（主要是家用轿车）却以更快的速度增长，根据汽车工业产销快讯，2006 年 1 ~ 10 月中国汽车总销量同比增长 25.7%，其中，轿车销量占 53%，同比增长达到 40%。而截至 2005 年年底，轿车消费增长带动公路车流量的效应已经在经济发达地区显现，未来这种趋势将逐渐扩展至经济次发达地区。根据成熟汽车市场的发展经验，当车价 / 人均 GDP 达到 2 ~ 3 时，轿车开始大规模进入家庭。在人均 GDP 排名前九位的省市，除了北京因为公务用车比较多，每千人的轿车保有量较高之外，其他省市的轿车保有量都不高。以省看，广东、浙江的保有量最高，每千人也才24、23辆小轿车，未来的增长潜力很大。尤其江苏、山东、福建三省的轿车保有量低于平均值，未来应该会有高于平均水平的增长。

因此从轿车消费的角度看，最应该关注的公司除了深高速、粤高速这些明显的轿车增长驱动型的公司以外，还应该关注轿车消费将要快速增长的宁沪高速、山东高速以及福建高速。

（2）关注有新资产注入的公司

新路产的收购或者建设对收费公路公司而言很重要，一方面是因为公路车流量增长到一定阶段就会饱和，可持续的成长就要靠收购或者建设新的道路来实现；另一方面收费公路公司寿命受收费年限的限制，如果不能收购或建设新路，那么随着公司寿命的缩短，公司的价值也会降低。这两方面都会对公司的估值水平产生影响。

另外，从国际经验来看，国外的收费公路公司之所以有比较高的估值，与其成熟的资本运作、资产收购能力有很大关系。以全球最大的公路运营商，西班牙的ABERTIS公司为例，ABERTIS是由西班牙两家上市公司ACESA和AUREA于2003年6月整体合并而成，并于2006年4月抓住法国高速公路私有化的契机收购了法国SANEF公司，成为全球最大的公路运营商，管理西班牙、法国等国3200余千米公路。

持续的资产收购使ABERTIS从1990年上市到2005年为止收入增长74.8%，利润增长65.1%，预计2006年收入还将增长57.7%，市盈率也从上市之初的10倍左右。

ABERTIS的发展历程给我们的启示是，外部扩张能力决定了公路公司的成长性，通过资产收购，公路公司一方面可以壮大自己的资产规模从而提升自己在资本市场上的地位，另一方面可以提高自己的成长速度，这两方面都有利于公司估值水平的提升。

而放在上市公司里的公路长度不足3500km，还不到现有公路长度的10%，后备资产的储量很大。另外，中国十一五期间要新建公路2.1万千米，以每千米4000万元的建造成本计算，每年资金需求为1700亿元，从融资需求方面来看交通建设部门也有以存量换增量的需要。

目前来看，在资产收购方面做得最好的上市公司是深高速和赣粤高速，二者的模式不一样。深高速是比较典型的BOT模式，自己建路然后经营，具有很强的工程背景，与ABERTIS类似。而赣粤高速是政府背景比较强，从大股东手中收购成熟路产相对容易。

未来比较确定的资产收购或新建，其中，赣粤高速的收购已经于2006年6月完成，未来最值得期待的是深高速的清连公路改造项目，另外，山东高速和福建高速的大股东也在股改中承诺了资产注入方案，同样值得关注。

（3）关注有成本控制计划的公司

收费公路公司的变动成本主要为养护成本，各家公司之间由于道路质量不同、车辆构成不同、养护方法不同，养护成本的差异很大。

2005年度各家上市公司的养护成本占主营业务收入的比例，最低的深高速只有2%，而最高的赣粤高速达到22%。除了道路质量的差异之外，超载程度不同以及养护方法差距是造成养护成本差异的主要原因。

超载是造成路面损坏最直接的因素，随着计重收费的实施，超载现象得到抑制，对货车比例较高的公路而言意味着养护成本有较大的下降空间，但是能否真正实现还取决于公司的主观意愿和管理能力。股改完成之后很多公司的业绩考核标准与市值挂上了钩，管理层做好业绩、做大市值的意愿普遍增强，对于公路而言，最容易实施的促进业绩增长的措施就是降低养护成本。

在这方面做得比较好的是赣粤高速，它在股改时承诺将2006～2008年养护成本控制在主营业务收入的14%、13%、12%，并承诺了毛利率水平和管理费用。对利润的影响可以这样来看，因为赣粤2005年的净利率为30%，如果养护成本从22%下降至14%，则在收入不增加的情况下，净利润也能够增长25%以上。

另外，福建高速也在股改中承诺2006～2008年的养护成本平均不高于主营业务收入的11%，同样在一定程度上减少了风险。

（4）关注计重收费的受益公司

从已实施计重收费的公司来看，计重可以增厚收入，对货车比例越高的公司增厚作用越明显。2007年有计重可能的公司是现代投资和福建高速，前者货车比例在50%以上，若计重，收入增厚作用会很明显，后者货车比例在40%左右，但是由于预计平行国道将同时计重，收入也会有一定增加。

根据上面的关注要点同时考虑估值因素发掘出未来最值得关注的三家公路公司：

1D 赣粤高速：路网效应＋资产收购＋计重收费＋成本控制。

2D 深高速：管理优秀＋区域经济活跃＋资产收购。

3D 山东高速：资产收购＋区域经济活跃＋成本控制。

第二节　公路的组成

一、公路的组成

按所在位置、交通性质及其使用特点，可分为：公路、城市公路、厂矿公路、林区公路及乡村公路等。

1. 公路的组成

（1）线形组成：公路线形是指公路中线的空间几何形状和尺寸。

（2）结构组成：公路的结构是承受荷载和自然因素影响的结构物，它包括路基、路面、桥梁、隧道、排水系统、防护工程、特殊构造物及交通服务设施等。

2. 城市公路的组成

公路工程的主体是路线、路基（包括排水系统及防护工程等）和路面三大部分。

二、路基

路基是按照路线位置和一定技术要求修筑的作为路面基础的带状构造物。

1. 路基基本构造

是指路基填挖高度、路基宽度、路肩宽度、路基边坡等。

2. 路基的作用

是路面的基础，是路面的支撑结构物。高于原地面的填方路基称为路堤，低于原地面的挖方路基称为路堑。路面底面以下80cm范围内的路基部分称为路床。

3. 路基的基本要求

（1）路基结构物的整体必须具有足够的稳定性。

（2）路基必须具有足够的强度、刚度和水温稳定性。

水温稳定性是指强度和刚度在自然因素的影响下的变化幅度。

4. 路基形式

（1）填方路基

填方路基宜选用级配较好的粗粒土作为填料。用不同填料填筑路基时，应分层填筑，每一水平层均应采用同类填料。

（2）填石路基

填石路基是指用不易风化的开山石料填筑的路堤。

（3）砌石路基

砌石路基是指用不易风化的开山石料外砌、内填而成的路堤。砌石路基应每隔15～20m设伸缩缝一道。当基础地质条件变化时，应分段砌筑，并设沉降缝。

（4）护肩路基

坚硬岩石地段陡山坡上的半填半挖路基，当填方不大，但边坡伸出较远不易修筑时，可修筑护肩。护肩高度一般不超过2m。

（5）护脚路基

当山坡上的填方路基有沿斜坡下滑的倾向，或为加固，收回填方坡底线时，可采用护脚路基，其高度不宜超过5m。

（6）挖方路基

土质挖方路基，石质挖方路基。

（7）半填半挖路基

在地面自然横坡度陡于 1∶5 的斜坡上修筑路堤时，路堤基底应挖台阶，台阶宽度不得小于1m，高速、一级公路台阶宽度一般为2m。

三、路面

（一）路面结构组成，一般由面层、基层、垫层组成

1. 面层

是直接承受行车荷载作用、大气降水和温度变化影响的路面结构层次。应具有足够的结构强度、良好的温度稳定性，耐磨、抗滑、平整和不透水。沥青路面面层可由一层或数层组成，表面层应根据使用要求设置抗滑耐磨、密实稳定的沥青层；中间层、下面层应根据公路等级、沥青层厚度、气候条件等选择适当的沥青结构层。

2. 基层

设置在面层之下，并与面层一起将车轮荷载的反复作用传递到底基层、垫层、土基等起主要承重作用的层次。基层材料必须具有足够的强度、水稳性、扩散荷载的性能。在沥青路面基层下铺筑的次要承重层称为底基层。基层、底基层视公路等级或交通量的需要可设置一层或两层。当基层、底基层较厚需分两层施工时，可分别称为上基层、下基层，或上底基层、下底基层。

3. 垫层

路基土质较差、水温状况不好时，宜在基层（或底基层）之下设置垫层，起排水、隔水、防冻、防污或扩散荷载应力等作用。

面层、基层和垫层是路面结构的基本层次。为了保证车轮荷载的向下扩散和传递，较下一层应比其上一层的每边宽出 0.25m。

（二）坡度与路面排水

路拱指路面的横向断面具有一定坡度的拱起形状，其作用是利于排水。路拱的基本形式有抛物线、屋顶线、折线或直线。为便于机械施工，一般采用直线形。

公路、一级公路的路面排水，一般由路肩排水与中央分隔带排水组成；二级及二级以下公路的路面排水，一般由路拱坡度、路肩横坡和边沟排水组成。

（三）路面的等级与分类

1. 路面等级

面层材料的组成、结构强度、路面所能承担的交通任务和使用的品质划分为高级路面、次高级路面、中级路面和低级路面等四个等级。

2. 路面类型

（1）路面基层的类型

按照现行规范，基层（包括底基层）可分为无机结合料稳定类和粒料类。无机结合料稳定类有：水泥稳定土、石灰稳定土、石灰工业废渣稳定土及综合稳定土；粒料类分级配

13

型和嵌锁型，前者有级配碎石（砾石），后者有填隙碎石等。

1）水泥稳定土基层

在粉碎的或原来扩散的土中，掺入足量的水泥和水，经拌合得到的混合料在压实养生后，当其抗压强度符合规定要求时，称为水泥稳定土。可适用于各种交通类别的基层和底基层，但水泥土不应用作高级沥青路面的基层，只能作底基层。在公路和一级公路的水泥混凝土面板下，水泥土也不应用作基层。

2）石灰稳定土基层

在粉碎或原来松散的土中掺入足量的石灰和水，经拌合、压实及养生得到混合料，当其抗压强度符合规定要求时，称为石灰稳定土。适用于各级公路路面的底基层，可作二级和二级以下的公路的基层，但不应用作高级路面的基层。

3）石灰工业废渣稳定土基层

一定数量的石灰和粉煤灰或石灰和煤渣与其他集料相配合，加入适量的水，经拌合、压实及养生后得到的混合料，当其抗压强度符合规定的要求时，称为石灰工业废渣稳定土，简称石灰工业废渣。适用于各级公路的基层与底基层，但其中的二灰土不应用作高级沥青路面及公路和一级公路上水泥混凝土路面的基层。

4）级配碎（砾）石基层

由各种大小不同粒径碎（砾）石组成的混合料，当其颗粒组成符合技术规范的密实级配的要求时，称其为级配碎（砾）石。级配碎石可用于各级公路的基层和底基层，也可用作较薄沥青面层与半刚性基层之间的中间层。级配砾石可用于二级及以下公路的基层及各级公路的底基层。

5）填隙碎石基层

用单一尺寸的粗碎石做主骨料，形成嵌锁作用，用石屑填满碎石间的空隙，增加密实度和稳定性，这种结构称为填隙碎石。可用于各级公路的底基层和二级以下公路的基层。

（2）路面面层类型

根据路面的力学特性，分为沥青、水泥混凝土和其他路面。

1）沥青路面

是指在柔性、半刚性基层上，铺筑一定厚度的沥青混合料面层的路面。沥青面层分为沥青混合料、乳化沥青碎石、沥青贯入式、沥青表面处治。

沥青混合料可分为沥青混凝土混合料和沥青碎石混合料。

热拌热铺沥青混合料路面是指沥青与矿料在热态下拌合、热态下铺筑施工成型的沥青路面。热拌热铺沥青混合料适用于各种等级公路的沥青面层。

公路、一级公路沥青面层均应采用沥青混凝土混合料铺筑，沥青碎石混合料仅适用于过渡层及整平层。其他等级公路的沥青面层的上面层，宜采用沥青混凝土混合料铺筑。

当沥青碎石混合料采用乳化沥青作结合料时，即为乳化沥青碎石混合料。适用于三级及三级以下公路的沥青面层、二级公路的罩面层施工以及各级公路沥青路面的联结层或整平层。乳化沥青碎石混合料路面的沥青面层宜采用双层式。

沥青贯入式路面是在初步压实的碎石（或轧制砾石）上，分层浇洒沥青、撒布嵌缝料，经压实而成的路面结构，厚度通常为 4～8cm；沥青贯入式路面适用于二级及二级以下公路，也可作为沥青混凝土路面的联结层。

沥青表面处治是用沥青和集料按层铺法或拌合方法裹覆矿料，铺筑成厚度一般不大于3cm的一种薄层路面面层。适用于三级及三级以下公路、城市公路支路、县镇公路、各级公路施工便道以及在旧沥青面层上加铺罩面层或磨耗层。

2）水泥混凝土路面

以水泥混凝土面板和基（垫）层组成的路面，亦称刚性路面。

3）其他类型路面

主要是指在柔性基层上用有一定塑性的细粒土稳定各种集料的中低级路面。

路面还可以按其面层材料分类，如水泥混凝土路面、黑色路面（指沥青与粒料构成的各种路面）、砂石路面、稳定土与工业废渣路面以及新材料路面。这种分类用于路面施工和养护工作以及定额管理等方面。

五、公用设施

（一）停车场

宜设在其主要服务对象的同侧。停车场的出入口，有条件时应分开设置，单向出入，出入口宽通常不得小于 7.0m。尽可能避免出场车辆左转弯。

为了保证车辆不发生自重分力引起滑溜，停放场的最大纵坡与通道平行方向为1%，与通道垂直方向为 3%。出入通道的最大纵坡为 7%，一般以小于等于 2% 为宜。停放场及通道的最小纵坡以满足雨雪水及时排除及施工可能高程误差水平为原则，一般取0.4%～0.5%。

（二）公共交通站点

城市公共交通站点分为终点站、枢纽站和中间停靠站。

（三）公路照明

1. 照明标准：通常用水平照度和不均匀度来表示。

2. 公路照明灯具。

（四）人行天桥和人行地道

修建人行立交桥是人车分离、保护过街行人和车流畅通的最安全措施。在下列情况下，可考虑修建人行地道：

1. 重要建筑物及风景区附近，修人行天桥会破坏风景或城市美观。

2. 横跨的行人特别多的站前公路等。

3. 修建人行地道比修人行天桥在工程费用和施工方法上有利。

4. 有障碍物影响，修建人行天桥需显著提高桥下净空时。

总之，要充分考虑设置地点的交通、公路状况及费用等。

（五）公路交通管理设施

公路交通管理设施通常包括交通标志、标线和交通信号灯等，广义概念还包括护栏、统一交通规则的其他显示设施。

1. 交通标志

分为主标志和辅助标志两大类。主标志按其功能可分为警告、禁令、批示及指路标志等四种。辅助标志系附设在主标志下面，对主标志起补充说明的标志，它不得单独使用。

2. 交通标线

主要是路面标线，还有少数立面标记。

3. 交通信号灯

（六）公路绿化

分公路绿化和城市公路绿化。按其目的、内容和任务不同，又分为：营造行道树、营造防护林带、营造绿化防护工程、营造风景林。

第三节　公路建设管理

一、中国公路历史背景

中国公路的历史源远流长。从秦驰道的壮美，到汉丝绸之路的辽远，从唐宋御道的辉煌，到明清官道的璀璨，中国曾以其高度发达的交通网络，傲然屹立在世界东方。早在远古，道路的发展就被放在了极为重要的位置，"辟四门，明四目，达四聪"，是祖先的高瞻远瞩。夏禹"随山刊木，奠高山大川"，至商汤"服牛乘马"，远距离经商，人类交通运输的新时代开始了。

夏商之后，周人在都城镐京、东都洛阳之间修建了一条宽阔平坦的高速路，号称"周道"。它以洛阳为中心，向四面八方修筑起等级不同、呈放射状的道路。"周道"历经千年而不朽，直到今天，仍然是陇海铁路、连霍公路的基本方向。

随着时间的流逝，到战国晚期，中华民族的道路已相当完备。秦王嬴政统一六国之后，下令"夷去险阻"，实行"车同轨"，宣示的是与始皇帝大一统精神相一致的大交通的新思维。秦始皇二十七年，秦人又以都城为中心，修筑驰道，辐射全国，其"道广五十步，三丈而树，厚筑其外，掩以金椎，树以青松"，可谓气势磅礴，前古无匹。

中国的道路网，随中国封建帝国的诞生而诞生。唐有驿站 1639 所，以 30 里一驿来估算，唐当时有干线至少有五万里左右。而宋代对道路实行军事化、半军事化管理，道路交通与国家安全紧密联系在一起，也因此更加发达。元朝是中国历史上疆域最为辽阔的帝国。道路从元大都（今北京）一直修筑到蒙古大漠，并直通欧洲平原。到了清朝，驿路被分为三等——官马大道、大路和小路。官马大道类似于现在的国道，是全国交通的枢纽，从北京向各方辐射。

然而，随着瓦特蒸汽机的发明，世界进入工业化时代，人类文明开始加速发展，火车、汽车等新交通工具相继问世。闭关锁国的中国这时却还沉睡在自给自足的温床上，曾经引以为豪的官马大道在西方日益发达的铁路、公路面前成了落后的象征。

20 世纪上半叶，整个中华民族沦陷在西方列强的残酷压制与剥削中，公路发展举步维艰。从 1906 年建成的镇南关至龙州的第一条公路，到 1949 年，四十三年间，偌大一个中国能勉强通车的只有 7.5 万千米。

二、中国公路建设的变化

随着毛主席在天安门城楼上发出"中国人民从此站起来了"的庄严宣告，华夏儿女开始在一穷二白的废墟上开始了大规模的社会主义建设，公路开始在中华大地上迅速延伸。1950～1952 年，新中国新建公路 3846km，改建公路 18931km，加上恢复通车的公路，全国公路通车总里程近 13 万千米。1953 年，第一个五年计划开始实施，举世闻名的川藏、青藏公路于 1954 年底建成通车，这是中国人民不畏艰苦、百折不挠的意志的缩影。

第二个五年计划受到"大跃进"的干扰，公路建设遇到了极大的阻力，很多新建公路质量很差，而且由于缺乏统一规划，一些公路建成后根本无车行驶，后又改路为田。在纠正了"大跃进"的错误后，中国公路建设在"调整、巩固、充实、提高"八字方针指引下进入了第三个五年计划建设时期，成鹰、宝成、川黔、渝厦、福温、沈丹、滩石等国家干线公路在这个时期相继建成。尽管十年"文革"给民族带来了巨大的伤害，可是关系到国防建设和国家安全的公路建设却仍在动乱中进步。曲曲折折的中国公路建设发展到 1978 年，总里程达到 89 万余千米。尽管等级低、质量差，但它的确通到了全国 90% 以上的乡（镇），初步形成了遍布全国各地的公路网。

1978 年十一届三中全会在北京召开，党的工作重心转移到经济建设上来。公路交通变得窘迫、局促起来，日益成为制约突飞猛进的经济、社会发展的"瓶颈"。打破瓶颈、发展交通的深切呼唤，从改革开放的最前沿传来。1985 年，中国公路总里程历史性地突破百万千米。然而，公路交通部门调查显示，这百万千米的公路交通存在三大突出问题：运输工具种类繁多，机动车、非机动车、行人混行，车辆纵向干扰大；公路沿线城镇密集，穿越城镇横向干扰大；公路交叉口多，通过能力低。这三个问题严重影响着公路交通功能的发挥，"公路"进入了国人的视野。作为长江三角洲的龙头，上海率先一步，总投资 1.5 亿元的"沪嘉高速"建设工程于 1984 年底正式拉开帷幕。至 1988 年 10 月，中国大陆第一条公路横空出世。1990 年年底，中国公路总里程达到 102.83 万千米，其中公路 522km，一级公路 2617km，二级公路 42177km。紧接着，公路的建设浪潮如燎原之火，在神州大地熊熊燃烧起来。1995 年，国公路达到 2141km；1998 年末达到 8733km，居世界第六位；1999 年 10 月，突破了 1 万千米，跃居世界第四位；2000 年末，达到 1.6 万千米，跃居世界第三位；2001 年年末，达到 1.9 万千米，跃居世界第二位；2004 年 8 月底突破了 3 万千米，比世界第三位的加拿大多出近一倍。近年多来中国公路建设继续突飞猛进地发展，2007 年新修通公路 8300km，截至 2009 年 6 月底，已经一共建成公路 48896km。

三、存在的问题

改革开放以来，我们国家的公路建设确实取得了非常大的成就，但是不可否认，也出现了一些不容忽视的问题。从绝对数量来看，我国公路总量仅相当于美国 20 世纪 60 年代的水平，占公路网的比重远远低于多数发达国家，公路总量同国人口、经济、资源的客观需求相比，存在较大的差距，公路滞后于国民经济的发展。特别在经济发达的沿海省份、中西部地区的部分干线公路上，交通拥挤情况十分严重，阻碍了国民经济的快速发展。

而从地区分布情况来看，东、中、西部各地区公路总量存在较明显的差异，高等级公路数量更是相差悬殊。东部地区共有公路 10000 余千米，占全国公路总里程的 50% 以上，中部有 5000 多千米，占 25% 左右，而西部只有 3500 余千米，仅占 20% 不到。此外，在全国公路超过 1000km 的 7 个省中，东部地区有 5 个，其中山东超过 2000km，河北、广东分别超过和达到 1500km，而中西部地区公路超过 1000km 的省各只有一个，分别是河南和四川。

另外我国的公路货运业也面临着许多自身难以解决的矛盾和问题，面对日益发展的商品经济、日益增多的时效性强、附加值高的产品，社会公众越来越强的时间价值观念和日益尖锐的国际贸易商战，对于公路货运业来说可谓机遇和挑战并存。美国每人每年要消耗的货物运输是 28t，我国是 8t 多一点，不到它的三分之一。其问题突出表现在车辆结构不合理，技术状况较差；公路货运站场设施简陋、功能单一；区域分割，体制封闭，运输效率低下；企业粗放经营，运输组织化程度低；缺乏主导公路运输市场的大型运输企业，难以组织规模化和网络化的运输。因此，迅速改变传统的公路运输生产方式，以满足商品经济发展需要为出发点，建立全新概念的公路快速货运系统已迫在眉睫。近两年来，在全国一些经济发达和交通运输条件较好的地区，已经开展了不同形式的公路快速货物运输业务，并已初步取得了良好的经营效果。

在技术上，虽然一些大的技术已经接近发达国家，但在一些具体的细节处理上，我们还与他们存在较大差距。比如说护栏，一些发达国家的护栏在设计上就和我们的不一样，有些甚至是用木头做的，车撞上去以后，可以把护栏撞断，但汽车的损伤很小；而我国的护栏基本上都是钢的，对车的损害比较大。

五、中国公路的发展

（一）中国公路的发展方向

目前，我国公路交通事业仍处在大建设、大发展阶段，公路正处于形成网络的关键时期。国家公路网有 48% 的路段在建或尚未开工建设；国省干线公路中还有 3 万多千米的公路为砂石路面；国道中 13% 的路段仍处于拥挤状态。特别是国家为了应对国际金融危机，出台了一系列政策来拉动内需，确保经济平稳较快发展，加快公路基础设施建设、完善国家公路网络是其中的重点之一。此后我国公路发展总体方向是：加快建成国家公路网，提高国省道干线公路等级，改善农村公路行车条件，逐步形成质量、速度、结构、效益相协调，建、养、管并重的公路交通网络。重点是逐步构建以公路为主体的收费公路网络和以普通公路为主体提供政府普遍服务的非收费公路网络。同时，要加快推进公路联网收费和不停车收费进程，进一步提高收费公路的通行效率和通行能力。

（二）中国公路交通科技发展战略

为了建设适应交通现代化要求和符合交通科技自身发展规律的创新体系，形成强大的自主创新能力。我国公路交通科技发展的战略目标是：建立布局合理、资源共享、配置优化的交通科研基地和信息共享平台，形成一支高水平的交通科技队伍，突破一批关键技术，达到国际先进水平，全面提升公路交通的科技含量，为实现全面小康社会公路水路交通发展目标提供科技支撑，为交通全面协调可持续发展提供有力保障。

（三）公路交通科技发展的战略重点

据公路交通科技发展的战略目标，按照交通科技的需求和"综合集成、重点突破"的方针，今后交通科技发展具有牵动性、前瞻性、关键性的战略重点主要为以下六个方面：

1. 智能化数字公路交通管理技术

推进公路交通的信息化进程，改善运营管理，优化资源配置，提高公路交通信息化水平，实现智能化的交通运输、数字化的行业管理、人性化的社会服务；最大限度地发挥综合交通的运输服务功能，实现便捷和快速运输。

2. 特殊自然环境下建养技术

攻克特殊自然环境下的建养关键技术，支撑公路交通基础设施建设，改善交通网络的状况与性能，实现加快发展、扩充能力的目标，提高公路交通设施的使用品质和使用寿命。

3. 一体化公路运输技术

构筑公路运输网络一体化、运输载体一体化、运输装卸一体化、运输场站一体化和运输辅助设施一体化、管理一体化的新型联合运输系统。通过应用一体化运输技术，改善公路交通服务水平，提高系统运行效率，实现不同运输方式之间货物的无缝衔接和旅客的零换乘。

4. 交通科学决策支持技术

面向交通改革与发展的重大决策问题，开展交通决策支持技术的研究，实现公路水路交通决策的科学化和民主化。在交通发展战略、政策法规、管理体制、运营组织等领域实现决策的数字化、可视化和协调化，为科学决策和民主决策提供技术支持，提高决策的科学性、质量和效率。

5. 公路交通安全保障技术

研究开发公路交通安全保障技术，提高公路交通的事故预防、应急反应和救助处理能力，降低交通伤亡数量及事故率，建立一个更安全更可靠的公路交通系统，使国公路交通达到社会公认的安全水准。

6. 绿色交通技术

开展以环保和节能为重点的绿色交通技术的研究，缓解国环境污染和资源短缺的压力，建立一个与自然和社会环境友善和谐、污染程度少、土地使用合理、能源消耗适度的绿色公路交通体系，促进 21 世纪公路交通可持续发展目标的实现。

第四节　桥梁工程

桥梁工程指桥梁勘测、设计、施工、养护和检定等的工作过程，以及研究这一过程的科学和工程技术，它是土木工程的一个分支。桥梁工程学的发展主要取决于交通运输对它的需要。

桥梁工程学主要研究桥渡设计，决定桥梁孔径，考虑通航和线路要求以确定桥面高度，考虑基底不受冲刷或冻胀以确定基础埋置深度，设计导流建筑物等；桥式方案设计；桥梁结构设计；桥梁施工；桥梁检定；桥梁试验；桥梁养护等方面。

古代桥梁以通行人、畜为主，载重不大，桥面纵坡可以较陡，甚至可以铺设台阶。自从有了铁路以后，桥梁所承受的载重逐倍增加，线路的坡度和曲线标准要求又高，且需要建成铁路网以增大经济效益，因此，为要跨越更大更深的江河、峡谷，迫使桥梁向大跨度发展。

在建桥材料方面，以高强、轻质、低成本为选择的主要依据，仍以发展传统的钢材和混凝土为主，提高其强度和耐久性。

石材、木材、铸铁、锻铁等桥梁材料，显然不合要求，而钢材的大量生产正好满足这一要求。

在桥梁施工方面，对施工组织将充分利用电子计算机进行经济有效的管理。在施工技术中，将不断引用新技术和高效率、高功能的机具设备，借以提高质量、缩短工期、降低造价。

在桥梁维修检查中，引用新型精密的测量仪表，如用声测法对结构材料的缺陷以及弹性模量进行测定；用手携式金相摄影仪检查钢材的晶体结构能及早进行加固防患于未然，以便延长桥梁的使用寿命。

桥梁工程始终是在生产发展与各类科学技术进步的综合影响下，遵循适用、安全、经济与美观的原则，不断地向前发展。

一、桥梁的组成

（一）桥梁的五"大部件"与五"小部件"

1.五"大部件"包括：桥跨结构；支座系统；桥墩；桥台；墩台基础。

2.五"小部件"包括：桥面铺装（或称行车道铺装）；排水防水系统；栏杆（或防撞栏杆）；伸缩缝；灯光照明。

（二）相关尺寸术语名称

1. 净跨度

梁式桥是设计洪水位上相邻两个桥墩（或桥台）之间的净距，用 l0 表示。对于拱式桥，净跨度是每孔拱跨两个拱脚截面最低点之间的水平距离。

2. 总跨度

是多孔桥梁中各孔净跨度的总和，也称桥梁孔径，它反映了桥下宣泄洪水的能力。

3. 计算跨度

对于具有支座的桥梁，是指桥跨结构相邻两个支座中心之间的距离，用 L 表示。拱圈（或拱肋）各截面形心点的连线称为拱轴线，计算跨度为拱轴线两端点之间的水平距离。

4. 桥梁全长

简称桥长，是桥梁两端两个桥台的侧墙或八字墙后端点之间的距离，用 L 表示。对于无桥台的桥梁为桥面自行车道的全长。

5. 桥梁高度

简称桥高，是指桥面与低水位之间的高差，或为桥面与桥下线路面之间的距离。桥高在某种程度上反映了桥梁施工的难易性。

6. 桥下净空高度

是设计洪水位或计算通航水位至桥跨结构最下缘之间的距离，以 H 表示。它应保证能安全排洪，并不得小于对该河流通航所规定的净空高度。

7. 建筑高度

是桥上行车路面（或轨顶）标高至桥跨结构最下缘之间的距离，它不仅与桥梁结构的体系和跨度的大小有关，而且还随行车部分在桥上布置的高度位置而异。公路（或铁路）定线中所确定的桥面（或轨顶）标高，与通航净空顶部标高之差，又称为容许建筑高度。桥梁的建筑高度不得大于其容许建筑高度，否则就不能保证桥下的通航要求。

8. 净矢高

是从拱顶截面下缘至相邻两拱脚截面下线最低点之间连线的垂直距离，用 f0 表示．

计算矢高：是从拱顶截面形心至相邻两拱脚截面形心之间连线的垂直距离，用 f 表示。

9. 矢跨比

是拱桥中拱圈（或拱肋）的计算矢高 f 与计算跨度 l 之比（f/l），也称拱矢度，它是反映拱桥受力特性的一个重要指标。

二、桥梁的分类

（一）桥梁的基本体系

按结构体系划分，有梁式桥、拱桥、刚架桥、悬索桥四种基本体系，其他还有几种由几种基本体系组合而成的组合体系等。

1. 梁式体系

梁式体系是古老的结构体系。梁作为承重结构是以它的抗弯能力来承受荷载的。梁分简支梁、悬臂梁、固端梁和连续梁等。悬臂梁、固端梁和连续梁都是利用支座上的卸载弯矩去减少跨中弯矩，使梁跨内的内力分配更合理，以同等抗弯能力的构件断面就可建成更大跨度的桥梁。

2. 拱式体系

拱式体系的主要承重结构是拱肋（或拱箱），以承压为主，可采用抗压能力强的圬工材料（石、混凝土与钢筋混凝土）来修建。拱分单铰拱、双铰拱、三铰拱和无铰拱。拱是有水平推力的结构，对地基要求较高，一般常建于地基良好的地区。

3. 刚架桥

刚架桥是介于梁与拱之间的一种结构体系，它是由受弯的上部梁（或板）与承压的下部柱（或墩）整体结合在一起的结构。由于梁与柱的刚性连接，梁因柱的抗弯刚度而得到卸载作用，整个体系是压弯结构，也是有推力的结构。刚架分直腿刚架与斜腿刚架。刚架桥施工较复杂，一般用于跨度不大的城市桥或公路高架桥和立交桥。

4. 悬索桥

就是指以悬索为主要承重结构的桥。其主要构造是：缆、塔、锚、吊索及桥面，一般还有加劲梁。其受力特征是：荷载由吊索传至缆，再传至锚墩。传力途径简捷、明确。悬索桥的特点是：构造简单，受力明确；在同等条件下，跨度愈大，单位跨度的材料耗费愈少、造价愈低。悬索桥是大跨桥梁的主要形式。

5. 组合体系

（1）连续钢构：连续钢构是由梁和钢架相结合的体系，它是顶应力混凝土结构采用悬臂施工法而发展起来的一种新体系。

（2）梁、拱组合体系：这类体系中有系杆拱、桁架拱、多跨拱梁结构等。它们利用梁的受弯与拱的承压特点组成联合结构。

（3）斜拉桥：它是由承压的塔、受拉的索与承弯的梁体组合起来的一种结构体系。

（二）桥梁的其他分类

1. 按用途划分，有公路桥、铁路桥、公路铁路两用桥、农桥、人行桥、运水桥（渡槽）及其他专用桥梁（如通过管路、电缆等）。

2. 按桥梁全长和跨度的不同，分为特大桥、大桥、中桥和小桥。

3. 按主要承重结构所用的材料划分，有圬工桥（包括砖、石、混凝土桥）、钢筋混凝土桥、预应力混凝土桥、钢桥和木桥等。

4. 按跨越障碍的性质，可分为跨河桥、跨线桥（立体交叉）、高架桥和栈桥。

5. 按上部结构的行车道位置，分为上承式桥、下承式桥和中承式桥。

（三）桥梁的施工

1. 桥梁下部结构施工

桥梁墩台施工：整体式墩台施工，有石砌墩台、混凝土墩台；装配式墩台施工；砌块式墩台施工；柱式墩台施工。

墩台基础施工：明挖扩大基础施工；桩与管柱基础施工；沉井基础施工。

2. 桥梁上部结构施工

桥梁承载结构施工：支架现浇法；预制安装法；悬臂施工法；转体施工法；顶推施工法；移动模架主孔施工法；横移法；提升与浮运法。

3. 梁式桥施工

简支梁桥，等截面连续梁桥，预应力混凝土变截面连续梁桥，预应力混凝土连续钢构桥，钢梁桥。

三、桥梁施工准备工作

（一）施工准备工作的重要性

施工准备工作的基本任务是为桥梁工程的施工建立必要的技术和物质条件，统筹安排施工力量和施工现场，是施工企业搞好目标管理，推行技术经济承包的重要依据，同时也是施工得以顺利进行的根本保证。认真做好施工准备工作，对于发挥企业优势、合理供应资源、加快施工进度、保证工程质量和施工安全、降低工程成本、增加企业经济效益，为企业赢得社会效益、实现企业管理现代化等具有重要意义。

（二）施工准备工作的分类

根据施工阶段的不同，可将施工准备工作分为两类：

1. 工程项目开工前的施工准备

这是在工程正式开工前所进行的一切施工准备工作，其目的是为工程正式开工创造必要的施工条件。

2. 各施工阶段前的施工准备

这是在工程项目开工之后，每个施工阶段正式开工之前所进行的一切施工准备工作，其目的是为施工阶段正式开工创造必要的施工条件。

施工准备工作既要有阶段性，又要有连贯性，必须有计划、有步骤、分期分阶段地进行，要贯穿于工程项目施工的整个过程。

（三）施工准备工作的内容

施工准备工作主要包括：技术准备、劳动组织准备、物质准备和施工现场准备等。

1. 技术准备

技术准备是施工准备的核心。由于技术准备上的差错和隐患将造成生命、财产和经济的巨大损失，因此必须认真做好技术准备工作。技术准备的具体内容如下：

（1）熟悉设计文件、研究核对设计图纸

全面领会设计意图，透彻了解桥梁的设计标准、结构和构造细节；检查核对设计图纸与其各组成部分之间有无矛盾或错误；在几何尺寸、坐标、高程、说明等方面是否一致，技术要求是否正确，等等，发现问题及时与设计单位和监理工程师涉商解决。

（2）进一步调查分析原始资料

施工前应对施工现场进行实地勘察，已尽可能多地获得有关原始数据的第一手资料，这对于正确选择施工方案、制定技术措施、合理安排施工顺序和施工进度计划以及编制切合实际的施工组织设计都是非常必要的。主要调查项目如下：

1）自然条件的调查分析

地质、水文、气象、施工现场的地形地物、桥梁工程所在地区的国家水准基点和绝对标高等情况。

2）技术经济条件的调查分析

施工现场的动迁、当地可利用的地方材料、砂石料场、水泥生产厂家及产品质量、地方能源和交通运输、地方劳动力和技术水平、当地生活物质供应、可提供的施工用水用电条件、设备租赁、当地消防治安、分包单位的力量和技术水平等状况。

（3）施工前的设计技术交底

通常由建设单位主持，设计、监理、施工单位参加，对设计图纸的疑问、建议或变更在形成统一认识的基础上，做好记录，形成设计技术交底纪要，由建设单位正式行文，参加单位共同会签盖章，作为施工合同的一个补充文本，与设计文件同时使用，是指导施工的依据，也是建设单位与施工单位进行工程结算的依据之一。

（4）确定施工方案，进行施工设计。

（5）编制施工组织设计和施工预算。

2．劳动组织准备

（1）监理施工组织结构。

（2）合理设置施工班组。

（3）施工力量的集结进场和培训。

（4）向施工班组和操作工人进行开工前的交底。

（5）建立健全各项管理制度。

3．物质准备

物质准备工作的内容主要包括：工程材料的准备；构件和制品的加工准备；施工机具设备的准备；以及各种工具和备件的准备。

物质准备工作的程序一般为：根据施工预算、分部分项工程的施工方法和施工进度安排制定需要量的计划；与有关单位签订供货合同；拟定运输计划和运输方案；按施工平面图的要求，组织物质按计划时间进场，在指定地点、按规定方式进行储存或堆放，以便随时提供给工程使用。

4．施工现场准备

具体内容如下：

（1）做好施工测量控制网的复测和加密工作。

（2）做好施工现场的补充钻探。

（3）搞好三通一平是指路通、水通、电通和平整场地。

（4）建造临时设施。

（5）安装调试施工机具。

（6）原材料的试验和储存堆放。

（7）做好冬雨季施工安排。

第五节 桥梁基础施工

一、明挖扩大施工

（一）基础定位放线

在基础开挖前，先进行基础的定位放线工作，以便正确地将图纸上的基础位置准确地设置到桥址上来。放样工作系根据桥梁的中心线与墩台的纵横轴线，推出基础边线的定为点，再放线划出基坑的开挖范围，具体的定为工作视基坑的深浅而有所不同。基坑较浅时，可使用挂线板划，拉线挂锤球进行定位；基坑较深时，用设置定位桩形成定位线等进行定位，基坑各制点标高及开挖过程中标高的检查按一般水准测量方法进行。

（二）施工方法

对刚性扩大基础的施工，一般采用明挖，根据开挖深度、边坡土质、渗水情况及施工场地、开挖方式、施工方法可以有多种选择。本标段因河床干涸、无水，故可采用放坡开挖及坑壁支撑开挖方法。

1. 放坡开挖

（1）测量放线应在基础开挖前通知监理工程师，检查、测量基础平面位置和现有地面标高。用经纬仪测出墩、台基础纵、横中心线，放出上口开挖边桩，边坡的放坡率可参照下表1-5-1。基坑下口开挖的大小应满足基础施工的要求，渗水的土质，基底平面尺寸可适当加宽 50 ~ 100cm，便于设置排水沟和安装模板，其他情况可放小加宽尺寸，不设基础模板时，按设计平面尺寸开挖。

（2）开挖作业方式以机械作业为主，采用反铲挖掘机配自卸汽车运输作业辅以人工清槽。单斗挖掘机（反铲）斗容量根据上方量和运输车辆的配置可选择 $0.4 \sim 0.1m^3$，控制深度 4 ~ 6m。挖基土应外运或远离基坑边缘卸土，以免塌方和影响施工。

明挖基础放坡开挖坑壁坡度表表 1-5-1

坑土	坑壁坡度		
	基坑顶缘无载重	基坑顶缘有静载	基坑顶面有动载
砂类土	1：1	1：1.25	1：1.5
碎石、卵石类土	1：0.75	1：1	1：1.25
亚黏土	1：0.6	1：0.75	1：1
软黏土	1：0～0.25	1：0.33	1：0.67
硬岩	1：0	1：0	1：0

（3）施工注意事项

1）在基坑顶缘四周适当距离处设置截水沟，并防止水沟渗水，以避免地表水冲刷坑壁，影响坑壁的稳定性。

2）坑壁缘边应当留有护道，静荷载不少于0.5m，动荷载距坑边缘不小于1.0m，垂直坑壁边缘的护道还应适当增宽，水文地质条件欠佳时应有加固措施。

3）应经常注意观察坑壁边缘有无裂缝，坑壁有无松散、塌落现象发生，以确保安全施工。

4）基坑施工不可延续时间过长，自开挖至基础完成，应抓紧时间连续施工。

5）如用机械开挖基础，在挖到基底时，应保留不少于30cm的厚度，在基础浇筑圬工前用人工挖到基底标高。

2. 坑壁支撑开挖

当坑壁土质不易稳定，并有地下水影响，或者放坡工程量过大，或者施工现场与邻近建筑物靠近，不能采用放坡开挖时，要采用直衬板支撑的基坑开挖方法。

（1）基底检验

基础是隐蔽工程，在基础砌筑前应按规定检验基础是否符合设计要求。检验的主要内容包括：检查基底平面位置、尺寸打下、基底标高；检查基底土质均匀性、地基稳定性及承载力等；检查基底处理和排水情况；检查施工日志及有关实验资料等等。基底平面周线位置容许偏差不得大于20cm，基底标高不得超过 ±5cm（土质）、+5～20cm（石质）。

（2）基底处理

天然地基上的基础是直接靠土壤来承担荷载的，故基底土壤状态的好坏，对基础及墩台、上部结构的影响极大。不能仅检查土壤的名称与容许承载力大小，还应为土壤更有效地承担荷载创造条件，即要进行基底处理。具体的处理方法参见下表 1-5-2

基底处理	处理办法
岩层	1. 未风化的岩层基底，应消除碎石、石块、淤泥、苔藓等 2. 风化的岩层基底，开挖基坑尺寸要少留或不留余量。灌注基底垆工时，同时将坑底填满，封闭岩层 3. 岩层倾斜时，应将岩面凿平或凿成台阶，使承重面与重力线垂直，以免滑动 4. 砌筑前，岩层表面用水清洗干净
碎石及砂类土壤	承重面应修理平整夯实，砌筑前铺一层 2cm 厚的浓稠水泥砂浆
黏土层	1. 铲平基底时，不能扰动土壤天然结构，不能用土回填 2. 必要时，加一层 10cm 厚的夯填碎石，碎石面不得高出基底设计标高 基坑开挖处理后，应在最短期间内砌筑基础，防止暴露过久变质
湿陷性黄土	1. 基底必须有防水措施 2. 根据土质条件，使用重锤夯实、换填、挤密桩等措施，进行加固，改善土性质 3. 基底回填不得使用砂、砾石等透水土壤，应用原土加夯封闭
软黏土层	1. 基底软黏土小于 2m 时，可将软黏土层全部挖除，换以中、粗砂、砾石、碎石等力学性质较好的填料，分层夯实 2. 软黏土层深度大时，应布置砂桩（或砂井）穿过软黏土层，上层铺砂垫层
冻土层	1. 冻土基础开挖宜用天然或人工冻结法施工，并应保持基底冻层不融化 2. 基底设计标高以下，铺一层 10 ~ 30cm 粗砂或 10cm 的冷砼垫层、作为隔热层
溶洞	1. 暴露的溶洞应用浆砌片石、砼填充或填砂、砂砾后，压水泥充实加固 2. 检查有误隐蔽溶洞，在一定深度内钻孔检查 3. 有较深的溶洞时，也可作钢筋混凝土盖板或梁跨越，亦可改变跨径避开
泉眼	1. 插入钢管或做木井引出泉水使与垆工隔离以后，用水下混凝土填实 2. 在坑底凿成暗沟，上放盖板，将水引出至基础以外的汇水井中抽出，垆工硬化后，停止抽水

3. 基础砼浇筑

重要的基础构造物施工应先浇筑大于 10cm 的砼垫层以便在其上支立模板、绑扎钢筋，砼垫层也有利于施工排水。

（1）基础施工时，应加强排水，保持在无水的条件下进行基础钢筋绑扎、模板安装。

1）基础砼浇筑前，干土基要洒水湿润，湿土基要铺以碎石垫层或水泥砂浆层，石质地基要清除松散粒料，才可浇筑基础砼。

2）砼浇筑应连续进行，当必须间歇时，应在前层砼初凝之前将下层砼浇筑完毕。

3）在基底渗水严重的基坑中修筑基础，先浇水下砼封底，待其达到要求强度时，排水清淤凿出新的砼顶面，再进行浇筑。

（2）大体积砼的施工

1）大体积砼具有以下特点：

①砼结构物体积大，需要浇筑大量的砼。

②大体积砼常处于潮湿或与水接触的环境条件下，因此除满足强度外，还必须具有良好的耐久性和抗渗性，甚至耐侵蚀性和抗冲击能力。

③大体积砼强度等级高，水泥用量大，水化热和收缩容易造成结构的开裂。

④大体积砼由于其水泥水化热不容易很快消失，蓄热于内部，使温度升高较大，因此对温度进行控制，是大体积砼施工最突出的问题。一般当结构物最小尺寸在 3m 以上，单面散热面积最小尺寸在 75cm 以上，双面散热在 100cm 以上，水化热引起的最高温度与外界气温之差大于 25℃时，即可视为大体积砼施工。

2）施工准备

①水泥：选用水化热低、初凝时间长的矿渣水泥 325#、425#。

②砂：选用粗砂或中砂，含泥量低于 3%。

③石子：0.5 ~ 3.2cm 粒径的碎石或卵石。

④外加剂：可选用复合型外加剂和粉煤灰以减少绝对用水和水泥用量，延缓凝结时间。

⑤施工配合比一般要求，水泥用量控制在 300kg/m3 以下，泵送砂率在 0.4 ~ 0.45 间，塌落度 10 ~ 14cm 为宜。

⑥夏季施工采用冷却拌合水或掺冰屑的方法，达到降低拌合温度的目的。夏季砂石料堆可设简易遮阳棚，必要时可向骨料喷水。

⑦砼搅拌：加料顺序如下：石子→水泥→砂子→（水＋外加剂），为使砼拌合均匀，自全部拌合料倒入搅拌筒中算起，搅拌时间应不少于 1.5min。

4. 砼的浇筑

（1）砼必须分层浇筑，分层捣实。根据基础不同情况，浇筑方案可分为：

1）一次整体浇筑

采用全面分层法，即第一层全面浇筑完毕后再浇筑第二层，每层的间隔时间以砼未初凝为准，如此逐层进行。施工时从短边开始，沿长边进行，必要时也可以从中间向两边或两边向中央进行。除此之外还可以选用分段分层和斜面分导的砼浇筑方法。施工前，根据基础尺寸、砼数量、初凝时间，分层厚度，选择浇筑方法和硅泵、罐车数量及相应的搅拌砼设备能力。如设计要求敷设冷却水管，应适当增加一些构造钢筋，保证冷却水管有一定的稳定性。

2）分层浇筑

当基础厚度较厚，一次浇筑砼方量过大时，可分层浇筑，分层的厚度 0.6 ~ 1.5m 为宜。分层的目的是通过增加表面系数，以利于砼的内部散热，层间的间隔时间从理论上讲应以砼表面温度降至大气平均温度为好，最小间隔时间应不小于砼内部最高温度出现以后，一般 5～14 天之间。上层浇筑前，应清除下层砼水泥薄膜和松动石子以及软弱砼面层，并进行湿润、清洗。

（2）大体积砼的水化热温度控制

①选用低水化热的矿渣水泥或大坝水泥。

②采用双掺技术，即在硅中掺加高效外加剂和粉煤灰。

③掺加适量缓凝剂，推迟凝固时间。

④在高温季节对砼用水、砂、石采取降温措施尽量降低砼入模温度。

⑤严格控制砼的坍落度，在保证强度的前提下尽量减少水泥用量。

⑥如设计要求在砼中埋设冷却水管，通过冷却降温进出水温差不宜大于 10℃，以防止水管周围产生温度裂缝。

⑦保持砼内部温度与外界温差小于 25℃。

（3）砼的振捣

使用插入式振捣器，振捣方式可以垂直于砼面插入振捣棒，或与砼面成 40°～50° 倾角斜向插入振捣棒，振捣棒的使用要"快插慢拔"，每一个插点振捣时间以 20～30s 为宜，为保证砼质量最好采用复振措施。

（4）砼的养护

砼达到初凝后即开始进行塑料布覆盖，为防止砼脱水开裂，在塑料布上应再双层覆盖草袋，二层草袋迭缝，因一般砼浇筑后第 3.4 天内部温度最高，以后逐渐降低，所以覆盖的拆除不能过早、过快，一般以 10 天左右为宜。

（5）测温工作

1）根据基础平面尺寸、厚度的不同情况，合理、经济地布设测温点，并绘制测温布置图。

2）采用热电隅温度计和玻璃温度计共同测温方式，其敷设间距高度方向 50～80cm，平面方向 250～500cm。距边角和表面应大于 5cm。测温应有专人负责，每 4h 一次。

（6）大体积砼施工工艺流程：施工准备→清理和湿润模板→埋设测温装置—确定砼配合比→砼搅拌→砼运输→砼浇筑（分层）→振捣→砼养护→测温。

5. 基坑回填

（1）基坑的回填必须采用监理工程师批准的能够充分压实的材料，坚决禁用草皮土、垃圾和有机土等回填，严禁结构物基础超挖回填虚土。

（2）未经监理工程师的许可，不对基坑进行回填。回填时应同时在两侧及基本相同的标高进行，特别要防止对桥墩、台形成单侧施压。必要时，挖方内的边坡应修成台阶形。

（3）回填材料应分层摊铺并用蛙式打夯机压实至设计或监理工程师要求的标准。回填土的含水量要严格控制。

（4）需回填的即需要及时排水，若无法排除基坑积水时，则应用沙砾材料回填，并在水中分薄层铺筑，直到回填进展到该处的水全部被回填的沙砾材料所掩盖并达到充分压实的程度时，再进行充分夯实。

二、桩施工

（一）施工工艺

本工程冲孔桩的施工工艺主要包括以下工序：

1. 护筒设置及定位。

2. 冲孔机冲击成孔。

3. 钢筋笼制作、安装。

4. 灌注水下混凝土。

（二）工艺流程和施工技术措施

1. 工艺流程

工程的工艺流程如下采用如下工艺流程：

平整场地→泥浆制备→埋设护筒→铺设工作平台→安装机器设备并定位→冲孔→清孔并检查成孔质量→下放钢筋笼→灌注水下混凝土→拔出护筒→检查质量。

2. 技术措施

（1）准备工作

1）测量放线

①建立临时施工控制网：为保证桩位定点的准确性，本工程拟采用外围控制网及场内定点控制网的方法进行施工测量、定点。

②建立外围控制网：根据施工图纸各轴线关系，选择控制轴线，延伸至施工场地外建立控制点网，以便校对桩位时进行测量复核。

③建立场内控制网：因本工程的轴线交错较大，场外控制网点不能完全确定轴位走向及定点，因而必须在场内建立与场外控制网关联的牢固网点，进行控制。

④放桩定位，在建立控制网后，对全建筑物桩位进行放样，建立固定标桩，标桩采用≥ϕ16钢筋，其埋设深度不低于0.8m，并高出地面10cm，标桩固定用混凝土覆盖加以保护。

建立标桩时，应反复测量核对，建立放线册，交付监理单位存档及现场复核。

2）护筒设置及桩机定位

①冲孔桩径小，护筒一般用4~8mm厚的钢板加工制成，高度为1.5~2m。冲孔桩的护筒内径应比钻头直径大100mm。护筒顶部应开设溢浆口，并高出地面0.15~0.30m。

②护筒有定位、保护孔口和维持水位高差等重要作用。护筒位置要根据设计桩位，按纵横轴线中心埋设。埋设护筒的坑不要太大。坑挖好后，将坑底整平，然后放入护筒，经

检查位置正确，简身竖直后，四周即用黏土回填，分层夯实，并随填随观察，防止填土时护筒位置偏移。护筒埋好后应复核校正，护筒中心与桩位中心应重合，偏差不得大于50mm。

③护筒的埋设深度：在黏性土中不得小于1m；在砂土中不得小于1.5m，并应保持孔内泥浆液面高于地下水位1m以上。

④桩机定位：桩机对桩位采用十字交叉法，即在已设置的护筒上拉十字线，令其十字交叉点与标桩重合，然后移机就位，将桩机钢丝绳的作用中心与十字交叉点重合。

⑤桩机安装定位后，要精心调平，保持机座水平，天车转盘中心与桩位中心三点在同一直线上，再将冲机固定，确保施工中不发生偏移。

3. 循环系统布置

在整个施工过程中钻孔采用自流式正循环系统，在灌注混凝土前的清孔中则采用掏渣筒掏渣，因而在循环系统在布置上亦分设两部分：

（1）自流式正循环系统：在施工现场内配设循环池，循环池容积不少于3m³，具体位置在成孔位附近，水沟长度不少于3m，这样有利于碴样沉淀。

（2）掏渣筒掏渣：在灌注混凝土前的清孔阶段采用。

4. 基坑土方开挖后进行钻（冲）孔桩的地基处理

（1）基坑支护及土方开挖是由上一标段施工，土方开挖后根据现场地基地质的实际情况进行地基处理，并必须修筑道路至基坑底。

（2）地基处理方法：采用50～150mm的碎石（毛石）500mm厚进行基层处理，在基层处理时边用挖土机边铺设平整进行来回压实。

5. 施工道路的设置

（1）按勘察结果资料查明该工程地基存在溶洞。在桩基础施工时，有可能随时出现地面下沉、坍塌等事情发生，必须备足填充材料。

（2）在钻（冲）孔（溶洞）施工过程中，有可能造成的塌孔、地陷等现象发生。

（三）成孔作业

1. 成孔注意事项

（1）根据工程地质情况，成孔直径及入岩情况，本工程高层房屋的桩基成孔采用冲机冲进成孔，开孔时，应低锤密击。

（2）在冲进时，根据各地层的地质情况，适当选择泥浆的稠度，在开始冲进时，由于表层回填土较易形成泥浆，可加入清水冲进，待至一定的深度后，可进行泥浆循环冲进。

（3）在冲进过程中，注意地层的变化，对不同的土层，在冲进时，要适当调整泥浆的浓度，以利形成有效的护壁，防止出现塌孔。根据超前钻的勘察报告中看出，地质土层由砂层为主，在冲孔过程中冲锤的震动等原因可能会导致砂层松动塌落下来，桩会变为大肚桩，使得实际混凝土用量增大。为防止这情况出现，设计给出建议在施工过程中桩身每冲进 2m 左右时添加相应体积的黄泥来增加泥浆的黏稠度，保证泥浆比重保持在一个高值，泥浆护壁的厚度，控制好桩身的尺寸。

（4）保证成孔的垂直度，要注意观察桩机的机座是否平稳，钢丝绳是否与孔中心重合。如果出现偏孔，应回填块石进行修孔，在确保成孔垂直后方可继续冲进。

（5）进入基岩后，应低锤冲击或间断冲击，如发现偏孔应回填片石至偏孔上方 300 ~ 500mm 处，然后重新冲孔。

（6）遇到孤石时，采用高低冲程交替冲击，将大孤石击碎或击入孔壁。

（7）每冲进 5m 深度验孔一次，在更换钻头前或容易缩孔处应进行验孔。

（8）进入基岩后，非桩端持力层每钻进 300 ~ 500mm，桩端持力层每钻进 100 ~ 300mm 取样一次。

2. 入岩深度的判断与终孔

入岩深度的判断是本工程的关键控制因素，是关系本工程桩质量的主要技术环节。

入岩深度的判断方法，主要参考设计要求、地质勘查资料反映的持力层埋深，结合孔底的岩渣样进行判断。在确定持力层岩样达到设计要求时，应及时通知监理及甲方代表，会同地质勘查单位、设计单位进行确认。当桩孔按要求达到设计的岩层深度后，由现场监理及甲方确认签字后，方可终孔，并留取碴样，以备检查。

3. 垂直度及桩孔直径检查

为了保证桩的垂直度和桩的直径满足设计和规范要求，在确定达到入岩深度后，在桩锤上用 ϕ14 钢筋焊接一个同桩的直径相同的圆，然后将桩锤放入桩孔中上下垂直运动两次，将桩的孔壁上附着的超厚泥浆刮掉，以保证桩的直径符合要求。

4. 清孔

当冲孔达到设计深度，冲孔应停止冲进，泥浆同时通过泥浆泵泵入孔中补充，自然溢出，反复循环将孔内的泥土带出，泥浆比重将逐渐随之下降。这一工序谓之清孔，当泥浆比重下降至 1.05 ~ 1.20，黏度不超过 28s，含砂率不超过 8% 时，清孔完毕，可将钻孔交付验收。

（1）清孔

第一次清孔：冲进达到设计深度后，先将冲头提离孔底约 50mm，进行换浆清孔，回流泥浆比重控制在 1.30 左右。

第二次清孔：在下入钢筋笼、灌注混凝土前，用掏渣筒进行第二次清孔，确保沉渣厚度满足设计要求。

（2）清孔时，必须检测桩底沉渣厚度、泥浆比重、泥浆性能是否满足规范要求。符合要求时，立即停止清孔，以防孔壁塌落。桩底沉渣厚度用标准绳量测，泥浆比重用比重计测定，黏度用黏度计测定。

（3）第二次清孔时，应不断换泥浆，直到混凝土车运到孔桩边或用砼泵送开始（注：

如果先挖土后进行冲孔桩施工采用泵送砼施工），孔底沉渣、泥浆性能满足要求后，立即开始进行混凝土灌注准备，浇筑水下混凝土。浇灌混凝土前，孔底 500mm 以内的泥浆比重小于 1.25，含砂率不大于 8%，黏度不大于 28s。

5. 冲孔桩成孔施工允许偏差

（1）桩径允许偏差：+100，-50。

（2）垂直允许偏差：0.8%。

（3）桩位允许偏差

1）单桩、双桩沿垂直轴线方向以及群桩基础的边桩：

当桩径不超过 1000mm 时，不大于 100mm。

当桩径大于 1000mm 时，不大于 100+0.01Hmm。

2）双桩沿轴线方向以及群桩基础的中间桩：

当桩径不超过 1000mm 时，不大于 150mm。

当桩径大于 1000mm 时，不大于 150+0.01Hmm。

（四）钢筋施工

1. 钢筋加工

钢筋加工在现场所设加工场内完成，严格按加工料表执行，发现料表有误时应遵循正常程序予以改正。

（1）钢筋切断

将规格钢筋根据不同长短搭配，统筹排料，先断长料，后断短料，减少短头，减低损耗。断料时钢筋切断机安装平稳，并在工作台上标出尺寸刻度线和设控制断料尺寸用的挡板，切断过程中如发现断口有劈裂缩头、严重弯头或断口呈马蹄形时必须切掉。并要求钢筋加工人员如发现钢筋硬度与钢种有较大出入时，要及时反映，查明情况。钢筋切断长度力求准确，其允许偏差为 ±10mm。

（2）钢筋弯曲成型

1）加劲箍由钢筋弯曲机完成，弯曲前，根据料表尺寸，用粉笔将弯曲点位置划出，弯曲时应控制力度，一步到位，不允许一次反弯或重复弯曲。

2）钢筋笼主筋保护层为 70mm，允许偏差不超过 20mm。

3）钢筋笼的螺旋箍要点焊在主筋上。

4）为防止钢筋在搬运和吊装过程中产生变形，钢筋笼成形后要焊接斜接钢筋作加固处理。

（3）钢筋接头

钢筋的接长一般用焊接接头，钢筋的接头根据图纸和规范要求进行。钢筋现场接头要符合如下要求：

1）在加劲箍上点焊固定主筋时，位置要准确，间距要均匀。

2）在钢筋笼搭接的主筋接头要错开，在 35d 钢筋直径区段范围内的接头数量不超过钢筋总数的 50%。

（4）焊接钢筋保护层钢筋时，应控制保护层钢筋的高度，钢筋保护层厚度为 70mm，混凝土护筒直径比桩径大 200mm，所以在钢筋笼的四个对角靠近混凝土护筒最下一节与桩直径相同处用 φ14 钢筋焊高度为 160mm 的保护层定位钢筋，以便保证钢筋保护层满足设计要求。

2. 钢筋笼吊装

本工程桩的钢筋笼现场加工，用人工配合机械搬运到桩位后采用汽车吊吊装，若因条件所限整体吊放有困难，钢筋笼可分段制作安装，使用吊机将下节钢筋笼吊起，对准孔中心，直将钢筋笼缓慢放入孔内，临时搁稳在孔口处，将上节钢筋笼与下节钢筋笼的上端垂直对准，笼上的长短钢筋对应，用手工电弧焊接，两主筋搭接长度单面焊接应为 10d。为了提高工效，钢筋笼在焊接接口时，用 2～3 名焊工，均衡从几个方面同时进行焊接。全部主筋焊接完毕，绕上钢筋笼连接段的螺旋箍筋绑扎牢固，并等待主筋降温然后将钢筋笼全部下放到桩孔内。钢筋笼的固定采用在钢筋笼上部焊两个吊环穿上钢管固定在设计标高位置，避免钢筋笼在浇筑水下混凝土时上浮或下沉。

（五）混凝土工程

先进行基坑土方开挖后进行钻（冲）孔桩施工，采用长臂式汽车泵进行泵送混凝土到桩位的施工方法进行施工。

1. 桩顶浮浆的确定

由于本工程采用泥浆护壁成孔，在清孔过程中，泥浆须保持一定的浓度，因此桩顶会形成混凝土与泥浆的混合体，为保证桩身的混凝土质量，将桩顶的浇灌高度预先统一加高 600mm。含泥浆的混凝土在混凝土灌注完毕可以用泵抽出，但必须保证桩顶标高满足设计要求。

2. 作业条件

项目部在下达混凝土任务单时，对商品混凝土必须包括工程名称、地点、桩号、数量，对混凝土的各项技术要求（强度等级、防腐等级、缓凝及特种要求）、现场施工方法、生产效率（或工期），交接班交接要求，须由供需双方及时协调，互相配合。混凝土配合比通知单应由混凝土搅拌站（混凝土供应商）连同混凝土一起送到现场，交给资料员。

3. 现场混凝土生产的质量要求

（1）每个工作班应安排质安员值班。

（2）对现场使用的水泥合格证及复检单等资料进行核对，核对是否符合要求。试配混凝土，确定混凝土的配合比。

（3）混凝土生产前，搅拌站及混凝土泵需进行检查，确定设备运转正常后方可开拌，在泵送前，混凝土的坍落度经检验合格后方可进行泵送。

4. 现场检验混凝土坍落度的要求

（1）搅拌站生产出第一盘混凝土时，质安员应检验混凝土的坍落度，坍落度如符合180～220mm 要求，则可以泵送浇筑；坍落度如不能满足 180～220mm 要求，混凝土倒掉重新拌制，直至符合要求；生产过程中的坍落度检验，按规范要求执行。

（2）商品混凝土运到现场后，质安员应检验混凝土的坍落度，坍落度如符合180～220mm 要求，则可以泵送浇筑；坍落度如不能满足 180～220mm 要求，混凝土退回商品混凝土生产厂，由混凝土生产厂重新调整坍落度。

5. 原地面商品混凝土运载车砼施工

（1）准备工作：修筑行车、行机道路，保证机械设备施工作业的安全。

（2）备用好修筑运输道路的材料（拆除旧房的废砖头渣土等物料），备用于砼及下雨时的修筑道路铺垫。

6. 泵送混凝土施工

（1）准备工作：在准备开始施工前，要将混凝土汽车泵设置在基坑的运输道路靠近砼桩芯位置附近；在开始泵送前，要检查泵管安装是否牢固，管内是否干净；保证不漏气，不含杂物，防止在泵送过程出现堵管现象。

（2）泵送时，要先放入约 $1m^3$ 水泥砂浆，泵送出泵体后，才可放入混凝土泵送。

（3）在泵送过程中，要确保混凝供应的连续性，如出现堵管现象，应及时组织人力进行抢修。

（4）在泵送完毕后，应彻底清洗输送管，以备下次使用。

7. 导管浇筑水下混凝土

（1）采用两端带法兰、中间垫橡胶止水圈的导管，导管最下一段长度为 4m，其余每节长度为 2.5m，另备 0.5m、1.0m、1.5m 短管各两节，以适应不同深度的桩，在浇筑时调节整根导管的总长度。

（2）导管使用前必须进行拼装试压，试压压力一般为 0.6～1.0MPa，管接头如有漏损，必须及时修补或更换，否则导管在桩孔内作业时渗入泥水，造成混凝土骨料与水泥砂浆离析，导管堵塞，正常的浇筑作业被迫中止，造成断桩。

（3）每次浇筑水下混凝土前，导管须进行连接拆卸检查，各管之间的连接，采用螺旋快速接头或法兰胶垫止水接头，均应将螺纹或连接螺栓拧紧，密封止水胶圈，胶垫完好无损，否则其后果与第二项所述一样，会给工程带来较大的损失。

（4）导管可以数根相连为一段，在孔口处数段连成一整根缓慢下放到下端距孔底0.3～0.5m 处。也可整根或分两根由吊车吊起插入孔中，加快操作进度，节约时间，相对缩短二次清孔后至浇筑开始之间的时间，对于减少孔底沉渣大有好处。

（5）整根导管的上口应连接容量为 3～5m³ 以上的储料漏斗（小于 φ1600 桩采用不

少于 3m³ 以上的储料漏斗），在漏斗出口与竖管连接处，悬吊一个用轻质木头制成的隔水塞，初始首槽浇筑，漏斗内必须装满混凝土。剪断吊隔水塞的铅丝（8#），漏斗中的流态混凝土推压着隔水塞猛冲坠落，开始了导管浇筑水下混凝土的第一道工序。

（6）第一漏斗流态混凝土落入孔底，混凝土导管将下口封住，这时导管之内已是无水状态，此后相继而来的流态通过漏斗倒入管中，流态混凝土因重力作用自行从导管下口流出，混凝土表面随着管中混凝土浇筑而升高，最终形成桩身。

灌注首批混凝土时，导管埋入混凝土内的深度不小于 0.8m，在以后的灌注过程中，导管埋入混凝土中的埋深不宜少于 2m，严禁导管提出混凝土面，并派专人测量导管埋深及管内外混凝土面高差。

（7）浇筑过程中，流态混凝土主要靠自身的重力作用下坠到桩孔内，也可以在每斗混凝土注入之后，间歇性地上下提升导管捣插，这样可以进一步使混凝土密实并加快浇筑速度。

（8）水下灌注的混凝土必须具有良好的和易性，浇筑前应对导管的接缝进行密封处理，防止浇筑中漏水影响混凝土质量。

三、沉井施工

（一）施工前准备

1.详细调查了解水文地质情况，掌握沉井下沉所通过的地层地质构造，土层深度，特性，地勘孔位（每个沉井应至少有两个钻孔），以及河道通航，流水，高水位等各项水文资料。

2.清理场地

（1）筑岛沉井在修围堰和筑岛前，应对墩位场地的孤石，杂草，树根，等杂物予以清除，并平整场地，对软硬不均的地表应换土或加固。

（2）浮式沉井在浮运前，对河床标高，冲刷情况进行测定，对倾斜较大的河床面应整平。

（二）沉井制作（砼及钢筋砼沉井制作）

1. 筑岛：分无围堰的土岛和有围堰的岛（用砂夹卵石填筑）

（1）土岛：适用于浅水，流速不大的场所，筑岛用料为砂及砾石，其外侧边坡不应陡于 1∶2。为避免冲刷迎水面应堆码草袋。

（2）围堰筑岛：各种围堰形式详见桩基施工。

2. 砼及钢筋砼沉井制作

在岸滩式浅水中修造沉井，采用筑岛法施工，在深水中修造沉井，采用浮式沉井施工。

（1）筑岛法施工沉井的制作

1）筑岛：依据设计图纸和桥位测量基线桩定出筑岛中心桩，整平，填实，筑岛顶面应高出施工水位 0.5m 以上。

2）铺设垫木：刃脚下应满铺垫木，一般使用长、短两种垫木相同布置，具体要求见下表：

序号	项目	要求
1	垫木材料	质量良好的短方木
2	垫木铺设方向	刃脚的直线修垂直铺设，圆弧段径向铺设
3	垫木下承压应力	应小于岛面允许压应力
4	刃脚下和隔墙下垫木应力	应基本上相等
5	铺垫次序	应先从各定位垫木开始向两边铺设
6	支撑排架下的垫木	应对正排架中心线铺设
7	铺垫顶平面最大高差	≤3cm
8	调整垫木高度	不应在垫木下塞石块，木块以免受力不均
9	相邻两垫木高差	≤0.5cm
10	垫木间空隙	填沙捣实
11	垫木埋入岛面深度	垫木高度的一半

3）沉井模板安装：首先精确放出沉井平面大样（弹线）

①外侧要刨光，拼接平顺。

②模板安装顺序为：刃脚斜面及隔墙面模板→井孔模板→绑扎钢筋→主外模→调整各部尺寸→全面紧固拉杆，拉箍，支撑等。

③沉井模板支好后，须复核尺寸，位置，刃脚标高，井壁垂直度，检查模板支撑。

④支立第二节以上各节模板时，应用圆钢拉杆，环箍加劲牢固，不易支撑于地面上，以防沉井浇筑中下沉造成跑模。

4）沉井砼灌注，养护及拆模

①沉井砼灌注应沿四壁对称均匀进行，避免因高差产生不均匀下沉，每节沉井砼应一次浇完。

②养护：正常洒水，覆盖。沉井顶面砼凿毛可在砼强度大于 2.5MP 时提早进行。

③拆模：砼达到规定强度后即可拆模，拆模顺序为：井壁外侧面模板及井孔内侧模板→隔墙下支撑及隔墙底模→刃脚斜面下支撑及刃脚斜面模板。

拆模的注意事项：隔墙及刃脚下支撑应对称依次拆模，由中向边进行；拆模后，下沉抽垫前应将刃脚回填密实，防止不均匀下沉。

5）沉井接高注意事项

①接高时底节顶面应高出地面 0.5 ~ 1.0m，应在下沉偏差允许范围内接高。

②当沉井底节在偏斜状态时，严禁竖直向上接高，接高时各节的竖向中轴线应与下面

的一节重合，外壁应竖直。

三、沉井下沉

沉井下沉主要是通过从井孔内挖土，清除刃脚下阻力，依靠自重克服井壁摩擦力下沉。下沉挖土方法有：

土质	下沉除土方法	说明
砂土	抓土吸泥	若抓土宜用两瓣式抓斗
卵石	吸泥，抓土	以直径大于卵石粒径的吸泥机吸泥为好，若抓斗宜选用四瓣式
黏性土	吸泥，抓土	一般需辅以高压射水，冲碎土层
风化岩	射水，放炮	碎块可用抓斗或吸泥机取出

（一）排水开挖下沉

在稳定的土层中，渗水量小于 $1m^3/m^2/$ 小时，可采用排水开挖下沉。

1. 挖土时先将刃脚内侧的回填土分层挖去，定位承垫处的土最后挖除，一层挖完再挖第二层。

2. 土质松软时，在分层挖回填土的过程中，沉井即逐渐下沉，当刃脚下沉至沉井中部土面大体齐平时，即可在中部先向下沉 40～50cm，再向四周均匀扩挖，再分层挖除刃脚内侧的土台。

3. 在坚硬的土层中，可先分段掏空刃脚，随即回填沙砾。即跳槽法开挖，最后挖定位承垫下的土（岩）层。

4. 遇有岩层时，顺序开挖刃脚内侧和外侧，风化岩（或软岩）可用风镐，风铲挖除，硬岩层可以打眼爆破。

（二）不排水开挖下沉

1. **具体要求**

（1）井内挖土深度，一般根据土质而定，最深不应低于刃脚下 2m。

（2）尽量加大刃脚对土的压力。

（3）通过粉砂，细砂等松软地层时，不宜以降低井内水位而减少浮力的办法，促使沉井下沉。应保持井内水位比井外高 1～2m 以防止流沙涌向井内，引起沉井倾斜。

（4）除了纠偏外，井内的土应由各井孔均匀清除，各孔内高差不超过 50cm。

2. **抓土下沉施工**

抓土一般锅底比刃脚低 1～1.5m，刃脚周边不易坍落时，应采用高压水抢冲刃脚部位辅助下沉，多孔井时，每个井孔需配备一套抓土设备。出土方式可采用特制的挂钩甩土或利用井顶运输轨道（震于抓斗工作范围）。

3. 吸泥下沉

吸泥机有水力吸泥机，水力吸石筒及空气吸泥机。通常采用吊架或吊机维持其悬吊状态，管力垂直，并能在井内移动位置。吸泥时，其吸泥管口泥面高度一般为 0.15 ~ 0.5m。吸泥时应经常变换位置，提高吸泥效果，使井底泥面均匀下降，靠近刃脚及隔墙下的土层如不能向中间锅底自行坍落时，可用高压水枪射水冲击。吸泥操作水深不宜小于 5m，因此筑岛一段开始下沉时，可采用排水开挖或抓斗下沉方法，或向井内注水，增大吸泥深度。吸泥机工作时应经常调整吸泥管口距泥面的高度，以能经常吸出最稠的泥浆为准。工作时注意泥面变化，防止周边坍方埋住吸泥机，停吸时，应先将吸泥机提升一定高度后再关闭风阀。

4. 沉井的施工测量

（1）沉井顶面中心测量：在岸上导线点利用红外线测距仪，直接测出沉井中心位置或利用预先设置的基线三角网进行交会法测出沉井中心位置，根据中心位置检查沉井各点下沉中的偏差，在施工中予以纠正。

（2）刃脚标高测量

1）沉井下沉前求出刃脚假定标高，下沉接高时，将刃脚底面标高返至井顶面。

2）接高测量：沉井接高时，其基准面也要逐节向顶面返，保持上、下基准面平行，竖向轴线垂直。

3）下沉深度测量：按实测顶面标高和量得的沉井高度，计算下沉深度标高。

4）当最后一节沉井，下沉至顶面露出水面 0.5m 时，应设置防水挡土墙围堰，再继续下沉至设计标高。

5. 沉井下沉过程中发生偏差的原因及预防措施

序号	产生原因	预防措施
1	筑岛被水流冲坏或沉井一侧的土被水流冲空	事先加强对筑岛的防护，对水流冲刷的一侧可抛卵石或片石防护
2	沉井刃脚下土层软硬不均	随时掌握地层情况，多挖土层较硬地段，对土质较软地段应少挖，多留台阶或适当回填和支垫
3	没有对称地抽出垫木或未及时回填夯实	认真制定和执行抽垫操作细则，注意及时回填夯实
4	除土不均匀，使井内土面高低相差过大	除土时严格控制井内泥面高差
5	刃脚下掏空过多，沉井突然下沉	严格控制刃脚下除土量

序号	产生原因	预防措施
6	刃脚一角或一侧被障碍物搁住没有及时发觉和处理	及时发现和处理障碍物,对未被障碍物搁住的地段,应适当回填或支垫
7	井外弃土或河床高低相差过大,偏土压对沉井的水平推移	弃土应尽量远弃,或弃于水流冲刷作用较大的一侧面,对河床较低的一侧可抛土(石)回填
8	排水开挖时,井内大量翻砂	刃脚处应适当留有土台,不宜挖通,以免在刃脚下形成翻砂通水通道,引起沉井偏斜
9	土层或岩面倾斜较大,沉井沿倾斜面滑动	在倾斜面低的一侧填土挡御,刃脚到达倾斜岩面后,应尽快使刃脚嵌入岩层一定深度,或对岩层钻孔,以桩(柱)锚固
10	在软塑至流动状态的淤泥土中,沉井易于偏斜	可采用轻型沉井,踏面宽度宜适当加宽,以免沉井下沉过快而失去控制

四、沉井基底清理

沉井下到设计标高后,应进行基底清理以便封底。

(一)排水清基

1. 当沉井刃脚下岩面较平整,刃脚与岩面间空隙不大时(20cm 以内),可用 1:1 水泥砂浆封堵间隙后排水清基。

2. 岩石风化层较多,清基时应将风化层全部凿除,然后由潜水工将刃脚与岩石间空隙部分泥沙软层清理干净,在刃脚内侧堆码一圈沙袋,作为封堵砂浆的内模,用塑料袋或桶盛 1:1 水泥砂浆(必要时可掺 2% 氟化钠)缓缓吊送给潜水工,由潜水工将砂浆倒内沙袋与刃脚的空间内进行封堵,施工应连续进行。待砂浆达到一定强度后抽水进行井内清基工作。

(二)非岩石类土基底水下清基

基底设置在非岩石类土层上的沉井、井孔内、刃脚及隔墙下的土层均应进行清理,以形成封底锅底坑。清基时可采用射水,吸泥式抓泥交替进行。清基时应注意控制泥面高度以及不要过分扰动刃脚下土层,以免引起翻砂或下沉,基底范围内的浮泥松土不宜超过 10cm,封底砼高度内的井壁及隔墙底面的粘泥应尽可能洗净。由潜水员和测量人员共同测定井孔底面标高。

第二章 公路工程施工建设

第一节 公路施工准备

公路工程的一些项目在使用中，会随着时间的延续产生不可避免的损耗，如路面在行车荷载下产生轻微变形、车辙、磨损，就必须及时养护、整修，才能维持正常使用效能，延长使用寿命。公路工程对各个工程项目都制定有相应的养护规范。忽视养护，损坏严重才进行补救，造成的损失往往更大。

一、施工现场准备

施工单位接到中标通知后，与业主进行合同签订的同时，开始施工现场准备工作，施工现场准备工作主要应做好以下几项工作。

1. 复查和了解现场

复查和了解现场的地形、地质、文化、气象、水源、电源、料源或料场、交通运输、通信联络以及城镇建设规划、农田水利设施、环境保护等有关情况。

对于扩（改）建工程，应将拟保留的原有通信、供电、供水、供暖、供油、排水沟管等地下设施复查清楚，在施工中要采取保护措施，防止损坏。

2. 确定工地范围

施工单位应根据施工图纸和施工临时需要确定工地范围，及在此范围内有多少土地，哪些是永久占地、哪些是临时占地，并与地方有关人员到现场——核实（是荒地或是良田、果园等）、绘出地界、设立标志。

3. 清除现场障碍

施工现场范围内的障碍如建筑物、坟墓、暗穴、水井、各种管线、道路、灌溉渠道、民房等必须拆除或改建，以利施工的全面展开。

4. 办妥有关手续

占地、移民和障碍物的拆迁等都必须事先与有关部门协商，办妥一切手续后方可进行。

5. 做好现场规划

施工单位按照施工总平面图搭设工棚、仓库、加工厂和预制厂；安装供水管线、架设供电和通信线路；设置料场、车场、搅拌站；修筑临时道路和临时排水设施等。在有洪水威胁的地区，防洪设施应在汛期前完成。

6. 道路安全畅通

道路施工需要许多大型的车辆机械和设备，原有道路及桥涵能否承受此种重载，需要进行调查、验算，不合要求的应作加宽或加固处理，保证道路安全畅通。

二、施工材料准备

（一）劳力

道路施工需要大量劳动力，而且时间相对集中，因此，开工前落实劳力来源，按计划适时组织进（退）场，是顺利开展施工、按期完成任务、避免停工或窝工浪费的重要条件之一。

目前公路工程施工劳力多为民工，组织民工队伍时做好以下工作：

1. 要注重素质

民工素质直接影响工程质量，民工队伍素质审查要严把"四关"，即政治素质、道德纪律、身体条件和技术水平四个方面。

政治素质：主要看参加施工的动机，要有为社会主义建设做贡献、尽义务的意识，一切朝钱看的施工队伍是难以圆满完成任务的。

道德纪律：主要看民工队伍的精神面貌、组织纪律性，要求是一支能吃苦耐劳、有组织、守纪律、过得硬、有领导的队伍。

身体条件：道路工程施工劳动强度很大，作业时间长，有时要发扬连续作战的精神，没有健康的体格是难以完成任务的，要选身强力壮以中年为主的队伍。

技术水平：应选择参加过公路工程施工的队伍，他们中有相对稳定的作业手、泥瓦工、木工、电工等技术工人，具有一定的独立施工能力。

2. 要注重教育

教育是先导，只有适时耐心的教育，才能使民工队伍的素质不断提高。教育内容要有针对性，包括：改革开放政策与形势教育、法制教育、作风纪律教育、文化技术教育等。特别是在开工前，对进场民工要进行集中教育。要把工程建设的意义、任务情况、质量要求、效益情况交付给大家，使大家心中有数。从而感到工程施工责任重大、任务光荣、效益不错，从而安下心来，积极热情地投入施工。

3. 签订好施工合同

在市场经济条件下，民工参加工程建设，希望获得好的经济效益是无可非议的。要使民工安心施工，把精力集中到工程质量上来，必须按经济规律办事，改过去的任务分配制为合同制。合同内容应包含人员数量、工程数量、取费标准、质量标准、奖罚标准、施工进度、安全施工等方面。

（二）机具设备

公路工程施工需要大量的机械设备和运输车辆，其中大、中型机械设备和运输车辆更是施工的主力。在以往施工时，常因某一关键机械（或设备、车辆）跟不上而严重影响施工，造成很大浪费。这种现象多为准备工作不充分或计划不落实所致。因此，施工单位根据现有装备的数量、质量情况和周密的计划，分期分批地组织进场。其中需要维修、租赁和购置的，应按计划落实，并要适当留有备份，以保证施工的需要。

（三）材料

公路工程施工需要大量材料，除水泥、木材、钢材、沥青等主要外购材料外，还有砂、石、石灰等大宗的地方材料，材料费占到工程总费用的三分之二左右，因此，其费用高低直接关系到工程造价。同时，材料的品质、数量，以及能否及时供应也是决定工程质量和工期的重要环节。材料准备工作的要点是：品质合格、数量充足、价格低廉、运输方便、不误使用。在保证材料品质的前提下，本着就地取材的原则，广泛调查料源、价格、运输道路、工具和费用等，做好技术经济比较，择优选用，同时根据使用计划组织进场，力争节省投资。

三、技术准备

（一）熟悉图纸资料和有关文件

施工单位接受工程任务后，应全面熟悉施工图纸、资料和有关文件，参加业主工程主管部门或建设单位组织的设计交底和图纸会审并做好记录。

1.设计图纸是施工的依据，施工单位和全体施工人员必须按图施工，未经业主和监理工程师同意，施工单位和施工人员无权修改设计图纸，更不能没有设计图纸就擅自施工。

2.施工单位应组织有关人员对施工图纸和资料进行学习和自审，做到心中有数，如有疑问或发现差错应在设计交底和图纸会审中提出，请上级给予解答。

3.设计交底和图纸会审中，着重要解决以下几个问题：

（1）设计依据与施工现场的实际情况是否一致。

（2）设计中所提出的工程材料、施工工艺的特殊要求，施工单位能否实现和解决。

（3）设计能否满足工程质量及安全要求，是否符合国家和有关规范、标准。

（4）施工图纸中土建及其他专业（水、电、通信、供油等）的相互之间有无矛盾，图纸及说明是否齐全。

（5）图纸上的尺寸、高程、轴线、预留孔（洞）、预埋件和工程量的计算有无差错、遗漏和矛盾。

（二）施工组织设计

根据设计文件、现场条件，各单位工程的施工程序及相互关系，工期要求以及有关定额等编制施工组织设计。

施工总平面图是施工组织设计中的重要组成部分，实践证明：其布局合理与否，不仅直接关系到是否便于施工，而且对工程造价、工期、质量，乃至与当地关系等方面都会产生很大的影响，因此，必须做好该项工作。

施工总平面的布局应符合下列要求：

1. 应与现场的地物地貌相结合，做到布局合理、工程量少、便于施工及使用。

2. 各项临时工程设施应尽可能与永久工程相结合，尽量不占或少占耕地，不应早占或占而不用，以便减少投资和节约用地。

3. 临时排水、防洪设施，不得损害邻近的永久性建（构）筑物的地基与基础、挖（填）方区边坡以及当地的农田、水利设施等。

（三）技术交底

施工单位应根据设计文件和施工组织设计，逐级做好技术交底工作。

技术交底是施工单位把设计要求、施工技术要求和质量标准贯彻到基层以至现场工作人员的有效方法，是技术管理工作中的一个重要环节。它通常包括施工图纸交底、施工技术措施交底以及安全技术交底等。这项交底工作分别由高一级技术负责人、单位工程负责人、施工队长、作业班组长逐级组织进行。

施工组织设计一般先由施工单位总工程师负责向参加施工的班组长和作业人员交底，并认真讨论贯彻落实。

（四）技术保障

对于施工难度大、技术要求高以及首次采用新技术、新工艺、新材料的工程、施工单位应根据工程特点，结合本单位的技术状况，制定相应的技术保障措施，做好技术培训工作，必要时应先行试点，取得经验并经监理单位批准后推广。确保工程质量的措施

1. **具体质量目标**

本标段工程质量一次验收优良率100%，不允许出现不合格工程，坚决杜绝不合格项目，不论是自检，还是业主监理的中检、抽检、终检，任务时候都达到100%的优良率，率取良好的信誉。

2. **质量控制机构和创优规划**

质量管理领导小组是整个工程质量管理的最高领导机构，由项目总经理、总工程师、

副经理、质检部长、实验室主任、工程管理部长组成，制定整个合同段工程质量创优规划、方针、措施。各施工队分别设质量管理现场领导组，由施工部长、质检部长、工程部长、主任工程师组成。质检部和试验室专职抓现场质量管理。施工队一级的质量管理机构在项目经理部质量管理小组领导下，制订本工段施工区段的创优措施，质量实施计划，并重在现场落实。施工队所属各施工班组根据自己的创优任务，拟定项目工程具体的分项实施计划，责任到人，严格要求，全员全过程质量控制。

3. 强化质量意识，健全规章制度

（1）建立施工组织设计审批制度

1）施工组织设计必须有项目经理、副经理、项目工程师、安全员、材料员、监理工程师等的签字。

2）施工组织设计必须在工程实施前 15 天报监理工程师和工程部，由工程管理部主任工程师审核后报总工程师审批。

3）施工组织设计必须经各级审批并最后由监理工程师审批后，并且按审批意见进行修改完善，方可进行施工。

（2）技术复核、隐蔽工程验收制度。

1）技术复核应在施工组织设计中编制技术复核计划，明确复核内容、部位、复核人员及复核方法。

2）公路工程技术复核。

3）技术复核结果应填写《分部分项工程技术复核记录》，作为施工技术资料归档。

4）凡分项工程的施工结果被后道施工所覆盖，均应进行隐蔽工作验收。隐蔽验收的结果必须填写《隐蔽工程验收记录》。

（3）技术、质量交底制度

技术、质量的交底工作是施工过程基础管理中一项不可缺少的重要工作内容，交底必须采用书面签证确认形式，具体可分以下几方面：

1）项目经理必须组织项目部全体人员对图纸进行认真学习，并同设计代表联系进行设计交底。

2）施工组织设计编制完毕并送业主和总监审批确认后，由项目经理牵头，项目工程师组织全体人员认真学习施工方案，并进行技术、质量、安全书面交底，列出关键分部工程和施工要点。

3）本着谁负责施工谁负责质量、安全工作的原则，各分管分项工程负责人在安排施工任务同时，必须对施工班组进行书面技术质量、安全交底，必须做到交底不明确不上岗，不签证不上岗。

（4）二级验收及分部分项质量评定制度

1）分项工程施工过程中，各分管负责人必须督促班组做好自检工作，确保当天问题当天整改完毕。

2）分项工程施工完毕后，各分管负责人必须及时组织班组进行分项工程质量评定工作，并填写分项工程质量评定表交施工队长确认，最终评定由项目经理部的质检部专职质量员检定。

3）项目经理部每月组织一次施工队之间的质量互检，并进行质量讲评。

4）质检部对每个项目进行不定期抽样检查，发现问题以书面形式发出限期整改指令单，项目施工队负责在指定期限内将整改情况以书面形式反馈到质检部。

（5）现场材料质量管理

1）严格控制外加工、采购材料的质量

各种地方材料、外购材料到现场后必须由质检部和材料部有关人员进行抽样检查，发现问题立即与供货商联系，直到退货。

2）搞好原材料二次复试取样、送样工作

水泥必须取样进行物理试验：钢筋原材料必须取样进行物理试验，有效期超过三个月的水泥必须重新取样进行物理试验，合格后方可使用。

（6）计量器具管理

1）工程管理部和中心试验室负责所有计量器材的鉴定、督促及管理工作。

2）现场计量管理器具必须确定专人保管、专人使用。他人不得随意动用，以免造成人为的损坏。

3）损坏的计量器必须及时申报修理调换，不得带病工作。

4）计量器具要定期进行校对、鉴定；严禁使用未经核对过的量具。

（7）工程质量奖罚制度

1）遵循"谁施工、谁负责"的原则，对各施工队，班组进行全面质量管理和追踪管理。

2）凡各施工队、班组、包工队在施工过程中违反操作规程，不按图施工，屡教不改或发生了质量问题，项目部有权对其进行处罚，处罚形式为整改停工，罚款直至赶出本工地。

3）凡各施工队、班组在施工过程中，按图施工，质量优良且达到优质，项目部对其进行奖励，奖励形式为表扬、表彰、奖金。

4）项目部在实施奖罚时，以平常检查、抽查、业主大检查、监理工程师评价等形式作为依据。

4. 分部分项工程质量控制

（1）路基土方施工质量控制

1）路基填筑严格按照试验段试验结果并经监理工程师批准的数据和填筑工艺组织施工。路基施工中除保证达到规范要求压实度外，还要达到层层找平，即每层均有一定的平整度，每层都要有路拱，随时阻止雨水聚积，影响填方质量。对路基填料随时检测含水量，偏低时洒水，偏高时晾晒，保证碾压时达到最佳含水量。路堤基底未经监理工程师验收，不得开始填筑，下一层填土未经工程师检验合格，上一层填土不得进行。

2）斜坡上填筑路基时，原地挖成台阶，台阶宽度不小于1m，用小型压路机加以压实。

3）每层填料铺设的宽度，每侧应超出路堤的设计宽度，30cm，以保证修整路基边坡后的路缘有足够的压实度。

4）路堑开挖，无论是人工或机械作业，必须严格控制路基设计宽度，若有超挖，应用与挖方相同的土壤填补，并压实至规定要求的密实压，如不能达到规定要求，应用合适的筑路材料补填压实。

5）桥台背后、管涵两侧与顶部、锥坡与挡土墙等构造物背后的填土均应分层压实，每层压实的松铺厚度不宜超过20cm。拱涵两侧的填土与压实和桥台背后与锥坡的填土与压实，均应对称地或同步进行。由于工作面限制和构造物受压影响，应尽量采用小型手扶式振动压路机，拱涵顶部50cm内须采用轻型静力压路机压实，以符合规定的压实度为准。

（2）路基排水工程质量控制

1）边沟、截水沟、急流槽等排水设施的位置、断面、尺寸、坡度、标高及使用材料严格遵照设计图纸要求。

2）边沟线型美观，直线线形顺直，曲线圆滑。

3）砌体砂浆配比正确，砌筑紧密，嵌缝饱满、密实，勾缝平顺无剥落，缝宽一致。

4）沟槽开挖后即时平整夯拍密实，如土质干燥须洒水湿润，遇有空洞陷穴，应堵塞夯实。水泥砂浆随拌随用，砌筑完后注意养生，砌筑过程中随时注意沟底沟壁的平整坚实，砂浆要饱满，无空隙松动。

（3）护面墙和挡土墙质量控制措施

1）严格挂线施工，保证护面墙坡面平整、密实、线型顺适。

2）浆砌砌体紧密、错缝，严禁通缝、叠砌和浮塞。

3）为排水所设置的汇水孔位置应有利于泄水流向路侧边沟或排水沟并保持其畅通。

4）砌石工程材料符合《公路路基施工技术规范（JTJ033－95）》和招标文件要求。

（4）桥梁基础质量控制

基坑开挖应避免超挖，已经超挖或松动部分，应将松动部分予以清除。挖至标高后不得长时间暴露、扰动或浸泡，而削弱其承载能力。挖至接近标高时。

保留10～20cm一层（俗称最后一锹工）在基础施工前以人工突击挖除，并迅速检验，随即进行基础施工。

（5）墩台施工质量控制

1）墩台的钢模板具有足够的强度、刚度和稳定性，可承受施工中可能产生的各项荷载，保证结构物各部尺寸、形状准确。桥台模板基本使用大尺寸钢模，板面平整，接缝严密不漏浆。

2）浇筑墩台混凝土施工中，严格控制技术标准，切实保证混凝土的配合比、水灰比和坍落度等指标要求。

（6）空心板、矩形板质量控制

1）浇筑预制大梁的场地，必须平整、坚实、避免低洼、积水。

2）浇筑预制大梁的模板尺寸、垫块、钢筋位置和预埋件的固定，均经检查符合设计、施工要求后，方可进行浇筑，并在浇筑过程中随时复查，防止跑模。

3）每块大梁的混凝土均一次浇筑完成，不得中途间断。

4）采用附着式振动器和插入式振捣棒组合振捣密实。

5）及时进行养护。

5. 保证工期的主要措施

为使该项目能以"四个一流"的标准按期完成，尽早发挥投资效益，主要采取下列措施：

（1）指挥机构迅速成立及时到位

为加快本合同的建设，公司将成立有力的合同段项目经理，对内指挥施工生产，对外负责同履行及协调联络。经理部主要成员已经确定，一旦中标，即可迅速到位行使职能。

（2）施工力量迅速进场

实施本合同的施工队伍已选定，目前已开始熟悉投标图纸，中标后即可迅速进场，进行施工准备。机械设备将随同施工队伍迅速抵达，确保主体工程按时（或提前）开工。

（3）施工准备抓早抓紧

尽快做好施工准备工作，认真复核图纸，进一步完善施工组织设计，落实重大施工方案，积极配合业主及有关单位办理征地拆迁手续。主动疏通地方关系，取得地方政府及有关部门的支持，施工中遇到问题影响进度时，将统筹安排，及时调整，确保总体工期。

（4）施工组织不断优化

以投标的施工组织进度和工期要求为据，及时完善施工组织设计，落实施工方案，报监理工程师审批。根据施工情况变化，不断进行设计、优化，使工序衔接，劳动力组织、机具设备、工期安排等有利于施工生产。

（5）施工调度高效运转。

（6）建立从经理部到各施工处的调度指挥系统

全面、及时掌握并迅速、准确地处理影响施工进度的各种问题。对工程交叉和施工干扰应加强指挥和协调，对重大关键问题超前研究，制定措施，及时调整工序和调动人、财、物、机，保证工程的连续性和均衡性。

（7）强化施工管理严明劳动纪律，对劳动力实行动态管理，优化组合，使作业专业化、正规化。

（8）实行内部经济承包责任制

既重包又重管，使责任和效益挂钩，个人利益和完成工作量挂钩，做到多劳多得，调动施工队，个人的积极性和创造性。

（9）安排好冬、雨季的施工

根据当地气象、水文资料，有预见性地调整各项工作的施工顺序，并用好预防工作，使工程能有序和不间断地进行。

（10）加强机械设备管理

切实做到加强机械设备的检修和维修工作，配齐维修人员，配足常用配件，确保机械正常运转，对主要工序要储备一定的备用机械，确保机械化施工顺利进行。

（11）确保劳力充足，高效

根据工程需要，配备充足的技术人员和技术工人，并采用各项措施，提高劳动者技术素质和工作效率。

（五）冬雨季施工及农忙季节的工作安排

1. 雨季施工

雨季施工时，路基施工要做好排水工作；桥涵施工中注意钢筋的锈蚀及模板和支架的变形、下沉，做好水泥等材料的保管工作。

（1）施工前的准备

1）雨季施工前应做好下列准备工作。

2）对选择的雨季施工地段进行详细的现场调查研究，编制实施性的雨季施工组织计划。

3）好施工便道保证晴雨畅通。

4）住地、仓库、车辆机具停放场地、生产设施都应设在最高洪水位以上地点，并应与泥石流沟槽冲积堆保持一定的安全距离。

5）修建临时排水设施，保证雨季作业的场地不被洪水淹没并能及时排除地面水。

6）贮备足够的工程材料和生活物资。

（2）施工

1）路堤填筑

①场地处理：在填筑路堤前，应在填方坡底线以外挖掘排水沟，保持场地不积水。如果原地面松软，还应采取换填等措施进行处理。

②填料选择：在路堤填筑时，应选用透水性好的碎石土、卵石土、沙砾、石方碎渣和砂类土作为填料。利用挖方土作填方时，应随挖随填及时压实。含水量过大无法晾干的土不得用作雨季施工填料。

③填筑方法：路堤应分层填筑。每一层的表面，应做成2%～4%的排水横坡。当天填筑的土层应当天完成压实。防止表面积水和渗水，将路基浸软。如需借土填筑时，取土坑距离填方坡底线不宜小于3m，平原区顺路基纵向取土时，取土坑深度不宜大于1m。

④路床排水：路堤填筑完成后，为防止路床积水，应在路肩处每隔5～10m挖一道横向排水沟，将雨水排出路床。

2）路堑开挖

①场地处理：路堑开挖前在路堑过坡顶 2m 以处修筑截水沟，并做好防漏处理。截水沟应接通出水口。

②土方开挖方法：雨季开挖路堑宜分层开挖，每挖一层均应设置排水纵横坡。挖方边坡不宜一次挖到设计位置，应沿坡面留 30cm 厚。待雨季过后再整修到设计坡度。以挖作填的挖方应随挖、随运、随填。开挖路堑至路床设计标高以上 30～50cm 时应停止开挖，并在两侧挖排水沟。待雨季过后再挖到路床设计标高后压实。如果土的强度低于规定要求时，应超挖 50cm，并用粒料分层回填并按路床要求压实。

③石方开挖方法：雨季开挖石路堑，炮眼应尽量水平设置，以免炸药受潮发生瞎炮。边坡应按设计坡度自上而下层层刷坡，并应随时核对其坡度是否合乎设计要求，使边坡在雨水冲刷时，能保持稳定。应尽量利用挖出的石渣，石渣必须废弃时，弃土堆应符合规定要求。

④弃土堆：雨季施工开挖路堑的弃土要远离路堑边坡顶堆放。弃土堆高度一般不应大于 3m。弃土堆坡底线到路堑边坡顶的距离一般不应小于 3m，深路堑或松软地带应保持 5m 以上。弃土堆应摊开整平，严禁把弃土堆放在路堑边坡顶上。

3）注意事项

雨季期间安排计划，应根据施工现场情况，对因雨易翻浆地段优先安排施工。对地下水丰富及地形低洼处等不良地段，优先施工的同时，还应集中人力、机具，采取分段突击的方法，完成一段再开一段，切忌在全线大挖大填。

施工坚持"两及时"，即遇雨要及时检查，发现路基积水尽快排除；雨后及时检查，发现翻浆要彻底处理，挖出全部软泥，大片翻浆地段尽量利用推土机等机械铲除，小片翻浆相距较近时，应一次挖能处理。填筑透水性好的砂石材料并压实。

2. 农忙季节的工作安排

合理安排各施工项目的劳动力，将需要劳力少的项目和工序排在农忙季节，尽量雇用不受农忙干扰的长期劳力工和临时工，同时考虑提前留有足够的机动劳力，补充受影响工序等。

3. 冬季施工安排

根据本标段的气候、地理情况，冬季较长，为节省工期，合理安排工程进度，冬季也安排部分项目的施工作业。主要有以下几方面：

（1）利用冬季水位较低的条件，安排构造物基础开挖和防护工程基础开挖，以及在河滩地段备沙砾料等。

（2）开挖路堑或使用开炸的石方作填石路基。

（3）清理施工场地，并做好已完工程的防冻工作。

（六）文明施工和环保的措施

为合同段工程建成一条环境优美的公路。在施工中尽量最大限度维护原来的地貌地形，保持原来的生态环境，在施工中，从以下几个方面加强施工管理：

1. 现场布置

根据场地实际情况合理地进行布置，设施设备按现场布置图规定设置存放，并随施工基础、下部、上部等不同阶段进行场地布置和调整，最大限度地减少耕地占用。

2. 道路和场地

工区内道路通畅、平坦、整洁，不乱堆乱放，无散落物；场地平整不积水，排水成系统，并畅通不堵；施工废料集中堆放，及时处理。

3. 材料堆放

砂石分类堆放成方，砌体料归类成垛，堆放整齐。

4. 周转设备存放

施工钢模、机具、器材等集中堆放整齐。专用钢模成套放置，专用钢模及零配件、脚手扣件分类分规格，集中存放。

5. 水泥库

袋装、散装不混放，分清标号，堆放整齐，目能成数。有制度、有规定，专人管理，限额发放，分类插标挂牌，记载齐全而正确，牌物账相符，库容整洁。

6. 构、配件及特殊材料

砼构件分类、分型、分规格堆放整齐。空心板存放要注意地基承载处理和支垫点正确稳定。钢材、钢绞线分类集中堆放整齐。锚具、支座、垫板、预埋件等分门别类妥善保管。

7. 消除施工污染

场地废料、土石弃方处理，应按设计要求，按监理工程师指定地点处理，防止水土流失，尽量减少对周围绿化的影响和破坏。施工废水、生活污水不得污染水源、耕地、农田、灌溉渠道，采用渗井或其他措施处理，工地垃圾及时运到指定地点。清洗集料，机具或含有油污的操作用水，采用过滤的方法或沉淀池处理，使生态环境受损降到最低程序。

四、质量保证体系

质量是生命——是单位生存、发展之本，更是公司全体员工各自工作岗位上，始终坚守的信念，并在实施全过程中落实，确保该合同的顺利实施，确保公路的高质量管理体系的实施。

（一）具体质量目标——争创国优，誓夺"优良工程"

本标段质量一次验收优良率100%，不允许出现评价不合格工程，坚决杜绝不合格项目，不论是自检，还是业主、监理工程师的中检、抽检、终检，任何时间都要达到100%的优良率，必须都要达到部优标准，争创国优，誓夺"优良工程"。

（二）总则

1. 认真落实《公路工程施工企业质量自检体系管理暂行规定》，严格贯彻执行《公路建设工程优质优价实施办法》。

2. 整个工程及分项、分部工程按施工规定施工，按《施工监理程序和实施细则》进行检查。

（1）质量领导组定期抽查。

（2）质检部配合驻地监理人员对分项、分部工程的检验和自检，起以作用。

3. 质量工程依据设计文件要求，交通部颁发的施工技术规程、规范、质量检查、验收标准，做到严格认真、准确及时，真实可靠、系统达标。

4. 质量指标以数据孝评来起到把关，指导作用，并实行奖罚制度。

（三）质量控制机构和创优规划

工程质量的优劣是关系到工程运营生产的百年大计的问题，也是关系到施工承包企业生死存亡、能否在市场竞争中取得胜利的根本问题，作为工程施工的承包商和项目经理，应该从领导和决策方面，以战略的眼光看待这一问题，为此公司特建立质量保证体系附后，实施项目经理负责制。

质量管理领导小组是整个工程质量管理的最高领导机构，由项目总经理、总工程师、副经理、质检部长、实验室主任、工程管理部长组成，制定整个合同段工程质量分创优规划、方针、措施。

各施工队分别设质量管理现场领导组，由施工队长、质检科长、工程科长、主任工程师组成。质检科和试验室专职抓现场质量管理。施工队一级的质量管理机构在项目经理部质量管理小组领导下，制订本工段施工区段的创优措施，质量实施计划，并重在现场落实。施工队所属各施工班组根据自己的创优任务，拟定项目工程具体的分项实施计划，责任到人，严格要求，全员全过程质量控制。对各段的施工难点、关键工序进行分析，选定有关课题，成立小组科学指导施工，积极推广新技术、新工艺、新材料，为质量全优的目标共同努力。

建立一系列责任制度，包括项目经理质量责任制、总工程质量责任制、质检工程师责任制、试验人员责任制、测量人员责任制、生产班长责任制、操作人员责任制，施行每个管理员、操作人员都同工程质量紧密联系，到全员质量控制。针对施工过程、内容、程度制定不同的制度，严格执行施工组织设计审批制度、技术质量交底制度、工序交接制度、技术复核、隐蔽工程验收制度、二级验收及分部分项质量评定制度、现场材料质量管理制度，并作业人员坚持定期质量教育和考核。施工前组织人员，对照工地实际情况，细致复核图纸，发现问题与工程师取得联系，要工程师的指导下，即实行开工报告审批制、工地实验检测制、分阶段技术交底制、定期与日常质量教育检查制，并严格招待工程质量奖罚制度。

项目经理部建立严格的质量检查组织机构（机构图附后）全力支持和充分发挥质检机构人员的作用。主动接受监理工程师的监督和帮助，积极为监理工程师的生活提供和创造便利的条件。

（四）项目质量管理

保证质量，重点是操作、控制上下功夫，必须严格履行下列程序：

1. 奠定良好的质量管理基础，狠抓工程技术工作，工程技术工作以招标文件和合同规范和图纸为依据，参照工程量清单，制定相应的技术管理制度，做好施工组织设计，采用先进合理的施工工艺和技术，以保证质量目标的实现。

2. 熟悉合同条件中有关技术和质量要求和条款，有关这方面的合同条款，要做到了如指掌，严格遵照执行。

3. 熟悉设计图纸并建立审核把关制度，领会设计意图，对图示各结构以及轴位尺寸标高必须一一验证，并与实地核对，做到准确无误，以免出现缺陷返工浪费。

4. 熟悉并掌握施工技术规范和质量验收标准，施工承包合同中的技术规范和质量标准是提高工程技术管理的重要依据，该技术规范包括了工程项目规范和范围、施工工艺和方法、材料及设备的性能与指标，对施工过程起着指导的制约作用。

5. 做好施工组织与技术设计工作，指导施工进度，同时选择有技术性专业的精兵强将，采用高、先进技术和现代化的电脑管理手段，使人员和技术水平相协调，发挥出各自的积极作用。

6. 建立必要的技术规章制度，注意完善技术档案工作，严格执行工地现场的信息报告联络制度，工地会议制度、即时将有关合同文件、规范、图纸、变更令、会议纪要、信息、财务专账分门别类归档保管。

7. 技术交底必须及时全面彻底，手续一律以书写形式出现，做到责任明确，由工程技术主管负责执行。根据工程特点设立测量组承担线型纵横轴线测量放线工作，放线时工程队的责任技术员参加，将定位桩由施工技术人员负责保护。

8. 施工过程质量控制要做到工序层层把关，实验室负责实验配比及剂量配合及现场过磅，质检科除履行全面质检评定之外，还要配合驻地监理作好施工与监理程序和资料工作，工程分项、分部的开工，施工中前后设计变更，工程质量现场把关、控制、逐项签认以及质量合格与否和质量隐患、事故等，均按《公路工程监理工作实施细则》执行。

树立一切为用户服务的观点，强调工程质量的全面管理，要围绕用户展开，建立行之有效的自质量监督检查体系。

（1）确立"防检结合、以防为主、重在提高"的观点

不仅要对工程质量的结构进行管理，更重要的是对原因的管理，对施工工艺方法及各

施工环节进行检查，检验采购材料是否符合质量标准，检查预防施工工序和方法是否符合标准，对关键工种操作的技术工人要事先培训并进行技术，合格后才能上岗操作。

（2）树立"一切用数据说话"的观点

工程施工的全面质量有定性的变化趋势的预测、分析的判断，有要求。

（3）严格执行标号砼操作细则

施行责任并设专门技术人员和质检人员负责技术指导量监督。

（4）认真做到检查凭证的签证工作

施工过程中的系统检查、签证工作，是工程质量的保证，签证前要认真进行检查，合格后填写检查凭证并请监理工程师会同检查签证。

五、技术保证措施

1. 工程开工前，必须按分部、分项编写完善的施工组织和施工要点

常规分部、分项编写标准施工组织设计和要点，特殊分部、分项要特殊编写施工组织设计和施工工艺及要点。施工组织设计和施工要点必须经主任工程师和监理工程师审核后方可执行。

施工工艺设计的主要内容包括：工程概况、主要工序施工方法和操作规程、施工大样图、结构计算、质量要求级标准、试验测量的要求及方法、施工人员、材料和设备使用计划等。

2. 施工技术管理

以施工组织设计为纲领，以施工工艺设计和施工要点为指导，以三级技术交底、操作规程和工序交接检查为保证，严格各施工工序的控制与管理。对易产生问题或出现质量病的部位要加大技术投入和管理力度，严格遵守操作规程用施工工艺流程。

3. 为防止路基不均匀沉降、桥头跳车和桥面砼脱落，对路基土方工程实行压实度、弯沉值双控制；桥头填土采取特殊技术处理措施，按独立分项进行质量检测和评定；桥面水泥砼表面须经凿毛、涂刷粘层油后，方右摊铺沥青砼面层。

4. 水泥砼工程须集中拌合

小型砼工程和高标号砂浆须机械拌合，零星砼及砂浆一律严格计量（严禁使用体积法）；T型主梁、工型梁、25m以上空心板梁及箱梁的预制或现浇工程、所有表露砼构件一律使用钢模板；严格控制预应力反拱度；确保工型梁桥面板的设计厚度。

5. 按要求配置施工机械和试验检测设计，提高施工机械化水平、质量监测水平和各种设备的应用效率。

第二节 公路施工技术

一、工程测量技术

为了保证工程施工质量，做到按图施工，严格按有关施工规范和规程指导施工，创造合格工程，必须做好工程施工过程中的测量工作。施工测量必须跟随施工进度及时进行，并应起到指导施工的目的。

施工测量准备工作是保证施工测量全过程顺利进行的重要环节，包括图纸的审核，测量定位依据点的交接与校核，测量仪器的检定与校核，测量方案的编制与数据准备，施工场地测量等。

1. 检查各专业图的平面位置标高是否有矛盾，发现问题及时向有关人员反映，以便及时纠正。

2. 对所有进场的仪器设备及人员进行初步调配。

3. 复印预定人员的上岗证书，由总工程师组织进行技术交底。

4. 根据图纸条件及工程内部结构特征确定轴线控制网形式。

二、公路施工技术

（一）挖路槽土方

开挖方式以机械开挖为主，人工开挖进行配合。路槽开挖过程中，不同土层面标高须报验监理、业主确认，并做好记录。

（二）施工准备及操作工艺

1. 回填垫层前应验槽，将基底表面浮土、淤泥、杂物等清理干净，控制好砂厚度。

2. 砂高度 3m 回填分十层回填，每层需铺厚度 330mm 左右。

3. 垫层铺设时，严禁扰动垫层下卧层及侧壁的软弱土层，防止被践踏或受浸泡，降低其强度。

4. 铺设垫层时，控制每层的铺设厚度，并有专人指挥、找平，从基槽的一端依次向另一端铺设。

5. 垫层铺设完毕，用插入式振捣棒及平板振动器振捣，振捣时，应做到"快擦慢拔"，振动棒插入垫层中应上下抽动，严禁插入基底原土层或基槽边部，每点振捣时间一般为 20 ~ 30s，排除垫层中的空气，垫层不再震落，不再出现气泡，方可拔出振动棒。

6. 振动棒间距 500 ～ -600mm

7. 振动棒依次振捣密实后，用平板振动器找平，平板振动器在每一位置上连续捣25 ～ 40s，移动速度为 2 ～ 3m/min，并随动随找平，控制好垫层上口的标高。

8. 回填砂采用大水漫灌。

9. 以上工序每层需进行贯入度实验，经验收合格后方可进行下一道工序。

（三）文明施工及安全措施

1. 所有进入施工现场人员必须佩戴好安全帽。

2. 施工完毕应将砂材料集中归堆放好，做到材料堆放整齐，施工现场整洁。

3. 所有投入使用的机械必须试运转正常方可使用，机械必须定期进行保养和维修，不得带病作业。

4. 用手推车运料应依次进行，不得拥挤、抢先。

5. 使用振动棒和平板振动器的人员应穿绝缘鞋，戴绝缘手套，电源线不得有破皮和漏电现象，电线及闸刀应放在绝缘的地方，禁止电线拖地。

6. 夜间施工应有足够的照明，临时用电电线必须架空在 2.05m 高以上，所有电器设备的休息、拆换工作应由电工进行。

（四）砼路面施工

1. 施工准备工作

（1）路面开工前，应在全面熟悉设计文件和技术交底的基础上，进行现场核对和施工调查。

（2）根据总工期要求、施工难易程度和人员、设备、材料准备情况，确定混凝土路面施工工艺流程、施工方案，编制实施性的施工组织设计，报现场监理工程师和业主批准，并及时提出开工报告。

（3）混凝土拌合站应设置在摊铺路段的中间位置，内部布置应满足原材料储运、混凝土运输、供水、供电、钢筋加工等使用要求，并尽量紧凑，减少占地。

2. 施工测量

路面开工前应做好施工测量工作，施工测量的精度应符合交通部《公路路线勘测规程》要求。

（1）导线复测

原有导线点不能满足施工要求时，应进行加密，保证在道路施工的全过程中，相邻导线点间能互相通视；复测导线时必须和相邻施工段的导线闭合。

（2）中线复测

路面开工前应全面恢复中线，并固定路线主要控制桩；恢复中线时应与结构物中心、相邻施工段的中线闭合。

（3）校对及增设水准基点

使用设计单位设置水准点之前应仔细校核，并与国家水准点闭合；水准点间距不宜大于1km，在结构物附近、高填深挖地段、工程量集中及地形复杂地段宜增设临时水准点。临时水准点必须符合精度要求，并与相邻路段水准点闭合。

（4）施工放样

路面施工前，根据恢复的路线中桩、设计图表、施工工艺和有关规定订出路面中线和边线位置，确定路面施工宽度。

（五）水泥混凝土路面

铺筑路面层前，应检查下卧层的质量，不符要求的不得铺筑。旧路面必须清洗或经铣刨处理后方可铺筑。混合料必须在对同类公路配合比设计和使用情况调查研究的基础上，充分借鉴成功的经验，选用符合要求的材料，进行配合比设计。

施工要点：

1. 模板制作与安装

（1）制作

1）模板及支架材料的种类、等级应根据其结构的特点、质量要求及周转次数确定。应优先选用钢及混凝土等材料，尽量少用木材。

2）模板材料的质量标准应符合现行的国家标准和规定。

3）钢模板厚度为2.5mm。所有连接件与设计须使模板能整装，并使其拆除时不致损坏混凝土。钢板连接缝尽可能光滑紧密，不允许带凹坑、皱皮或其他表面缺陷。面板及活动部分应涂防锈的保护涂料，其他部分应涂防锈漆。

（2）安装

1）应按施工图纸进行模板安装的测量放样，重要结构应设置必要的控制点，以便检查校正。

2）模板安装过程中，应设置足够的临时固定设施，以防变形和倾覆。

3）模板的钢拉条不应弯曲，直径要大于8mm，拉条与锚环的连接必须牢固。预埋在下层混凝土中的锚固件（螺栓、钢筋环等），在承受荷载时，必须有足够的锚固强度。

4）模板之间的接缝必须平整严密。分层施工时，应逐层校正下层偏差，模板下端不应有"错台"。

5）模板及支架上，严禁堆放超过其设计荷载的材料和设备。

（3）模板的清洗和涂刷

钢模板在每次使用前和使用之后应清洗干净，为防锈和拆模方便，钢模面板应涂刷矿物油类的防锈保护涂料，不得采用污染砼的油剂，不得影响砼或钢筋砼的质量。若检查发现在已浇的砼面沾染污迹，应及时采取有效措施予以清除。

（4）拆除

1）模板拆除时限，除符合施工图纸的规定外，还应遵守下列规定：不承重侧面模板的拆除，应在砼强度达到22.5MPa以上，并保证其表面及棱角不因拆模而损伤时，方可拆除。

2）拆模作业必须使用专门工具，按适当的施工程序十分小心地进行，以减少混凝土及模板的损伤。

2. 砼配合比设计

（1）按照施工图纸的要求和监理工程师指示，通过室内试验成果进行砼配合比设计，并报送监理工程师审批。不同的混凝土，根据设计要求，应分别满足抗压、抗渗、抗冻、抗裂（拉）、抗冲耐磨、抗风化和抗侵蚀的要求，并同时满足施工和易性等的要求。

（2）砼的坍落度，应根据建筑物的性质、钢筋含量、砼运输，浇筑方法和气候条件决定，尽量采用小的坍落度，一般选用3～5cm。

3. 拌合

（1）拌制现场浇筑砼时，必须严格遵守试验室提供并经监理工程师批准的砼配料单进行配料，严禁擅自更改配料单。

（2）除合同另有规定外，施工中应采用固定拌合设备，设备生产率必须满足本工程高峰浇筑强度的要求，所有的称量、指示、记录及控制设备都应有防尘措施，设备称量应准确，应按监理工程师的指示定期校核称量设备的精度。

（3）拌合设备安装完毕后，应会同监理工程师进行设备运行操作检验。

（4）因砼拌合及配料不当，或因拌合时间过长而报废的砼应弃置在指定的场地或清运出施工现场。

4. 运输

（1）应根据施工进度、运量、运距及路况，选配车型和车辆总数。总运力应比总拌合能力略有富余。确保新拌混凝土在规定时间内运到摊铺现场。

（2）砼出拌合机后，应迅速运达浇筑地点，运输中不应有分离、漏浆和严重渗水现象。

（3）砼入仓时，应防止离析，若发生离析，需重新拌合。

（4）混凝土在运输过程中应尽量缩短运输时间。

5. 铺筑

（1）路基必须验收合格后，方可进行砼铺筑；

（2）不合格的砼严禁入仓，已入仓的不合格砼必须予以清除，并按相关规定弃置在指定地点。

（3）人工摊铺混凝土拌合物的坍落度应控制在5～20mm之间，松铺系数宜控制在K=1.10～1.25之间。铺筑砼时，严禁在仓内加水，如发现砼和易性较差，应采取加强振捣等措施，以保证质量。

（4）应保证每车道使用两根振捣棒，组成横向振捣棒组，沿横断面连续振捣密实。

应轻插慢提，不得猛插快拔，严禁在拌合物中推行和拖拉振捣棒振捣。

（5）振捣时，应辅以人工补料，应随时检查振实效果、模板、拉杆、传力杆和钢筋网的移位、变形、松动、漏浆等情况，并及时纠正。

（6）砼铺筑的间歇时间：砼浇筑应保持连续性，浇筑砼允许间隙时间应按试验确定。若超过允许间歇时间，则应按工作缝处理。

（7）两相邻块浇筑间歇时间不得小于1h。

6. 砼表面缺陷处理

砼表面蜂窝凹陷或其他损坏的砼缺陷应按监理工程师指示进行修补，直到监理工程师满意为止，并做好详细记录。修补前必须用钢丝刷或加压水冲刷清除缺陷部分，或凿去薄弱的砼表面，用水冲洗干净，应采用比原砼强度等级高一级的砂浆、砼或其他填料填补缺陷处，并予以抹平，修整部位应加强养护，确保修补材料牢固黏结，色泽一致，无明显痕迹。

7. 养护

针对本工程不同情况，选用洒水或薄膜进行养护。

（1）采用洒水养护，应在砼浇筑完毕后12～18h内开始进行，其养护期时间宜为14～21天，在干燥、炎热气候条件下，不宜少于14天，低温天不宜少于21天。

（2）薄膜养护，初始时间以不压坏细观抗滑构造为准。薄膜厚度应合适，宽度应大于覆盖面600mm。两条薄膜对接时，搭接宽度不宜小于400mm，养生期间应始终薄膜完整盖满。

（3）混凝土板养生初期，严禁人、畜、车辆通行，在达到设计强度40%后，行人方可通行。

（4）铺筑好的路面层应严格控制交通，做好保护，保持整洁，不得造成污染，严禁在路面层上堆放施工产生的土或杂物，严禁在已铺面层上制作水泥砂浆。

（六）混凝土涵管

1. 施工前准备

（1）在已清表的路基上用全站仪放出涵洞的中心桩及其轴线，并在适当位置进行保护。据此进行涵洞的施工放样。

（2）根据放出的轴线与现行的排灌系统进行现场核对，如有涵洞位置、标高与设计意图不相符的地方立即上报监理工程师。待有关部门批复后方可进行施工。

（3）在涵洞附近路基范围以外不易碰到的地方加密一水准点，以此进行施工标高的测量和复核。

（4）如果涵洞所在位置处在现有排灌水系处，应将原有水系进行改道或必要时进行围堰处理，采用草袋进行围堰，然后进行基坑开挖和清淤。

（5）做好原材料的检测及临时用电准备工作（本工程计划采用自备100kW发电机组）、组织机械设备进场。

2. 测量放样

在基坑开挖前，精确定出圆管涵轴线控制桩并报验测量监理工程师进行检验。

3. 基坑开挖

（1）基坑开挖采用人工或人工配合挖掘机进行，挖方边坡采用 1∶0.5（如基坑坑壁牢固可将坡度适当放大），从基坑中挖出的素土按监理工程师指定的地点进行堆放。

（2）若在基坑开挖过程中，地下水渗流量过大，则在基坑两端开挖集水坑用人工或水泵及时将渗水排除。

开挖基坑时做好排水沟及集水坑，开挖过程中控制好开挖深度及几何尺寸，超挖机械开挖底部应预留 30cm 作为人工清底，基础每侧加宽 30 ~ 50cm 的工作宽度。如发生超挖严禁用原土回填，需采用沙砾回填，基坑回填时，要进行夯实，夯实密度不小于 93%。

基础处理采用沙砾垫层分层回填压实处理，其处理宽度根据基础处理深度按 35° ~ 45° 角放坡至基底标高处加宽。

（3）砂砾石垫层

回填管基底部的砂垫层采用砂砾石填筑，砂垫层采用人工回填，采用水密法使其密实，其施工方法为先将砂垫层洒水至饱和状态，然后将砂垫层渗流水从集水坑中抽出使砂垫层达到密实状态。

（4）管基砼浇筑

浇筑管基混凝土分为两次浇筑，第一次浇筑管基底下部分，待管涵安装完后，浇筑管底第二次上部混凝土，在浇筑管基底混凝土时要严格控制好标高，浇筑时预留管基厚度及安放管节坐浆 2 ~ 3cm。

4. 混凝土管安装及加固

（1）钢筋混凝土管圈管厂购置，并抽样检验报监理工程师审批，其各项技术指标必须满足设计规范的要求。

（2）管基混凝土分两次浇筑，先浇筑管底以下部分，然后浇筑管座混凝土。第一次管基浇筑前对准设计中线位置在砂石垫层上支撑组合钢模板，将现浇混凝土流槽入模，插入式振捣器振捣密实，浇筑时注意预留管壁厚度，混凝土初凝前拉毛养生，保证与管座混凝土紧密结合，达到要求强度后，准备安装管节。接缝完成后进行护管混凝土的第二次浇筑，方法同上。

（3）混凝土管采用吊车或者装载机、挖掘机卸管和起吊，人工配合安装，管节安装位置准确无误后进行临时底部木楔支撑。

（4）管节接头处用浸过沥青的麻絮填塞，外面用满涂热沥青的油毛毡圈裹二道。在沉降缝位置处预留 1 ~ 1.5cm 缝宽，用沥青麻絮填塞，然后用（三油两布法）三层沥青两层沥青浸渍的麻布沿接缝处缠绕管壁一周（麻布宽不小于 15cm），并用铁丝将麻布扎紧。

（5）剩余管基砼的浇筑

管节安装完毕后，在已凿毛的管基上支立模，浇筑管基第二层砼。采用插入式振捣器振捣，使管底三角区砼充分密实与管壁紧密贴合。

（6）抹带

砼浇筑完成后，用钢刷将管接缝两侧各8cm范围内混凝土管表面进行刷毛处理，刷毛完毕后用1：3的水泥砂浆进行抹带，管口内砂浆勾缝。抹带完成后及时洒水养生。并在涵管的整个表面涂抹两层沥青。

（7）涵洞端墙及帽石混凝土浇筑

在圆管涵管节安装、抹带完毕后，进行涵洞端墙及帽石的支模工作，其模板采用组合钢模，用对拉、外加斜支撑方式进行加固，模板支撑完毕后进行混凝土浇筑，浇筑前所有拉杆、螺栓都必须拧紧，用木楔处也要将木楔背紧，拼装模板时注意模板是否变形，以及相邻模板的接荐是否超出允许偏差，及时自检，发现问题及时调整。砼浇筑时按照一定的厚度、顺序、方向分层浇筑。砼浇筑时其分层厚度不得超过30cm，且应在下层砼初凝或重塑前浇筑完成上层砼，我部采用插入式振动器，其移动间距不应超过振动器作用半径的1.5倍，与侧模保持5～10cm的距离，每一处振运完毕后，应边振动边徐徐提出振动棒，振动过程中避免触碰模板，对某一振动部位必须振动到该部位砼密实为止，砼浇筑完毕后及时对砼表面进行修整抹平。

（8）回填

1）砼强度及砂浆强度达到设计强度75%后可进行回填，采用5%灰土在涵洞两侧对称分层填筑，回填范围为涵洞洞身两侧不小于两倍孔径范围，在靠路基填土一侧按1：0.5边坡开挖向上形成台阶状。

2）回填时采用行走式夯机进行夯实，每层填土厚度不超过15cm。压实度达到95%。

三、盖板涵的施工工艺

（一）施工放样

仔细对施工图纸进行复查，领会设计意图。根据图纸确定的构造物的位置和标高，准确计算结构物中桩坐标和轴线方向，然后根据设计图纸的具体位置进行施工放样，为便于开挖后的检查校核，基础轴线控制桩应延长至基坑处加以固定。放样完成后，根据基础的结构尺寸放出结构基础的边线，申请驻地监理工程师复查，得到确认之后，方可进行基坑开挖。

（二）基坑开挖

基础开挖采用挖掘机施工并辅以人工整修，并在基础底四周做排水沟和集水井，利用水泵排除。基坑开挖至设计标高后，立即进行地基承载力的检验（方法采用动力触探方法），如承载力小于设计值，底部换填片石，使其达到设计要求，自检合格后，向监理工程师报验，经监理认可后，立即进行基础坞工施工。基础分两段间隔浇筑，每段接缝设在沉降缝处，缝间安设 2cm 厚的硬质泡沫板，基础顶面墙身位置处预留接茬筋或接茬石。

（三）钢筋工程

1. 钢筋进场后，严格按规范要求，由试验员负责抽取试样做试验，确定质量是否合格，严禁不合格材料进场。

2. 钢筋工程严格按图纸及规范施工，由现场施工员检查合格后报监理检查。

3. 钢筋采用电弧搭接焊连接，钢筋焊接前，必须根据施工条件进行可焊性试验，合格后方可正式施焊。双面焊缝长度不小于 5d，单面焊缝长度不小于 10d。焊缝表面平顺、饱满、无缺口、裂纹和较大的金属焊瘤，焊缝断面满足规范要求。

4. 钢筋在加工场地集中制作，现场人工绑扎，下料制作钢筋时，使同一断面内焊接根数不大于 50%。

5. 钢筋的交叉点处，用绑扎丝按逐点改变绕方向（"8"字形）交错扎结，或按双对角线（"十"字形）结扎。

6. 为保证保护层厚度，在钢筋与模板之间设置同等强度的砂浆垫块，垫块应与钢筋扎紧，并互相错开，保护层厚度要符合设计规定。

7. 在浇筑混凝土前，对已安装好的钢筋进行检查，合格后请监理工程师进行检查签证。

（四）模板与支架

1. 基础砼模板采用尺寸标准、表面平整光洁的木模板，模板必须保证其表面平整，板缝间不漏浆等要求。

2. 模板安装前，在模板表面涂层脱模剂，不得使用易粘在混凝土上或使混凝土变色的油料。

3. 支立模板时为了防止模板移位变形，支立基础侧模时在模板外设立支撑固定。墙身的侧模设立对拉杆固定，浇筑在混凝土中的拉杆，按拉杆拔出的要求设计，拉杆外套塑料管，模板拆出后拔出重复利用。

4. 模板安装完毕后，为保证位置正确，必须对其平面位置、平整度、垂直度、顶部标高、节点联系及纵横向稳定性进行自检，合格后方可报监理工程师抽检，监理工程师认可后方能浇筑。混凝土浇筑时，发现模板有超过允许偏差值的可能及时纠正。

（五）混凝土工程

混凝土由现场搅拌机进行拌合，农用运输车水平运输，人工配合入模，墙身砼串筒配合入模；盖板浇筑采用插入式振捣棒配合平板振捣器振捣，其他混凝土均采用插入式振捣器振捣。浇筑完成后利用土工布覆盖洒水养生。

1. 混凝土基础

基础为整体式混凝土，当基坑开挖到设计基底标高后，经试验检查地基承载力等于或大于设计值，人工清除松软泥土，测量定点放样，跨段挂线安装基础模板，支撑牢固。自检合格后报监理检测，检查合格方可浇筑混凝土，混凝土分层连续浇筑，每层厚不大于30cm。

2. 混凝土涵身、台帽

墙身与台帽一次性立模完成施工，并分段进行浇筑；首先在已完工的基础上定点挂线安装内外模板，模板设立对拉杆固定加固，两侧设斜撑。每段墙身一次浇筑完毕，浇筑时分层自两端向中间浇筑，每层厚30cm，插入式振捣棒捣固。

3. 钢筋混凝土盖板预制及安装

（1）钢筋的加工、绑扎成型

钢筋统一在钢筋场地按图纸要求下料、弯曲、制作，严格按规范要求进行焊接、绑扎，安装时做到尺寸准确。

（2）模板的支立

模板采用木模板，同时应具备足够的刚度以防浇筑混凝土时有明显的挠曲变形。模板安装前，在其表面涂刷脱模剂，不得使用易黏在混凝土上或使混凝土变色的油料。在支立过程中，要注意检查模板内侧是否与钢筋接触，以确保结构物构件有足够的保护层厚度。

（3）混凝土的拌合、浇筑

严格按配合比进行配料，采用现场拌合，最短拌合时间应符合施工规范要求，拌合时，在水泥和集料进入拌合机之前，应先加入一部分拌合用水，并在搅拌的最初15s内将水全部均匀注入拌合机中，拌制的混合料肉眼观察应分布均匀、颜色一致。混合料采用农用车运输，人工配合浇筑，必须对混合料进行检查（包括混合料的坍落度、和易性等），浇筑前先对模板进行检查，清除模板内的杂物、积水，模板如有缝隙必须填塞严密。在浇筑混凝土期间，应设专人检查模板、钢筋的稳固情况，当发现有松动、变形、移位时，应及时处理。

砼浇筑采用分层浇筑，厚度不超过30cm，采用插入式振捣棒振捣，插入点按梅花型或等边三角形布置，移动间距不应超过振捣器作用半径的1.5倍，棒头应插入下层砼5～10cm，保证上下层的整体性，振捣过程中应使砼密实表面泛浆，不再有气泡冒出时，停止振捣，振捣棒应垂直提落，施工中应及时填写砼施工记录。

（4）混凝土的养生

混凝土浇筑完成之后，待表面收浆后尽快对混凝土进行人工洒水养生，洒水养生最少保持7天时间，结构物在拆模前应连续保持湿润。

（六）进口处理

进口设置检修踏步，急流槽面采用卵石镶嵌进行加糙处理。

混凝土采用现场搅拌，施工方法与涵身施工一致。浇筑完毕后，覆盖草袋，并洒水养生。

（七）沉降缝的处理

沉降缝的设置根据设计图纸洞身每墙 4 ~ 6m 设一道沉降缝，沉降缝的构造严格按施工图执行。沉降缝的设置必须上下贯通成一条垂线，基础墙身根据沉降缝的设计长度分段浇筑。浇筑时先在沉降缝位置处用泡沫板隔开。

先清除缝口杂物，用水冲洗干净，晾晒风吹干，置入沥青麻絮或不透水材料于缝内，压平，保持缝宽一致、缝深达 5 ~ 10cm；墙外坡面按桥涵施工规范要求进行施工。

（八）防水层

涵洞防水层施工是涵洞施工的关键工序，施工前首先编制作业指导书，对施工人员进行岗前培训，施工中严格按设计及规范要求进行。

（九）涵背回填

当涵身及盖板的砼强度达到 80% 以上后方可进行台背回填，所有台背填土必须分层填筑，每层厚度 20cm，采用小型碾压机碾压。

对于靠近墙身处及边缘、死角等地方可填筑碎石材料，用夯实机夯实，在填筑过程中必须对应涵台两侧对称分层碾压密实，压实度符合规范要求，严禁单侧填土及使用大型碾压机进行碾压。在涵顶填土时。

当涵洞上填土高度不足 50cm 后时，禁止采用振动或碾压设备对涵顶和涵洞范围的填土进行碾压。

（十）"八"字墙

"八"字墙施工基本要求：

1. 混凝土和砂浆按规定配合比施工。

2. 地基承载力及基础埋置深度符合设计要求。

3. 嵌填饱满密实，不得有空洞。

4. 抹面应压光，无空鼓现象。

（十一）涵底铺砌

涵洞内底部采用浆砌片石铺砌，要求砂浆饱满，按规范按照桥涵施工规范规定及施工图要求进行施工。

（十二）质量标准

涵洞施工完成后，按照《公路桥涵施工技术规范》（JTJ041 — 2000）的有关规定及施工图设计中的相关设计要求进行质量检查，检查主要包括：轴线偏位、流水面高程、涵洞长度等。

四、土方路堤施工技术

（一）土方路堤操作程序：取土→运输→推土机初平→平地机整平→压路机碾压

（二）土方路堤填筑作业常用推土机、铲运机、平地机、挖掘机、装载机等机械按以下几种方法作业。

1. 水平分层填筑法

填筑时按照横断面全宽分成水平层次，逐层向上填筑。是路基填筑的常用方法。

2. 纵向分层填筑法

依路线纵坡方向分层，逐层向上填筑。常用于地面纵坡大于12%，用推土机从路堑取料填筑，且距离较短的路堤。缺点是不易碾压密实。

3. 横向填筑法

从路基一端或两端按横断面全高逐步推进填筑。填土过厚，不易压实。仅用于无法自下而上填筑的深谷、陡坡、断岩、泥沼等机械无法进场的路堤。

4. 联合填筑法

路堤下层用横向填筑而上层用水平分层填筑。适用于因地形限制或填筑堤身较高，不宜采用水平分层法或横向填筑法自始至终进行填筑的情况。单机或多机作业均可，一般沿线路分段进行，每段距离以20～40m为宜，多在地势平坦，或两侧有可利用的山地土场的场合采用。

（一）施工一般技术要领

1. 必须根据设计断面，分层填筑、分层压实。

2. 路堤填土宽度每侧应宽于填层设计宽度，压实宽度不得小于设计宽度，最后削坡。

3. 填筑路堤宜采用水平分层填筑法施工。如原地面不平，应由最低处分层填起，每填一层，经过压实符合规定要求之后，再填上一层。

4. 原地面纵坡大于12%的地段，可采用纵向分层法施工，沿纵坡分层，逐层填压密实。

5. 山坡路堤，地面横坡不陡于1：5且基底符合规定要求时，路堤可直接修筑在天然的土基上。地面横坡陡于1：5时，原地面应挖成台阶（台阶宽度不小于1m），并用小型夯实机加以夯实。填筑应由最低一层台阶填起，并分层夯实，然后逐台向上填筑，分层夯实，所有台阶填完之后，即可按一般填土进行。

6. 公路和一级公路，横坡陡峻地段的半填半挖路基，必须在山坡上从填方坡底线向上挖成向内倾斜的台阶，台阶宽度不应小于1m。

7. 不同土质混合填筑路堤时，以透水性较小的土填筑于路堤下层时，应做成4%的双向横坡；如用于填筑上层时，除干旱地区外，不应覆盖在由透水性较好的土所填筑的路堤边坡上。

8. 不同性质的土应分别填筑，不得混填。每种填料层累计总厚度不宜小于 0.5m。

9. 凡不因潮湿或冻融影响而变更其体积的优良土应填在上层，强度较小的土应填在下层。

10. 河滩路堤填土，应连同护道在内，一并分层填筑。可能受水浸淹部分的填料，应选用水稳性好的土料。

五、填石路基施工技术

（一）填料要求

石料强度（饱水试件极限抗压强度）要求不小于 15MPa，风化程度应符合规定，最大粒径不宜大于层厚的 2/3。在公路及一级公路填石路堤路床顶面以下 50cm 范围内，填料粒径不得大于 10cm，其他等级公路填石路堤路床顶面以下 30cm 范围内，填料粒径不得大于 15cm。

（二）填筑方法

竖向填筑法、分层压实法、冲击压实法和强力夯实法。

1. 竖向填筑法（倾填法）

主要用于二级及二级以下且铺设低级路面的公路在陡峻山坡施工特别困难或大量爆破以挖作填路段，以及无法自下而上分层填筑的陡坡、断岩、泥沼地区和水中作业的填石路堤。该方法施工路基压实、稳定问题较多。

2. 分层压实法（碾压法）

是普遍采用并能保证填石路堤质量的方法。该方法自下而上水平分层，逐层填筑，逐层压实。公路、一级公路和铺设高级路面的其他等级公路的填石路堤采用此方法。填石路堤将填方路段划分为四级施工台阶、四个作业区段、八道工艺流程进行分层施工。四级施工台阶是：在路基面以下 0.5m 为第 1 级台阶，0.5 ~ 1.5m 为第 2 级台阶，0.5 ~ 3.0m 为第 3 级台阶，3.0m 以下为第 4 级台阶。

四个作业区段是：填石区段、平整区段、碾压区段、检验区段。施工中填方和挖方作业面形成台阶状，台阶间距视具体情况和适应机械化作业而定，一般长为 100m 左右。填石作业自最低处开始，逐层水平填筑，每一分层先是机械摊铺主骨料，平整作业铺撒嵌缝料，将填石空隙以小石或石屑填满铺平，采用重型振动压路机碾压，压至填筑层顶面石块稳定。

石方填筑路堤八道工艺流程是：施工准备、填料装运、分层填筑、摊铺平整、振动碾压、检测签认、路基成型、路基整修。

3. 冲击压实法

利用冲击压实机的冲击碾周期性大振幅低频率地对路基填料进行冲击，压密填方；强力夯实法用起重机吊起夯锤从高处自由落下，利用强大的动力冲击，迫使岩土颗粒位移，提高填筑层的密实度和地基强度。

强力夯实法简要施工程序：填石分层强夯施工，要求分层填筑与强夯交叉进行，各分层厚度的松铺系数，第一层可取 1.2，以后各层根据第一层的实际情况调整。每一分层连续挤密式夯击，夯后形成夯坑，夯坑以同类型石质填料填补。由于分层厚度为 4～5m，填筑作业采用堆填法施工，装运用大型装载机和自卸汽车配合作业，铺筑时用大型履带式推土机摊铺和平整，夯坑回填也用推土机完成，每层主夯和面层的主夯与满夯由起重机和夯锤实施，路基面需要用振动压路机进行最后的压实平整作业。

强夯法与碾压法相比，只是夯实与压实的工艺不同，而填料粒径控制、铺填厚度控制都要进行，强夯法控制夯击击数，碾压法控制压实遍数，机械装运摊铺平整作业完全一样，强夯法需要进行夯坑回填。

六、土质路堑施工技术

（一）路堑的开挖方法根据路堑深度、纵向长短及现场施工条件，有横向挖掘法、纵向挖掘法和混合式挖掘法等几种基本方法。

横向挖掘法包括适用于挖掘浅且短的路堑的单层横向全宽挖掘法，和适用于挖掘深且短的路堑的多层横向全宽挖掘法。

纵向挖掘法具体方法有分层纵挖法、通道纵挖法、分段纵挖法。

混合式挖掘法为多层横向全宽挖掘法和通道纵挖法混合使用。

（二）推土机开挖土质路堑作业

推土机具有操作灵活、运转方便、所需工作场地小、短距离运土效率高等特点，既可独立作业，也可配合其他机械施工，带松土器的推土机还可进行松土作业，因此是土方路堑施工中最常用的机械之一。推土机开挖土方作业由切土、运上、卸土、倒退（或折返）、空回等过程组成一个循环。影响作业效率的主要因素是切土和运土两个环节。因此，必须以最短的时间和距离切满土，并尽可能减少土在推运过程中散失。推土机开挖土质路堑作业方法与填筑路基相同的有下坡推土法、槽形推土法、并列推土法、接力推土法和波浪式推土法。另有斜铲推土法和侧铲推土法。

（三）公路工程施工中以单斗挖掘机最为常见，而路堑土方开挖中又以正铲挖掘机使用最多。正铲挖掘机挖装作业灵活，回转速度快，工作效率高，特别适用于与运输车辆配合开挖土方路堑。正铲工作面的高度一般不应小于 1.5m，否则将降低生产效率，过高则易塌方，损伤机具。其作业方法有侧向开挖和正向开挖。

七、石质路堑施工技术

（一）基本要求

在开挖程序确定之后，根据岩石条件、开挖尺寸、工程量和施工技术要求，通过方案比较拟定合理的方式。其基本要求是：保证开挖质量和施工安全；符合施工工期和开挖强度的要求；有利于维护岩体完整和边坡稳定性；可以充分发挥施工机械的生产能力；辅助工程量少。

（二）开挖方式

1. 钻爆开挖

是当前广泛采用的开挖施工方法。有薄层开挖、分层开挖（梯段开挖）、全断面一次开挖和特高梯段开挖等方式。

2. 直接应用机械开挖

该方法没有钻爆工序作业，不需要风、水、电辅助设施，简化了场地布置，加快了施工进度，提高了生产能力。但不适于破碎坚硬岩石。

3. 静态破碎法

将膨胀剂放入炮孔内，利用产生的膨胀力，缓慢的作用于孔壁，经过数小时至24h达到300 ~ 500MPa的压力，使介质裂开。

（三）石质路堑爆破施工方法

1. 常用爆破方法

（1）光面爆破

在开挖限界的周边，适当排列一定间隔的炮孔，在有侧向临空面的情况下，用控制抵抗线和药量的方法进行爆破，使之形成一个光滑平整的边坡。

（2）预裂爆破

在开挖限界处按适当间隔排列炮孔，在没有侧向临空面和最小抵抗线的情况下，用控制药量的方法，预先炸出一条裂缝，使拟爆体与山体分开，作为隔震减震带，起保护和减弱开挖限界以外山体或建筑物的地震破坏作用。

（3）微差爆破

两相邻药包或前后排药包以毫秒的时间间隔（一般为15 ~ 75ms）依次起爆，称为微差爆破，亦称毫秒爆破。多发一次爆破最好采用毫秒雷管。当装药量相等时其优点是：可减震1/3 ~ 2/3左右；前发药包为后发药包开创了临空面，从而加强了岩石的破碎效果；降低多排孔一次爆破的堆积高度，有利于挖掘机作业；由于逐发或逐排依次爆破，减少了岩石夹制力，可节省炸药20%，并可增大孔距，提高每米钻孔的炸落方量。炮孔排列和起剚匝序，根据断面形状和岩性。多排孔微差爆破是浅孔深孔爆破发展的方向。

（4）定向爆破

利用爆破能将大量土石方按照指定的方向，搬移到一定的位置并堆积成路堤的一种爆破施工方法，称为定向爆破。它减少了挖、装、运、夯等工序，生产效率高。在公路工程中用于以借为填或移挖作填地段，特别是在深挖高填相间、工程量大的鸡爪形地区，采用定向爆破，一次可形成百米以至数百米路基。

（5）洞室爆破

为使爆破设计断面内的岩体大量抛掷（抛坍）出路基，减少爆破后的清方工作量，保证路基的稳定性，可根据地形和路基断面形式，采用抛掷爆破、定向爆破、松动爆破方法。抛掷爆破有三种形式：

1）平坦地形的抛掷爆破（亦称扬弃爆破）

自然地面坡角 a 在小于 150，路基设计断面为拉沟路堑，石质大多是软石时，为使石方大量扬弃到路基两侧，通常采用稳定的加强抛掷爆破。

2）斜坡地形路堑的抛掷爆破

自然地面坡角 a 在 150 ~ 500 之间，岩石也较松软时，可采用抛掷爆破。

3）斜坡地形半路堑的抛坍爆破

自然地面坡度 a 大于 300，地形地质条件均较复杂，临空面大时，宜采用这种爆破方法。在陡坡地段，岩石只要充分破碎，就可以利用岩石本身的自重坍滑出路基，提高爆破效果。

2. 综合爆破施工技术

综合爆破是根据石方的集中程度，地质、地形条件，公路路基断面的形状，结合各种爆破方法的最佳使用特性，因地制宜，综合配套使用的一种比较先进的爆破方法。一般包括小炮和洞室两大类。小炮主要包括钢钎炮、深孔爆破等钻孔爆破；洞室炮主要包括药壶炮和猫洞炮，随药包性质、断面形状和微地形的变化而不同。用药量 1t 以上为大炮，1t 以下为中小炮。

（1）钢钎炮通常指炮眼直径和深度分别小于 70mm 和 5m 的爆破方法。

1）特点

炮眼浅，用药少，每次爆破的方数不多，并全靠人工清除；不利于爆破能量的利用。由于眼浅，以致响声大而炸下的石方不多，所以工效较低。

2）优点

比较灵活，在地形艰险及爆破量较小地段（如打水沟、开挖便道、基坑等），在综合爆破中是一种改造地形，为其他炮型服务的铺助炮型。因而又是一种不可缺少的炮型。

（2）深孔爆破是孔径大于 75mm、深度在 5m 以上，采用延长药包的一种爆破方法。

1）特点

炮孔需用大型的潜孔凿岩机或穿孔机钻孔，如用挖运机械清方可以实现石方施工全面机械化，是大量石方（万方以上）快速施工的发展方向之一。

2）优点

劳动生产率高，一次爆落的方量多，施工进度快，爆破时比较安全。

（3）药壶炮是指在深 2.5 ~ 3.0m 以上的炮眼底部用小量炸药经一次或多次烘膛，使眼底成葫芦形，将炸药集中装入药壶中进行爆破。

1）特点

主要用于露天爆破，其使用条件是：岩石应在 XI 级以下，不含水分，阶梯高度（H）小于 10 ~ 20m，自然地面坡度在 700 左右。如果自然地面坡度较缓，一般先用钢钎炮切脚，炸出台阶后再使用。经验证明，药壶炮最好用于 VII—IX 级岩石，中心挖深 4 ~ 6m，阶梯高度在 7m 以下。

2）优点

装药量可根据药壶体积而定，一般介于 10 ~ 60kg 之间，最多可超过 100kg。每次可炸岩石数十方至数百方，是小炮中最省工、省药的一种方法。

（4）猫洞炮系指炮洞直径为 0.2 ~ 0.5m，洞穴成水平或略有倾斜（台眼），深度小于 5m，用集中药锯炮洞中进行爆炸的一种方法。

1）特点

充分利用岩体本身的崩塌作用，能用较浅的炮眼爆破较高的岩体，一般爆破可炸松 15 ~ 150ma。其最佳使用条件是：岩石等级一般为 IX 级以下，最好是 V ~ VII 级；阶梯高度最小应大于眼深的两倍，自然地面坡度不小于 500，最好在 700 左右。由于炮眼直径较大，爆能利用率甚差，故炮眼深度应大于 1.5 ~ 2.0m，不能放孤炮。猫洞炮工效，一般可达 4 ~ 10ma，单位耗药量在 0.13 ~ 0.3kg/m³ 之间。

2）优点

在有裂缝的软石坚石中，阶梯高度大于 4m，药壶炮药壶不易形成时，采用这种爆破方法，可以获得好的爆破效果。

第三章 桥梁工程施工建设

第一节 施工准备

一、一般规定

1. 做好施工前的准备工作和施工中的技术管理工作，严格执行相关技术规范和有关操作规程的规定，保证工程质量。

2. 每道施工工序应严格实行检验制度，每道工序应经检验合格、资料签证完整后，方能进入下道施工工序。

3. 应积极推广使用经过鉴定的新技术、新工艺、新材料、新设备。

4. 应节约用地，少占用农田，并按国家有关规定，防止环境污染和环境破坏。

5. 应充分考虑施工过程对陆上和水上交通的影响，特别是应保证主航道和陆上主要交通干线不得中断。跨越公路和河道，特别是跨越等级公路和航道时，应事先与交警、路政、海事、港监、航道、水务等有关部门沟通，按照规定设置相关设施，办理有关手续后方能施工。

6. 建立安全生产管理制度，成立现场安全监督、检查小组，针对各工序特点，进行安全交底，坚持每天班前会制，对易发生的安全事故进行提醒、警告。

7. 桥梁工程交工前，应及时对临时辅助设施、临时用地和弃土等进行处理，做到工完料清场清。

二、技术准备

1. 在开工前，应组织经验丰富的技术人员进行审图和现场核对（特别注意坐标、高程的复核），对设计中存在的问题以及对设计的建议，及时上报，并接受设计单位的设计技术交底。

2. 承包人接桩后应在 14 天内完成导线点、水准点复测和加密工作，加密点应设置在通视性好、地质坚硬的地点。加密点一般采用上口为 $10 \times 10cm$，下口为 $30 \times 30cm$，高 60cm 的棱台，埋设前应对开挖坑进行必要的夯实，加密点一般高出原地面 3cm 左右；设置加密点时应为大型桥梁设置专门的控制网；重要的水准点、导线点用围栏保护，围栏面积 2m² 左右。

加密、复测完成后及时将测量成果上报监理工程师。

3. 承包人在签订合同协议书后的一个月内，应完成施工组织设计编制，然后上报监理工程师。其内容应包括：

（1）施工组织管理，工期进度计划。

（2）详细施工方法、顺序、时间。

（3）材料、设备、人员进场计划、资源的安排。

（4）资金流动计划。

（5）项目管理组织设置及人员分工。

（6）施工安排和施工方法、施工工艺总说明。

（7）质量控制方法和手段。

（8）针对性地质量通病分析、防治措施、责任划分。

（9）重点工程施工措施。

（10）安全体系与安全保证措施。

（11）廉政建设、文明施工与环境保护等。

4. 分部或分项工程开工前 14 天应向监理工程师提交开工报告，其内容包括：施工段落与工程名称、现场负责人名单、施工组织和劳动力安排、材料供应、机械进场、材料试验及质量检查手段、水电供应、临时工程的修建、施工方案、进度计划及其他需要说明的事项等。需要进行应力、承载力验算的，应附第三方验算报告。

5. 每个桥梁分项工程开工后，第一个重要的成品或半成品（如第一根桩基、第一根墩柱、第一片梁等）实行首件工程认可制，首件工程在分项工程开工申请批复后才可开展施工，首件工程完工后，由总监组织召开首件工程总结会，施工单位对完成的首件工程项目的施工工艺进行总结和完善，并对质量进行综合评定，提出自评意见；专业监理工程师提出复评意见；总监理工程师提出终评意见，并经项目现场管理机构确认。

6. 根据施工内容分类编制专项技术交底和安全交底，下发到项目部各科室及施工处和施工班组，并组织进行培训、学习，交底内容必须有针对性，特别应宣讲在首件工程认可过程中得到监理确认的施工工艺及要求，保证一线工人可以顺利地贯彻执行。

7. 冬期施工前编制冬期施工方案，进入冬期后安排专人收听天气预报，测量室外温度。

采用加热棚对结构进行加热时，在检测温度的同时还要检测棚内的湿度；采用蒸汽养护时，应注意控制温度的升温和降温的速度，以及最高温度，一般情况下混凝土在浇筑完成后静置 2 ~ 8h（根据外界温度确定）开始升温，升温速度控制在 10 ~ 25℃/h，最高温度不超过 80℃，降温速度控制在 20 ~ 30℃/h，确定蒸汽养护方案后应先进行试验；采用蓄热法养护时，应根据环境条件和保温措施进行试验，确定保温措施的有效性。

8. 应高度重视桥位、桩位的精确放样。测量的内外作业必须严格执行闭合制、复核及验算制。重要部位的放样宜采取不同的方法或测量路线测放，以确保正确。

三、机具准备

1. 工程所使用的锅炉、压力容器、电梯、起重机械、场（厂）内专用机动车辆必须经特种设备检验检测机构检验检测，并在取得合格证有效期内使用；气瓶应有安全条码。施工中应在设备的显著位置悬挂施工铭牌，内容主要包括设备编号、型号、工作段落、工程技术指标等内容。

2. 现场各类机械设备停放位置应合理规划、分区布置、摆放整齐。应保证设备安全可靠，运转正常，严禁设备带病作业。施工单位应定期对施工机械（具）设备进行检查维修和保养清洗。

3. 进入施工现场的所有机械、设备、支架、桁架等的外观应整洁、油漆齐全，禁止"锈迹斑斑、油漆剥落"的设备进入施工现场。

4. 施工机械的其他具体要求见《江苏省公路施工标准化指南》（工地建设）及本指南有关章节。

四、材料准备

1. 承包人进场后应根据设计图纸、技术规范、招标文件开出大型材料采购单，标明材料名称、数量、规格型号、质量要求。

2. 承包人应及时建立工程材料管理台账，记录材料的生产厂家、出厂日期、进场日期、数量、规格、批号及使用部位，还应记录送检日期、代表数量、检测单位、检测结果、报告日期以及不合格材料的处理情况等内容。

3. 特殊结构模板工程，应进行专门设计、验算，现浇桥梁模板的支撑系统也应进行设计、计算，并随施工方案一起上报监理工程师审批。

4. 钢筋、水泥、钢绞线、桥梁伸缩缝、橡胶支座、锚具等主要材料应在通过江苏省交通工程建设局资格审查的材料供货单位范围内进行采购。

5. 混凝土配合比设计时应根据目标强度等级选用砂石料、添加剂和水泥等级，多做几组进行比较；除满足混凝土强度和弹性模量要求外，还要确保混凝土拥有良好的施工和易性和外观质量，应选用施工性能良好、表面光洁、颜色均匀的配合比作为施工配合比。

6. 工程需要的梅花形高强垫块可以外购或在预制场统一加工，专人精心制作，采用小石子混凝土或高强砂浆制作，洒水保湿养生，强度达到要求后供应全线使用。

7. 冬期施工时，控制二次浇筑的混凝土与既有混凝土的温差，必要时对既有混凝土结构进行加热，避免出现过大的温度内应力。

五、作业条件

1. 桥梁施工现场，应统一规划、合理布局，并绘制桥梁分段（孔）平面布置图。

2. 桥梁工程开工前，应完成"三通一平"，做好场地平整、施工便道贯通、施工便桥搭建、临时用电（用水）等工作。

3. 按照"混凝土集中拌合、构件集中预制、钢筋集中加工"的原则，重点做好拌合站、预制场、钢筋加工场的建设工作，具体要求见《××省公路施工标准化指南》（工地建设）相关章节。

4. 对施工作业人员要求

（1）施工作业人员数量、技能应符合施工组织设计或方案要求。各班组施工人员应有熟练工人作为骨干，所有一线施工人员应经过进行技术培训，熟悉本人承担工作的技术要求和操作要点。

（2）特种工人（起重工、操作手、电焊工、架子工、潜水员等）应接受操作及安全培训，持证上岗。

（3）进入施工现场的人员应佩戴安全帽和上岗证，现场管理人员和作业人员的安全帽应加以区分，现场人员劳动保护用品应穿戴齐全。安全监察人员应佩戴袖标（牌）。

5. 应在施工现场的醒目位置布置统一制作的"五牌一图"，即工程概况牌、管理人员名单及监督电话牌、消防保卫牌、安全生产牌、文明施工牌和施工现场平面图。各类标示牌、警示牌应齐全。

6. 桥梁工程施工现场宜采用封闭式管理，现场出入口应悬挂"施工重地，闲人免进"的禁止标志。

第二节　桥梁施工测量

一、测量机构的设置

项目部设测量队，属工程部管理，队长由具有类似工程测量施工经验的测量工程师担任，共配测量工程师二名，测量技术人员三名，施工队设测量组由具有类似工程施工经验的测量技术人员担任。

项目部测量队负责工程范围的控制桩复测，桥梁、道路控制网的测设，桥梁桩基、墩柱基础、建筑物的施工放样，以及对桥梁、道路、排水等施工队测量放样进行复核和各项测量工作的协调。

二、测量仪器的配备

工程中配备全站仪 2 台，J2 经纬仪 2 台，普通水准仪 3 台。

三、施工测量控制

施工测量控制采用建立导线、水准控制网的方法进行。

根据设计院所提供的导线控制点和水准控制点，进行线路控制桩的复测，复测成果经现场监理认可后，按照施工需要加密导线控制点和水准点建立施工导线控制网和水准控制网。

所有加密控制点设置在施工作业范围以外位置高，视线良好的位置，每个控制点保证三个点以上的通视，控制点的数量根据现场施工需要定，位置选定后，用全站仪经过实测和导线闭合差计算确定各控制桩点坐标，编制成果表报监理复核。以此作为全线轴线测量控制的基点。

加密的水准点，桥梁部分全部设在桥位附近。

控制网要定期进行复核，如发现控制点被破坏或移动，要及时恢复，控制网的布置和复核均采用全站仪和 S1 级水准仪。

四、施工测量放线的方法

（一）部结构的测量

工程的桩基、承台、墩柱、立柱均利用导线网测定，为了确保下部结构的测量精度，测量时直接从控制点测设至墩位，测设时应力争不设转点，以避免转点造成的误差。

1. 桩基复核

根据施工图纸，从控制点直接用全站仪测设每根桩基的中心位置。

2. 承台放样

根据施工图纸计算出承台纵横轴线坐标，每轴线 3 至 4 点，测量时从控制点直接设置承台纵横轴线。测完后用经纬仪设置保护桩，保护桩用混凝土浇筑加以保护。

3. 墩柱放样

根据承台轴线桩测设墩柱纵横轴线。如发现承台轴线桩被破坏或位移迹象，从控制点直测轴线，立柱纵横轴线用红三角标注在已浇筑完毕的承台上。

（二）上部结构箱梁施工的测量

确保施工过程中轴线和标高的准确性是施工箱梁测量的重点。梁的轴线仍采用坐标控制，根据施工图，首先测设桥纵轴线和桥墩横轴线，然后按照纵横轴线划出梁位，并用钢尺复核跨度，做到心中有底，如跨度有问题，应及时向有关负责人汇报。

（三）桥梁附属工程的测设

采用导线网法和常规测设方法相结合的手段来测设。

（四）标高测设

1. 按照施工规范加密引测临时水准点，定期复测。

2. 根据施工图纸计算和测设标高。

3. 箱梁、桥面铺装、标高测设按照纵断面图、横断面图来进行放样工作，充分考虑坡道线型（直线、竖曲线）、横坡等因素来选择标高的位置和密度，同时根据结构工程的工艺特点以方便施工，进行布点测量。

五、测量管理工作

施工现场必须坚持数据对算，施测点位必须复测。项目部放样点位必须上报监理工程师，经监理测量工程师复核合格可投入使用。平面控制网每月复测一次，进行坐标平差。高程控制点每 20 天进行一次。

第三节　桥梁上部主体工程

一、现浇预应力混凝土连续箱梁

现浇箱梁全部采用碗扣式脚手架做满堂支架，在交通路口采用 I40 工字钢搭设通道，底模采用大块竹胶板，侧模采用特制定型钢模板。混凝土采用商品混凝土，混凝土搅拌运输车运输，混凝土泵车泵送入模。

（一）地基处理

根据现场情况，现浇箱梁施工段地基处理主要分以下几种方式：

1. 全部位于道路路面上，直接支撑支架，仅对基坑回填的部分进行处理。基坑回填采用灰土分层夯实。

2. 部分位于道路路面上，不在路面上的部分采用 40cm、8% 的石灰土硬化，其上浇筑 15cm 素混凝土，以保证与路面部分承载力相近。

（二）支架和模板设计

1. 普通地段

满堂支架采用碗扣式脚手架，支架立杆按 90×90cm 的间距进行布设，横杆间距为 120cm，在箱梁横梁、腹板位置立杆加密为 60cm。在翼缘板下立杆间距可调整为 120cm。具体到不同的梁型时必须进行承载力检算后，确定符合承载力要求的支架搭设方案，并对地基承载力进行严格的验算。支架的设计要保证支架跨中最大挠度不大于支架跨度的 1/800 或控制在 10mm 以内，包括非弹性变化在内。

根据需搭设支架的高度，合理安排适当型号的支架进行搭设。满堂支架下均设横向的扫地杆，支架纵横向通体打剪刀撑，使支架形成一个整体，有较好的整体性。支架竖杆节点在同一截面内不超过 50%。

支架搭设完毕，要求标高、坡度、轴线基本形成，使底模能顺利铺设。支架顶设置垫木作为横向分配梁，垫木尺寸一般为 10×10cm，根据纵坡要求，调整垫木高度尺寸，保证其平整度，垫木间距 30cm，其上铺设竹胶板作为底模。

箱梁模板底模采用 16mm 厚的复合竹胶板，内模采用木模或竹胶板，外侧模采用整体钢模板。侧模及翼板采用竹胶板。碗口支架垫木组合支撑体系，模板体系搁置在支架体系上。内、外模板具有足够的强度、刚度和稳定性，保证梁各部形状几何尺寸。

支架搭设完毕后做一联整体超载 25%（梁体自重＋模板、支架重＋施工荷载）的预压试验，准确测量记录支架的弹性和非弹性变形，以及地基的沉降量。在立底模时采取相应的预留沉降量措施。预留沉降量按实测的预压沉降量设置，混凝土浇筑后的支架下沉量应控制在设计范围内，并设置相同的预留沉降量。满堂脚手架以强度控制。

雨季时在箱梁投影范围外做截水沟，将水及时排出，确保箱梁支架范围不积水。

2. 预留通道

工程需预留通道处有多处，对于处于两联箱梁相邻处的路口，优先采用改道和调整施工顺序相结合的施工方案。对于无法进行改道施工的，通道跨度小于 6 米的采用支架上搭设工字钢；跨越交叉路口处，采用 65 式军用墩作支墩，I40 工字钢作纵横梁，净空满足公路限界要求，其上及两端满铺脚手架施工。支墩采用 65 式军用墩，净间距一般在 5m 左右，纵横梁采用 I40 工字钢。

个别地段或者路口由于施工受场地限制，工字钢支墩的形式采用密布脚手架的施工方案，支墩处基础进行特殊处理：在原硬路面上，路面清理整平，原地面现浇混凝土块作为支架基础，立 65 式军用墩；当采用脚手架作为支墩时，可直接在整平、夯实的地面上铺方木作为基础。

3. 支撑架施工操作要点

支撑架安装要点见表

项目	注意要点		
根据设计制作安装	支撑架应根据设计安装，对支撑架应进行强度和稳定性验算		
预沉量的设置	分项内容		参考数据
	接头承压非弹性变形	木与木	每个接头的顺纹 2mm，横纹 3mm
		木与钢	每个接头 2mm
支撑架搭设前的检验	支撑架搭设前对支撑面应详细检查，准确调整支撑面顶部标高并复测无误后方可进行搭设		
支撑架搭设中的检查	1. 支撑架拼装到 3 ~ 4 层时应检查每根立杆下托是否浮放松动，否则应旋紧下托 2. 沿支撑架四周（每 4 排）和在每层横杆上采用扣件式脚手设剪刀撑，其夹角为 45°		
支撑架搭设后的检查	支撑架搭设完毕后，应对其平面位置，顶部标高，节点联系及纵横向稳定性进行全面检查，符合要求后，方可进行下一步施工		

（三）连续箱梁模板设计和支架预压

箱梁模板底模、采用竹胶板，内侧模采用木模，外侧模采用竹胶板。箱梁底模采用 16mm 厚的复合竹胶板，侧模及翼板采用定型钢模板。钢管支架垫木组合支撑体系，模板体系搁置在支架体系上。内模采用竹胶板，内、外模具有足够的强度、刚度和稳定性，保证梁各部形状几何尺寸。支架上铺设垫木，横向间隔距为 30cm。并配合木楔调整标高和为落架做准备。垫木铺完后，开始底模的铺设，要求底模拼装严密，相邻模板无高差，侧模与底模连接处，将一方木连接在侧模的底部法兰上，作为底模的竹胶板用钉子固定在此方木上，保证二者拼缝的平整度。

复测模板标高和轴线。然后按设计要求，对支架进行超荷载预压，加载值为实际荷载的 125%，荷载分布、加载速度按照图纸尺寸和实际混凝土浇筑速度施工。预压前，在底模、底层支架、方木上设置观测点，准确测量标高并标识；加载完成后，在 1h、2h、4h、12h、24h 观测，以后每隔 4h 观测一次，直至数值稳定为止。沉降量控制在设计允许范围内，经监理工程师同意后才能卸载，准确测量出支架的弹性、非弹性变形及地基的沉降量，并以此为依据对箱梁底模调整（考虑予留度）。然后进行侧模的安装，拼装模板接头平顺，缝隙嵌胶条，表面可用腻子刮平、打光，确保混凝土浇筑时不变形、跑模和漏浆等，线形美观，位置准确，钢筋混凝土光洁。然后进行底板钢筋绑扎，安装预应力管道、锚垫板，组拼内模。腹板内模采用钢模板，顶板底模采用一次性纤维板或组合钢模板。内模采用钢内框架支撑，架立在支架体系上，内框架间距 1.2m。底、腹板混凝土达到一定强度后拆除内模，铺顶板底模。连续箱梁底侧，翼、内模一次完成，顶板预留进入洞，达到一定强度后拆除。

模板的拆除：拆模时间按规范执行，非承重模板，在混凝土强度能保证其表面及棱角不致因拆模而受损时拆除；箱梁底模在预应力张拉压浆后强度达 80% 以上时拆除。

（四）支座安装

在底模施工同时进行支座安装。安装时特别要注意以下几点：

1. 安装前注意将支座全面检查并对各相对滑移面和其他部分用酒精擦拭干净。

2. 上下支座安装：采用上、下座板临时固定，整体吊装，固定在设计位置，支座与梁体及墩柱联结方式由设计确定。

3. 安装支座的垫石标高应符合设计要求，平面纵横两个方向应水平，支座承压 ≤5000kN 时，其四周高差不得大于 1mm，支座承压大于 5000kN 时，不得大于 2mm。

4. 支座中线与主梁中线重合，其最大水平位置偏差不得大于 2mm。

5. 安装支座时，其上下各个部件纵横轴线必须对正。当安装温度与设计不同时，活动支座上下相错距离必须与计算值相等。

（五）钢筋施工和预应力筋安装

箱梁梁体含筋量较高，钢筋的数量、规格及半成品钢筋构件类型也较多，所以在钢筋制作绑扎时必须严格按设计进行。

钢筋骨架采用预制场制作，现场安装。钢筋在桥面的堆放应均匀分散。钢筋绑扎时应严格按照图纸要求进行绑扎，数量、位置准确，焊接部位搭接长度和焊缝均要满足要求。

钢筋绑扎时要按确定的绑扎程序进行，预应力连续箱梁按设计位置设置波纹管定位框，每 50cm 一道，曲线适当加密，预埋锚垫板与波纹管孔道垂直。预应力筋下料前需对各型号的长度进行准确计算后方可下料。预应力筋安装采用人工、机械相配合的方法，在预应力筋的端部设置圆套以减少对波纹管的损坏。预应力筋安装完成后，调整波纹管位置，准确固定。底、腹板钢筋及预应力安装完成后，安装内模，调整标高。最后绑扎顶板及翼缘板钢筋，准确安装各种预埋件。

（六）混凝土浇筑

视箱梁作业张拉空间，混凝土浇筑采用一次性浇筑和在指定位置预留 2m 宽后浇湿接头两种形式。混凝土采用一次性浇筑时，先浇中间正弯矩段，后浇筑负弯矩段，先浇筑底板部分腹板，再浇筑剩余腹板顶板，混凝土达到设计强度时张拉。采用预留 2m 后浇湿接头时，在湿接头位置张拉两侧预应力钢束，部分钢束锚于湿接头面，同时两侧部分钢束穿过湿接头锚于设置在腹板内侧锚块上，后浇混凝土采用微膨胀性混凝土。在混凝土浇筑过程中，应有专业测量人员观测支架及模板的变位情况，发现异常应及时采取措施，确保施工质量及安全。

混凝土采用泵送混凝土，坍落度控制在 16cm 左右，并掺加高效缓凝泵送剂，混凝土初凝不少于 10h，3 天强度达到设计的 85%，7 天达到 100%。混凝土浇筑时要对称分层进行，明确振捣工艺，一般按由低到高的顺序。在振捣时，配备足够的振捣工，并需有专人监振，杜绝漏振或少振，确保密实。特别对支座位置、锚具及钢筋较密处应加强振捣，振捣时应注意保护波纹管，同时严格控制混凝土的水灰比。

混凝土浇捣时需安排专人对模板进行检查，一旦模板发生变形或位移时能及时处理。顶板混凝土浇捣后需进行两度收光及拉毛，使表面有足够的粗糙度，以防止产生收缩裂缝。混凝土浇筑时，保证各预埋件的准确位置。

混凝土浇捣完毕及时进行覆盖养护。

（七）混凝土养护

箱梁养护采用麻袋片覆盖养护，养护 7 天。

（八）预应力施工

工艺流程见下页预应力张拉施工工艺流程图。

当混凝土强度和相关数值达到设计规定时，即进行预应力的施工。

1. 张拉机具

根据预应力筋的所处位置不同以及要求的张拉吨位选择与之相匹配的张拉千斤顶；张拉纵向钢绞线用 YCW200 型千斤顶，油泵采用与之配套的 ZB4 — 500 型油泵，工作油表采用 1.5 级，最大量程为 100MPa。

2. 钢绞线制作和安装

预应力钢绞线应符合招标文件及有关规范的要求，钢绞线采用吊车吊入松线架内稳固好，上面用雨棚遮盖，底面垫离地面 30cm，存放场地内不得积水。

预应力钢绞线在台座上根据计算下料长度用砂轮切割机切割，切割前用黑色胶布将切割部位缠紧，防止切割时"炸头"，将切好的钢绞线编束，并每隔 1.5 ~ 2.0m 用 20# 铅丝绑扎。钢绞线应随用随下料，防止因存放时间过长锈蚀。

预应力筋安装采用人工、机械相配合的方法，在预应力筋的端部设置圆套以减少对波纹管的损坏。预应力筋安装完成后，调整波纹管位置，准确固定。在各负弯矩区的最顶端安装排气孔。浇筑混凝土之前将外露钢绞线和锚垫板包裹，排气孔进行有效堵塞，防止混凝土污染。

3. 预应力钢绞线的张拉

（1）张拉前的准备工作

①待混凝土强度和相关数值达到设计规定后张拉。端头钢垫板安放时注意其端面与竖向垂直。箱梁端部预埋钢板与锚具和垫板接触处的焊渣、毛刺、混凝土残渣等要清理干净。

②标定千斤顶油表读数，依据设计张拉力吨位到有资质的试验压力机上标定，施工过

程中定期校验，依据标定的曲线计算各张拉力对应的油表读数作为张拉力控制依据。

③计算张拉力及预应力损失

张拉控制力 δk、预应力损失、锚口摩阻损失在施工时测定或由设计确定，由于钢绞线是高强低松弛型，采用夹片式等具有自锚性能的锚具，所以施工中不需要采用超张拉，以免钢绞线张拉力过大。张拉采取双控，用张拉吨位对应的油表读数进行主控，以钢束伸长量进行校核。

（2）张拉的操作步骤

四人配备一套张拉千斤顶，张拉人员持证上岗。一人负责油泵，两人负责千斤顶，一人观测并记录读数，张拉按设计要求的顺序进行，并保证对称张拉。

1）安装锚具，将锚具套在钢绞线上，使分布均匀，防止钢绞线扭结。

2）将清洗过的夹片，按顺序依次嵌入锚孔钢绞线周围，夹片嵌入后，人工用手锤轻轻敲击，使其夹紧预应力钢绞线，夹片外露长度要整齐一致，并标下夹片尾部钢绞线的初始位置标记；然后套入限位板，使其与夹片端部垂直接触。

3）安装千斤顶，将千斤顶套入钢绞线内，使其端部顶紧限位板，然后装入工具锚及夹片，进行初张拉，开动高压油泵，使千斤顶大缸进油，千斤顶活塞伸出，开始张拉钢绞线。张拉过程中调整千斤顶位置，使其对准孔道轴线，当油表读数达到标定初应力张拉吨位（10%δk）的数值时，并记下千斤顶活塞伸长读数和油表读数。

4）初始张拉后，继续张拉，到达 20%张拉应力时，记下千斤顶活塞伸长读数。两者读数差即为钢绞线初张拉的理论伸长量 ΔL2。

5）继续张拉至钢束的控制应力 δk 时，持荷 2min 然后记下此时千斤顶活塞伸长值读数。计算出 ΔL1，最后计算出钢丝束的实测伸长量 ΔL=ΔL1+ΔL2，并与理论值比较，如果超过 ±6% 应停止张拉分析原因，采取相应措施调整后再继续张拉。

6）使张拉油缸缓慢回油，夹片将自动锚固钢绞线，如果发生断丝滑丝超过规范允许范围，则应进行换束，重新张拉。

7）张拉油表慢慢回油，关闭油泵，拆除工具锚、千斤顶及限位板。

（3）张拉时的注意事项

1）严格按照操作规程进行张拉，严禁违章作业。

2）张拉时千斤顶前后应严禁站人，防止发生安全事故。

3）千斤顶后方安放防护墙，防止钢绞线及夹片飞出伤人。

4）千斤顶安装完毕，安全员检查合格后方可张拉。

（九）灌浆、封锚

选用 HP－13 型灰浆泵（最大工作压力为 1.8MPa，垂直输送距离为 150m，输送量 3m3/h），配以 HJ200 型灰浆拌合机。贮桶可以自制，但要配有低速搅拌设备。

张拉完成后，孔道应尽早压浆，防止钢绞线在预应力状态下与空气长时间接触，被空气中的水汽锈蚀。所以张拉后，应立即着手准备孔道压浆。首先用无齿锯切割掉张拉时用于工作的那部分钢绞线，切割时剩下的长度不宜过短，防止夹片滑脱，也不宜过长，增加封锚的难度，一般以 3～5cm 为宜。而后用玻璃胶掺水泥和好后，连同钢绞线的端部一块包住，待玻璃胶凝固后即可压浆。灌浆前，首先检测管道的通畅性，将各排气孔疏通，确保管道通畅，方可进行灌浆。灌浆前，所用水泥必须过筛，以防止有小的凝固块堵塞管道，水泥浆搅拌装置必须彻底清除干净。水泥浆搅拌时应当增加搅拌时间，以保证水泥浆搅拌均匀。压浆时，为防止压浆完成后水泥浆泌水，致使孔道内水泥浆不饱满，可以适当添加外加剂，减小水泥浆的泌水率。压浆前应将压浆孔道冲洗干净。而后用空气将积水冲击，准备工作就绪后，即可进行压浆，采用活塞式压浆泵。控制压浆的最大压力在 0.5～0.7MPa，如果压浆时发现压力表数据急速上升，应立即停止压浆，此时说明压浆通道被堵，应逐节检查，通道畅通后，再进行压浆，直到各排气孔、孔道另一端冒出稠度适宜的水泥浆后，将出浆口关闭，保持压力（0.5MPa 为宜）2min。此孔道灌浆完成。及时将箱梁顶面和端部的水泥浆用清水清理干净。压浆过程中及压浆后 48h 内，混凝土的温度不低于 5℃。温度太高时，应改为夜间压浆。压浆时，每一工作班应留取不小于 3 组的立方体试件。作为评定水泥浆质量的依据。灌浆完成后，待水泥浆达到一定强度后，除去锚具上的玻璃胶并将锚具冲洗干净。对梁端混凝土凿毛，设置钢筋网，而后浇筑封锚混凝土。

二、连续钢箱梁

（一）钢箱梁吊装

1. 现场测量和画线

先根据施工图纸与土建单位对现场进行测量，确定现场实际尺寸与设计尺寸的误差，协商调整后画好道路中心线、道路边线、钢箱梁接口位置线、标高线等，画线需提交监理检验，并做好永久性标记。吊装前必须做好一切准备工作，包括在各个桥墩处中间搭好临时支墩、脚手架和工作平台，对现场尺寸进行测量和画线，保护好支座，以及接好照明、电焊、氧气乙炔等设施。

2. 吊装

（1）钢构件在装卸、运输和堆放过程中应保持完好，防止损坏和变形。

（2）卸车、安装时吊车臂起落要平稳，低速，禁止忽快忽慢或突然制动，避免碰撞而引起钢结构变形。

（3）构件应按安装顺序分类存放，并须搁置在垫木上，构件与地面保持 100mm，以上的净空。

（4）构件支点应设在自身重力作用下构件不致产生变形处。

（5）构件间应留有适当空隙，以便起吊操作及检查。

（二）钢箱梁工地焊接工艺

工程钢板采用 Q345qd，为此采用相应的焊接材料及焊接工艺。

1. 焊接材料及辅助材料

（1）手工焊接的焊条，应采用符合国标 GB/T5117—95 要求的低碳钢及低合金钢焊条，本桥拟采用 JHE5015（J507）焊条。

（2）二氧化碳气体保护焊，应采用符合国标 GB10045—2001 的焊丝，本工程拟采用焊丝为 TWE—711。

（3）施工现场制定严格的焊接材料保存、领用、烘干、存放制度。

（4）在组装前，焊接坡口须提交质量部检查合格后，方允许焊接。未经检验同意的焊缝不准进行焊接。

2. 焊接工艺

（1）焊接前，所有焊接件的焊缝端面及两侧、焊接坡口切割面、焊接钢材表面，在规定范围内的氧化皮、铁锈、水分、油漆等妨碍焊接的杂质均应打磨清除干净，要求露出金属光泽。

（2）焊接区域清理范围为焊接区域及两侧 30～50mm 范围。

（3）经装配、清理后的焊缝未能及时焊接，并因气候和其他原因焊缝区域重新生锈或又附有水分、铁锈时，在焊接前应重新清理焊缝区。

（4）露天施工必须设置防止风、雨侵袭的措施，如挡板、雨棚等。

（5）焊接施工时，应按图纸要求进行施工。

（6）焊接施工中注意事项

1）引、熄弧时，一律在焊接坡口内或填角焊缝的焊脚内进行，不允许在非焊接区域的母材上引弧；自动焊在引、熄弧板上引、熄弧。自动焊时引熄弧的焊缝长度应不小于 50mm，手工焊时应不小于 20～30mm。

2）焊接时采用短弧操作。当电弧中断，重新引弧时，应注意将断弧处的弧坑填满，在焊缝终端收弧时，应注意填满弧坑，避免产生弧坑裂纹。

3）多层多道焊时每道焊缝都必须将所有的焊渣清除干净，并检查无焊接缺陷后，方可再焊下一道焊缝。

4）熔透的对接焊缝和角焊缝，反面碳刨清根后，用砂轮打磨去除氧化层，露出金属光泽，然后再封底焊。

5）焊接结束，应把焊渣飞溅清除干净，仔细检查焊缝是否符合标准要求，对不符合技术要求的焊缝要及时进行修正。

3. 焊缝检验

（1）所有焊缝在焊接结束后，均应按《公路桥涵施工技术规范》进行外观检查，不得有裂纹、未熔合、夹渣、未填满弧坑和焊瘤等缺陷，并应符合图纸的要求。

（2）焊缝的无损检验要求

无损探伤按规范 JTJ/F50—2011《公路桥涵施工技术规范》规定进行。

焊接完成 24h 后进行无损探伤检查。

三、普通混凝土连续箱梁

（一）箱梁施工总体流程

地基处理→箱梁模板支架安装→支架预压→调整底模标高→绑扎箱梁底筋及梁腹板筋→安装箱梁芯模→安装顶板底模→绑扎箱梁顶板筋及预埋护栏筋→浇筑箱梁底板、腹板、顶板混凝土→养护。

（二）地基处理

1. 地基处理宽度大于支架边脚每侧 0.5 米左右，对路基进行碾压后做压实度试验，如果压实度达到 93%，停止碾压进行下一道工序，如果达不到继续碾压直到达到 93% 为止。

2. 在碾压好的地基上铺 25cm 混凝土，用压路机碾压密实，压实度 95% 以上，其上再铺 15cmC15 片石混凝土，保证地基承载力达 250kPa。

3. 在沙砾层上从中线向两边找 1% 坡。

4. 要求处理后基础顶面高出地面 15cm 以上

（三）支架搭设

支架下铺 10×15cm 方木及 1.5cm 厚 10×10cm 钢板，用可调底拖调整底部水平。支撑体系采用立杆间距为 90×90cm 的碗扣式脚手架，箱梁腹板和墩柱两侧端横梁 1.5m 范围内立杆间距为 90×60cm，横杆步距为 120cm。高程根据箱梁下可调底托调整。翼缘板下支架按翼缘板坡度直顶到板底，向内侧用拉杆斜拉。每 5.4m 一道横向剪刀撑，支架外侧设置纵向连续剪刀撑，支架顶部设置水平拉杆，顶拖上横桥方向放置 10×15cm 方木作为分配梁，分配梁上顺桥方向放置 10×10cm 方木作为底板肋，中心间距 30cm，上铺 1.5cm 优质竹胶板作为箱梁底模，芯模采用 1.2cm 厚酚醛木胶板作为模板，支撑采用木排架形式。碗扣式支架搭设完成后由测量人员、质量人员进行复测，检验方木顶高程、平整度、预拱度（紧为抵消支架弹性变形而设置的预拱度，支架不设预拱）。施工时注意钢木结合连接件要牢靠、严密。在经监理工程师检验合格后进行箱梁模板拼装。

（四）模板安装

1. 模板必须严格控制质量。模板侧模垂直于地面，底模包侧模，底模按纵横坡度支立。模板边角无毛边，保证模板接缝拼装严密，防止漏浆。模板与方木之间用钉连接，要求模板纵向通缝，每条拼缝应与箱梁弧线平行。

2. 模板四边拼装严密，模板尺寸整体一致。

3. 大板、方木在支撑前必须刨平，保证模板支撑可靠。

（五）支架预压及预拱度设置

纵向调节预拱度的方法为，首先利用一跨堆载预压，按设计箱梁结构自重的 1.5 倍选用混凝土块及沙包均匀堆压在已安装调整好的底模上，测量支架和模板等共同的弹性变形量。观测排架沉降 48h，看其沉降量多大（用千分表观测）在 0.5cm 以内说明地基良好，承载力够；大于 1 厘米或以上者说明地基承载力不够，拆除排架重新处理地基；在 0.5 ~ 1.0cm 之间者，再观测 48h，看有无变化。增大者，拆除排架重新处理地基，无变化者，地基安全。

总的纵向预拱度为弹性变形量 + 设计预拱值，本桥无设计预拱。选用支架的上托调节丝杆可以均匀地调整拱度要求，经测量符合要求后方可施工钢筋及下道工序工作。

1. 箱梁结构采用满堂支架现浇施工方法

支架可采用贝雷支架或万能杆件组合支架，或者其他施工可靠，施工成熟的支架。跨横向道路的上部结构梁的施工应确保横向道路的通行功能要求。

2. 箱梁采用支架现场浇筑

施工之前必须保证有足够的刚度（在预压荷载作用下最大弹性变形小于 mm）、强度和稳定性，根据具体的地址情况，支架下设置合理的基础，并加强地基排水，必须设置纵、横向排水沟渠，防止地基集水软化造成支架下沉。

3. 支架必须做静载试压，以检查支架的承载能力，测试纵梁和横梁的变形值

最大加载按主梁自重的 1.1 倍计。要分级加载，每级持荷时间不小于 30min，最后一级为 1 小时，然后稳定时间 48 ~ 72h，一般预压最后三天的稳定为不大于 1mm/ 天，分别测定各级荷载下支架和支架梁的变形值。根据测试结果，确定支架的施工预抛高值，以消除施工中因支架变形而造成的箱梁线形和标高误差。

4. 除为了消除支架非弹性、弹性变形而设置的预拱外，不额外设置预拱度。

5. 在支架预压、混凝土浇筑过程中须设置观测点，进行全方位观测，发现问题及时采取处理措施。

（六）钢筋绑扎

1. 绑扎前对加工好的钢筋型号、直径、尺寸，进行检查，合格后方可使用。

2. 钢筋接头采用绑扎接头时，钢筋搭接长度不行少于 35d。绑扎时要确保钢筋骨架整体外形美观、坚固。垂直度符合要求。水平钢筋尺寸间距都满足设计要求，钢筋绑扎应自下而上进行。严格按图施工，确保不丢筋、漏筋。

3. 现浇箱梁施工时，应保证其位置准确。混凝土保护层用塑料垫块予以保证。保护层垫块采用白色高强塑料垫块，施工时采用梅花形布置，间距 0.8 ~ 1.0 米。以保证现浇箱梁的外观质量和保护层厚度。

4. 现浇箱梁弯起筋应位置准确，绑扎直顺，间距严格按照图纸控制。

5. 钢筋绑扎时，注意现浇箱梁中的预埋设施，位置应准确无误，特别是伸缩缝位置的预留筋要严格按图纸要求预埋。

6. 在钢筋绑扎前，应先将钢筋骨架位置提前在模板上弹出墨线，定位准确，严格按线施工，同时在主筋上画线控制钢筋间距。

7. 主筋成形后焊接波纹管定位筋，曲线段纵向 50cm 一道，直线段纵向 100cm 一道。检查波纹管位置无误后，将波纹管与定位筋用铅丝绑扎或用卡子固定好。

8. 先穿的波纹管两端应封闭，防止水汽进入孔道，使预应力筋产生锈蚀。

9. 螺旋筋及锚垫板必须与波纹管轴线垂直。

10. 应注意排气孔和泄水孔的预留位置，并按图纸要求设置。

（七）混凝土浇筑

1. 混凝土拌合及运输

混凝按监理工程师批复的混凝土土配合比拌制，到场坍落度 16 ~ 18cm。混凝土搅拌站现场砂、石子、水泥等准备到位，数量充足，依照抽样频率送试验室检验，合格后使用，保证足够的原材供应。

采用罐车运送混凝土，保证运输道路畅通。罐车在运送过程中保持每分钟 2 ~ 4 转的慢速进行搅动，到现场后罐车快转 2min 后出料，浇筑采用混凝土输送泵泵送混凝土。

检查输送管及管接头是否严密，并预先准备常用配件；施工前对输送管用水泥浆润滑内壁：混凝土运送作业须连续进行，在间歇时也需保证泵转动，不得停机，以防输送管堵塞。

2. 混凝土浇筑前的准备工作

（1）平整施工现场，确定混凝土输送泵及罐车就位地点。根据混凝土输送泵的功率确定最佳泵送高度和距离，及时拆装输送管，确保混凝土浇筑质量。

（2）全面复查、复核模板高程及模板支架稳定性，预埋件的准确性，清扫模板上的附着物。

（3）检查插入式振动器、电闸箱等施工工具是否运转正常。

（4）试验人员准备坍落度试验仪器，测温仪器准备现场及时测试，坍落度不合要求的坚决予以退回。

（5）项目部和施工队参加浇筑的工人，责任分工明确，浇筑前进行现场动员，强调浇筑、振捣重点。对现场指挥和后勤保障做到分段分区责任到人，确保浇筑过程有条不紊地进行。

（6）在浇筑混凝土前要充分吹洗模板，将遗留在模板中的焊渣、锯末等杂物清除干净，必要时在箱梁低处设置排水槽，在浇筑前用清水冲洗，或采用空压机和吸尘器对箱梁模板内进行清理，否则将直接影响到混凝土的强度和外观质量。

（7）浇筑前要充分检查垫块间距和位置，保证保护层厚度均匀有效，防止出现露筋现象，确保混凝土外观质量。

（八）混凝土的养护、拆模

混凝土浇筑找面成活后待混凝土初凝后用无纺布覆盖，覆盖时不得损伤污染混凝土表面，及时洒水养护，防止混凝土表面失水过快，发生干裂。养生工作设专人看管，根据天气情况适时浇水养护，浇水要充分，保证混凝土始终处于潮湿状态，为混凝土的硬化提供足够的水分。保证混凝土结构及模板24h处于湿润状态，养护时间不少于7天。

拆模要自上而下进行，遵守先支后拆，后支先拆的原则。拆除边角部位要特别小心，防止混凝土棱角面受到碰击。拆除模板时注意过往车辆及行人安全，要求有社会交通的地方要求封闭拆除，两边支架挂设安全网。没有社会交通的地方，地面要有专人指挥，提醒操作人员。

第四节　桥梁下部主体工程

一、墩、台身施工

（一）测量放线

利用经纬仪测方格柱子中心线，在承台面画出主平面尺寸线，用水准仪测出各个墩柱的标高，为绑扎钢筋、架立模板做准备。

（二）钢筋焊接与绑扎

墩、台身在基础施工、检测完毕后进行，先焊墩柱钢筋，钢筋焊接接头在同一截面上受拉区不能超过25%，受压区不能超过50%，焊接长度双面焊不小于5d，单面焊不小于10d，钢筋间距允许偏差为-20mm，焊接钢筋保证轴线一致，偏差不得大于0.1d，且不大于2mm。

（三）模板加工、安装及加固

墩柱模板采用大块定型钢模，由于墩柱数量较多，高度不等，采用分节定做，以利于拼装。待钢筋焊接、绑扎完毕后，即可立墩柱模板。墩柱模板采用地面分节拼好，吊车现场拼装。安装模板时，先利用坐标法将立柱位置准确定位，用两台经纬仪校核模板垂直度。模板内涂抹隔离剂，模板缝填夹薄橡胶条，以防漏浆。模板加固采用底部通过承台顶预埋钢筋与木楔固定，顶部通过拉索拉紧。

台身模板采用定做大块定型钢模板，单个面积在1.5m²以上，以保证外观美观，模板加固采用内拉外顶的方法，内设拉杆和方木内撑，外用方木顶撑。模板内涂抹隔离剂，模板缝填夹薄橡胶条，以防漏浆。

（四）混凝土浇筑

混凝土用吊车或泵车输送入模，混凝土坍落度控制在 12cm 左右，采用插入式振捣器振捣。浇筑时分层浇筑，每层不大于 30cm，浇筑一次性完成，振捣器振捣时，插入或拔出混凝土的速度要慢，以免产生空洞，振捣器垂直插入混凝土内，并要插至前一层混凝土 5～10cm，以保证新浇混凝土与先浇混凝土结合良好，振捣时应尽可能避免与模板、钢筋相接触，振捣充分，做到不漏振、欠振和过振，混凝土表面无蜂窝麻面、混凝土达到内实外美的标准。

混凝土浇筑时，自由下落超过两米，必须设置减速板或串筒以避免混凝土的离析。

（五）混凝土养护

墩柱养护采用塑料布包裹覆盖养护，养护不少于 14 天。

（六）质量标准

混凝土表面平整、密实、光洁、无蜂窝麻面，结构尺寸误差不得大于规范标准。

二、横梁施工

（一）支架、模板设计

根据横梁结构形式采用碗扣脚手架，步距横向 0.6m，纵向 0.9m，上铺 10×10cm 方木作为横梁。纵向放置工字钢以保证底面线形。支架地基除支撑在承台内不处理外，其余均采用 15cm 素混凝土处理。

（二）钢筋施工

横梁钢筋由集中加工地集中下料，加工成半成品，运至施工现场。

为保证钢筋绑扎质量，采用一次绑扎成型工艺，即：在地面上放样，将主筋焊接成型，并将箍筋绑扎完成，自检后请工程师验收，合格后用吊车将横梁钢筋吊置已提前铺设完毕的横梁底模板上。在支侧模前将定型塑料垫块绑扎在钢筋侧部，以保证混凝土保护层的厚度。

（三）模板

横梁底板采用竹胶板，侧模采用定型大面积钢模板；梁底模与梁侧模交接处贴海棉条，以防止漏浆，确保混凝土表面光洁、平整。模板的拼装与支设均使用吊车配合进行。横梁模板加固采用对拉螺栓，上下各设置一道 φ16mm 对拉螺栓，水平间距按 60cm 布置，第一道设置在横梁底部，第二道设置在横梁顶部。横梁侧模采用 16# 槽钢固定，并设置 5# 钢丝绳和紧固器找正。对于模底的支设要引起重视，模板应具备必需的强度、刚度和稳定性及承受施工过程中产生的各种荷载的能力，来保证结构物各部位形状尺寸的准确。

（四）横梁混凝土施工

横梁混凝土施工时，应从梁中间向两端对称进行浇筑，其他工艺均同墩柱的浇筑方法。

（五）拆模及混凝土养护

当混凝土强度达到5MPa时可进行拆除侧模，拆模时吊车配合，拆模时注意边角的保护。拆除的模板应及时清理、修整、除污、涂刷隔离剂，以备重复使用。模板拆除后，应及时对混凝土进行覆盖，保持混凝土湿润状态为宜。一般养护为7天。

（六）质量标准

混凝土表面平整、密实、光洁、无蜂窝麻面，结构尺寸误差符合规范标准。混凝土强度符合设计要求。

第五节　桥面系施工

一、概述

（一）桥面铺装

现浇连续梁桥面铺装采用平均8cm钢筋混凝土铺装（C40混凝土）+防水层+9cm沥青混凝土铺装；

钢箱梁桥面铺装采用2cm改性环氧树脂薄层铺装层+4cm高粘改性沥青SMA-13。

桥面铺装施工不得使用振动碾压。

（二）伸缩缝

桥梁一联，设置一道伸缩缝。

一联长度不大于90m选用80型钢橡胶伸缩缝，一联长度大于90m选用120型模数式伸缩缝。为保证防撞护栏之间缝隙不漏雨水，对该部分缝隙处同样设置伸缩缝装置。

（三）防撞护栏

高架外侧防撞护栏采用加强型护栏，防撞等级SS级，高度110cm；中央防撞隔离栏采用路用Sam级单坡型护栏，高度100cm。混凝土桥梁采用混凝土护栏，钢箱梁采用钢护栏。

防撞护栏断面形式采用墙式，防撞护栏内侧按《公路交通安全设施设计细则》JTG/TD81—2006要求设计。防撞护栏内预留监控、照明等线路所需的管道（依据电器专业方案）。防撞护栏上按需设置防噪声屏及绿化花篮（具体设置方案待定）。

（四）支座

主线连续梁、匝道连续梁采用抗震盆式制作 GPZ（KZ）系。

（五）ES 钢箱梁涂装

钢桥的防腐主要有重防腐油漆涂装和金属热喷涂长效防腐等体系，随着技术的发展，上述体系的耐腐蚀寿命均可达到较长的时间。立交匝道有多处钢箱梁结构，涂装面积大、维修工作量大，宜首选耐腐蚀寿命长的方案，以降低维修费用。具体根据业主要求，通过研究选择合适的钢结构各部位防腐方案。

（六）桥面排水

桥面排水通过在桥墩处设置的雨水口（位于伸缩缝的上坡处），由雨水管沿梁体结构外及墩柱引入地面集水井，就近排入地面道路上的排水系统。

为了有效地将桥面沥青铺装层内的积水排出，在桥面外侧靠近防撞护栏处设 Φ1.2×15 渗水弹簧钢管。

（七）高架桥防雷接地

防雷接地设施在每桥墩内各设一套，将照明灯杆、梁内钢筋、立柱钢筋、承台内的钢筋连接，承台内的钢筋与桩内的接地印下钢筋连接，防雷接地电阻不应大于 4Ω。

二、施工方法

（一）混凝土防撞护栏施工

桥梁护栏由钢筋混凝土实体部分，并在桥梁悬臂端部设置挂沿板。本项目按照图纸在相应位置进行施工。

1. 钢筋工程

钢筋在加工区加工成半成品运输至现场，在现场一次绑扎成型。并在相应位置安装浸沥青软木板设置断缝，安装钢柱、预埋地脚螺栓，准确定位，保证其平面位置和竖直度，并加固，防止混凝土浇筑时移位。

2. 模板工程

为提高护栏外观质量，护栏模板均采用整体定型钢模板。模板由专业加工单位加工制作，为防止模板在使用中产生变形，选用 5mm 后的冷轧钢板作为面板材料，厚度为 6mm 的板材作为加强肋，每 2 米一节，接口采用企口形式。

3. 混凝土工程

混凝土采用一侧单向浇筑成型工艺进行施工，混凝土坍落度控制在 6~8cm，采用泵送混凝土，振捣分层进行。安排专职监振员负责振捣，避免漏振、欠振和过振，并注意对预埋件的保护。拆模后，采用麻袋片覆盖再洒水的方法养护，养护时间不得少于 7 天。

（二）桥面铺装

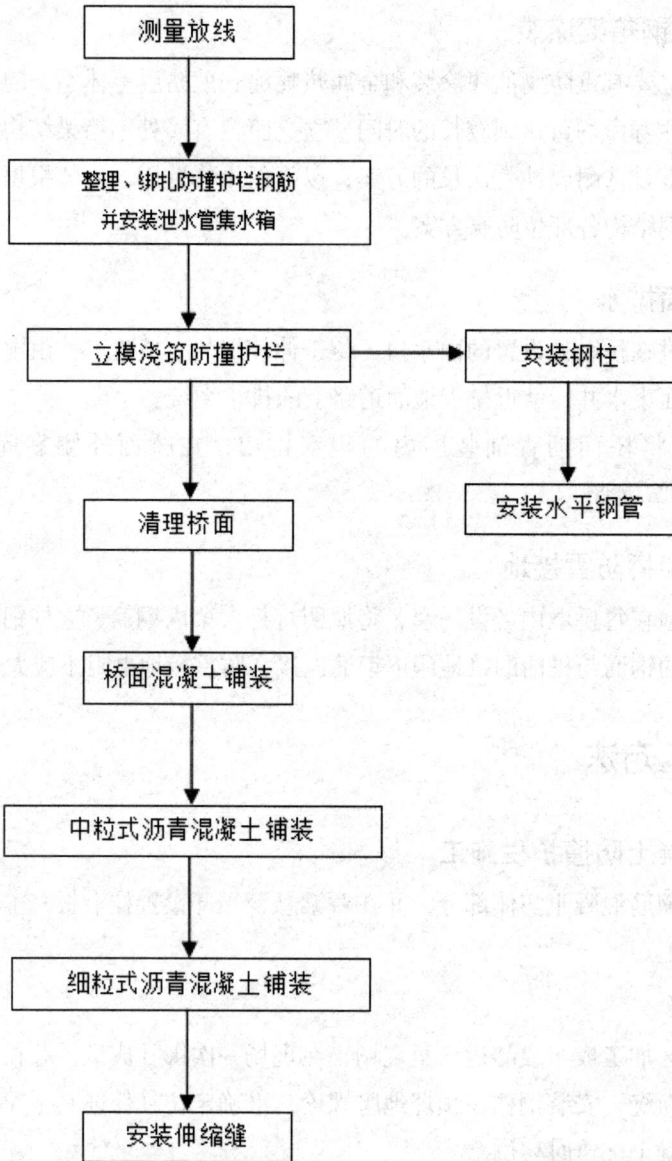

1.浇筑桥面混凝土前，在桥面范围内布点测量高度，确定浇筑的厚度。

2.桥面钢筋网，应采取垫块保证其保护层厚度。

3.当进行混凝土桥面铺装时，预留伸缩缝工作槽。

4.混凝土的铺设要均匀，用震动器振捣密实，并用整平板整平。

5.桥面铺装在收浆后进行拉毛，然后进行覆盖和洒水养护。

（三）泄水管

采用集中泄水孔，直径不小于 15cm，经墩柱设置的 PVC 管引入地面排水系统。

1. 在浇筑桥面板时用塑料管预留泄水管安装孔，在预留孔上用纸等物质封孔防止桥面铺装时预留孔堵塞。

2. 泄水管顶面应略低于桥面铺装面层，下端应伸出结构物底面 100～150mm，并按图纸所示将其引入地下排水设施。

（四）桥梁伸缩装置

桥梁一联，设置一道伸缩缝。

一联长度不大于 90m 选用 80 型型钢橡胶伸缩缝，一联长度大于 90m 选用 120 型模数式伸缩缝。为保证防撞护栏之间缝隙不漏雨水，对该部分缝隙处同样设置伸缩缝装置。

1. 伸缩缝安装工艺流程

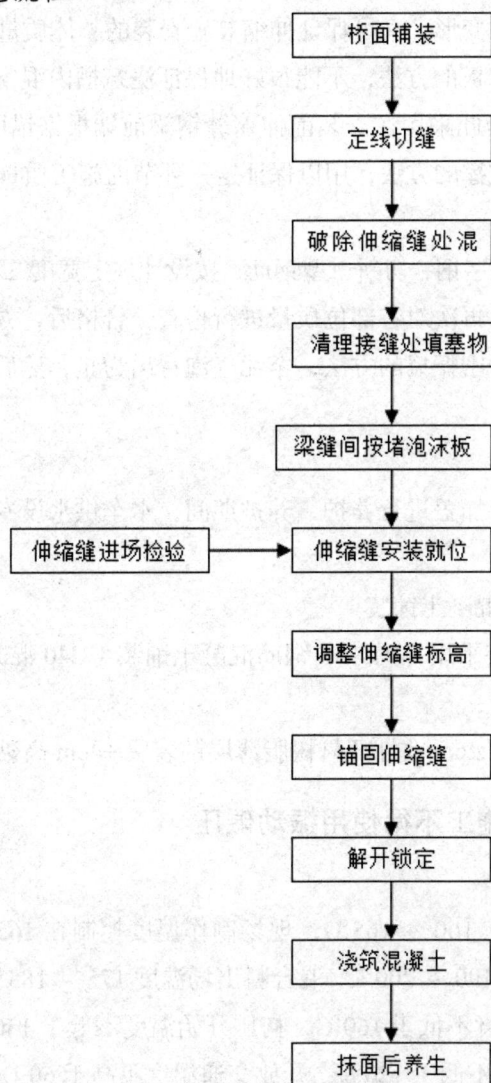

```
        ┌──────────────┐
        │   桥面铺装    │
        └──────┬───────┘
               ↓
        ┌──────────────┐
        │   定线切缝    │
        └──────┬───────┘
               ↓
        ┌──────────────┐
        │ 破除伸缩缝处混 │
        └──────┬───────┘
               ↓
        ┌──────────────┐
        │ 清理接缝处填塞物 │
        └──────┬───────┘
               ↓
        ┌──────────────┐
        │ 梁缝间按堵泡沫板 │
        └──────┬───────┘
               ↓
┌──────────────┐   ┌──────────────┐
│ 伸缩缝进场检验 │→ │ 伸缩缝安装就位 │
└──────────────┘   └──────┬───────┘
                          ↓
                   ┌──────────────┐
                   │ 调整伸缩缝标高 │
                   └──────┬───────┘
                          ↓
                   ┌──────────────┐
                   │  锚固伸缩缝   │
                   └──────┬───────┘
                          ↓
                   ┌──────────────┐
                   │   解开锁定    │
                   └──────┬───────┘
                          ↓
                   ┌──────────────┐
                   │   浇筑混凝土  │
                   └──────┬───────┘
                          ↓
                   ┌──────────────┐
                   │   抹面后养生  │
                   └──────────────┘
```

2. 伸缩缝的安装

（1）安装方法采用反开槽二次切边法施工，即当铺筑完混凝土路面后再反开伸缩缝安装槽。第一次切边按设计边线向内反 5cm 处切边，待伸缩装置安装完成后再二次切边至设计线，以保证切边边口的整齐。

（2）安装形式，桥面伸缩装置与防撞墙伸缩装置，分体安装以桥面伸缩装置端头的翘起来保证缝端的漏水问题。

3. 安装

（1）伸缩缝安装前首先检查伸缩缝开槽宽度与伸缩装置的间隙是否符合温差要求。间隙中是否清理干净，待检查验收合格后方可安装。

为防止安装过程伸缩缝装置产生的变形，保证伸缩装置与两侧路的平顺，采用"吊缝固定法"，即采用长 3m，25# 工字钢垂直于槽放置，间距 1 米，用 ∩ 型钢筋在工字钢上将伸缩缝吊起同工字钢靠紧固定，用仪器检查平整度、顺直度合格后方予以焊接。这样即可控制焊接时伸缩装置的变形，又可保证伸缩装置安装的整体质量。

在止水胶带下填塞苯板的方法，不能很好地保证浇筑槽内混凝土时两梁的间隙及严密性，而影响施工质量，为此采用在安装前伸缩缝钢梁前端根据锚固槽深度，焊上 2mm 铁挡板，两板内再填苯板支撑的方法，用以保证这一环节的施工质量。

（2）混凝土浇筑

施焊固定后，拆掉工字钢，切断 ∩ 型钢筋，按设计规定宽度二次开缝，要求开缝顺直，清理后，解除定缝铁件，再次对各部位质量进行检查，合格后，方能浇筑混凝土，混凝土浇筑采用两侧同步浇筑严密振捣的方法，至无气泡冒出为止，然后用刮杠刮平，以两遍抹子成活，成活后拉毛。

（3）养护与保护

采用细麻片浸水双层加盖进行养护，养护期间，水车供水设专人负责，并对道路严格封闭，设专人看护。

（4）桥面改性沥青混凝土铺装

现浇连续梁桥面铺装采用平均 8cm 钢筋混凝土铺装（C40 混凝土）+ 防水层 +9cm 沥青混凝土铺装。

钢箱梁桥面铺装采用 2cm 改性环氧树脂薄层铺装层 +4cm 高黏改性沥青 SMA-13。

（五）桥面铺装施工不得使用振动碾压

1. 材料温度控制参数

沥青加热温度控制在 160～165℃，现场制作温度控制在 165～170℃，加工最高温度 175℃，集料加热温度 190～200℃，混合料出场温度 175～185℃，混合料最高温度（废弃温度）195℃，摊铺温度不低于 160℃，初压开始温度不低于 150℃，复压最低温度不低于 130℃，碾压终了温度不低于 120℃，开放交通温度不高于 60℃。

2. 材料运输

在材料运输至现场过程中应注意以下问题：

由于改性沥青混合料的沥青玛蹄脂的黏性较大，运料车的车厢底部要涂刷较多的油水混合物，而且为了防止运料车表面混合料结成硬壳，运料车运输过程中加盖苫布，运料车的数量也要适当增加。

（1）来料的温度必须满足摊铺温度，即不低于 160℃，为此在现场设专职质量人员对油温进行测定。

（2）车辆等候时，相互之间应有一定的距离，倒车、停车、卸载设专人指挥，防止运输车辆与摊铺机发生碰撞影响摊铺质量。

（3）自卸车离开前将负责卸净，并听从指挥离开，避免粒料倒在摊铺机受料斗外影响摊铺工作正常进行。

3. 摊铺

在摊铺沥青施工中，各部门应按施工前制定的原则在各部位严把质量关。摊铺开始前，在摊铺机受料斗内涂刷少量防止粘料用的柴油。沥青面层施工应进行试验段的施工，确定摊铺系数以及施工设备配置是否合理，高程采用浮动基准梁控制平整度和厚度的施工方法。

（1）在摊铺沥青时，要注意天气变化，严禁雷雨天气摊铺，混合料摊铺温度要严格控制不得低于 160℃。

（2）沥青混合料缓慢、均匀、连续不间断地摊铺，摊铺过程中不随意变换速度或中途停顿，摊铺速度应根据拌合机产量，施工机械配套情况及摊铺层厚度、宽度确定。摊铺速度为 2m/min。在摊铺过程中，摊铺机螺旋送料器应不停顿的转动，两侧应保持有不少于送料器高度 2/3 的混合料，并保证在摊铺机全宽度断面上不发生离析，在熨平板按所需厚度固定后不得随意调整。

（3）用机械摊铺混合料时，不用人工反复修整。

（4）碾压

碾压过程是面层施工中的重要环节，碾压 SMA 的八字方针为"紧跟、慢压、高频、低幅"，并合理的选择压路机组合方式及碾压步骤。SMA 混合料压实宜采用钢筒式静态压路机组合，不使用轮胎压路机，速度要慢，不超过 5km/ 小时。沥青混合料的压实按初压、复压、终压三个阶段进行。

1）初压

应在混合料摊铺后较高温度下进行，不低于 150℃，初压用 10T 钢碾紧跟在摊铺机后面压 1 ～ 2 遍，压路机应从外侧向中心碾压，相邻碾压带应重叠 30cm。

2）复压

复压采用重型的振动压路机碾压 2 ～ 3 遍或钢性碾碾压 3 ～ 4 遍，达到要求的压实度，并无明显轨迹；复压高温不低于 130℃，使用振动压路机时，相邻碾压带重叠宽度为

10～20cm，振动压路机倒车时应先停止振动，并在向另一方运动后再开始振动，以避免混合料形成鼓包。

3）终压

终压应紧接在复压后进行，终压可选用双轮钢筒式压路机或关闭振动的振动压路机碾压一遍即可结束，其碾压终了温度不低于120℃。

（5）接缝

1）纵缝

根据本工程特点，笔者单位在沥青混合料摊铺过程中采用两台国产S2100摊铺机并排摊铺，采用此方式摊铺可以一次整幅摊铺，纵缝热接提高了路面的平整度，美化了路面的视觉效果。

2）横缝

改性沥青路面的接缝处理要比普通混合料困难一些，因此，摊铺时在边部设置挡板，也可以在改性沥青层每天施工完工后，在其尚未冷却之前，即切割好，并利用水将接缝处冲刷冲洗干净，第二天，涂刷粘层油，即进行摊铺新混合料。

（6）改性沥青混合料施工中容易产生的问题

1）过碾压

由于改性路面的集料嵌挤作用，压实程度不大，压实度比较容易达到，但是随着碾压遍数的增加，集料不断地往下走，玛蹄脂一点点地向上浮，造成构造深度减小，在碾压过程中特别注意表面构造保持在1～1.5mm，以便有适宜的构造深度，构造深度太小，是因为过碾压造成的。

2）出现油斑

改性沥青路面通车后出现油斑也是常见的一种病害。是由于改性沥青的纤维拌合不均造成的，因此在拌合时严格控制纤维的投放数量和投放时间，并延长干拌时间，确保纤维拌合均匀。还要注意储藏期间纤维干燥，防止纤维受潮成团。

3）碾压成型温度不够高是常见的毛病

改性在130℃碾压的效果就很差。在低温时碾压容易出现不平整。在行车过程中出现车辙，是因为碾压不足造成的。

（7）改性沥青质量检测

采用《公路改性沥青路面施工技术规范》（JTJ036）、《公路沥青路面施工技术规范》（JTJ032）。

（六）ES钢箱梁涂装

钢桥的防腐主要有重防腐油漆涂装和金属热喷涂长效防腐等体系，随着技术的发展，上述体系的耐腐蚀寿命均可达到较长的时间。立交匝道有多处钢箱梁结构，涂装面积大、维修工作量大，宜首选耐腐蚀寿命长的方案，以降低维修费用。具体根据业主要求，通过研究选择合适的钢结构各部位防腐方案。

1. 除锈基本要求

（1）钢板型材经预处理后，表面除锈质量等级达到 SA2.5 级，表面预处理的粗糙度为 45 ～ 75um。

（2）U 形钢预先在内部做一道环氧富锌防锈漆。

（3）组装成型的钢构件，二次表面处理达到 SA2.5 级。按要求涂装。留一度面漆在工地施工。

2. 涂装基本要求

（1）当环境湿度高于 85% 时，不宜进行高压无气喷涂，但工程进度关系，须按涂装的部位在涂装监理工程师及油漆服务商指导下进行作业。

（2）大面积涂装应采用高压无气喷涂方式。

（3）对喷涂难以确保膜厚的部位应采用预涂达到规定的膜厚。

（4）涂层表面应力要求平整，不得有明显的针孔、裂纹、流挂、皱皮等弊病。

（5）膜厚测量结果：85% 以上的点应等于或大于规定值，最低膜厚不应低于规定值的 85%。外表面按两个 90% 进行测点。

（6）涂层损伤部位应采用打磨成坡度处理，油漆应逐层修补。涂层应进行膜厚管理，并记录膜厚检测报告。

涂装配套及膜厚

部位	方案	道数	厚度（um）
钢箱梁外表面	无机富锌车间底漆	1	20
	二次表面处理		
	无机富锌底漆	2	80
	环氧树脂封闭漆	1	25
	环氧云铁中间漆	2	120
	聚氨酯面漆（工厂）	1	40
	聚氨酯面漆（现场）	1	40
钢箱梁内表面	无机富锌车间底漆	1	20
	二次表面处理		
	环氧富锌底漆	1	60
	改性环氧耐磨漆	1	125

部位	方案	道数	厚度（um）
	无机富锌车间底漆	1	20
桥面板	二次表面处理		
	环氧富锌底漆	1	80

（7）涂装检验

由工厂检验员、监理工程师共同验收除锈，涂装质量。最后一度面漆喷涂后，作总膜厚提交报告。

（8）不做涂装的部位

支座区格内浇灌混凝土部位，不做油漆。

工地大接头和焊接部位（包括顶板、底板的大接头，横隔舱的端部，腹板与横隔舱焊接的部位，U形钢、扁钢的接头，工地散装件的接头以及其他需工地焊接的部位），在焊缝两侧各50mm范围内只冲砂，用胶带保护好，不做油漆，待工地焊接完成后一起做油漆。

（七）高架桥防雷接地

防雷接地设施在每桥墩内各设一套，将照明灯杆、梁内钢筋、立柱钢筋、承台内的钢筋连接，承台内的钢筋与桩内的接地印下钢筋连接，防雷接地电阻不应大于4Ω。

第六节　桥梁附属施工

一、垫石及支座安装

（一）一般规定

1. 支座垫石混凝土强度满足要求，表面平整、无裂缝，高程、几何尺寸准确。支座产品严格执行准入范围；支座安装规格型号正确、位置准确、均衡受力。

2. 根据工程进度情况，制订合理的材料进场计划，小型支座应放置在室内，大型支座可设置遮雨棚避免雨水的浸泡，严禁露天存放。支座必须有合格证，经验收后才能用于安装。

3. 所有自制支座预埋钢板与其钢筋焊好后应进行热浸镀锌；由厂家成套购买的支座，应要求厂家将上下钢板进行热浸镀锌；盆式支座的钢、铁件也应进行热浸镀锌。热浸镀锌防锈处理应按照《公路波形梁钢护栏》（JT/T281—2007）波型梁护栏的要求实行。螺栓、螺母、垫圈采用镀锌处理，并应清理螺纹或进行离心处理。

4. 按照设计的支座位置安放支座，支座的上下钢板定位螺栓应切割平齐，不得妨碍支座自由变位。

5.应全面检查支座的各项性能指标，包括支座长、宽、厚、容许荷载、容许最大温差以及外观检查等，如不符合设计要求时，不得使用。

6.支座安装后，应及时清理杂物，拆除临时固定设施。活动支座应按规定注入润滑材料。

（二）材料要求

支座应在通过××省交通工程建设局资格审查的材料供货单位范围内进行采购。支座进场时应附带质保书，按照规定频率进行试验检测。

（三）施工工序

施工工艺为：支座垫石位置凿毛→调整预埋钢筋→清除垫石位置杂物→绑扎钢筋→支模→检查→浇筑混凝土→混凝土养护达到规定强度后→支座安装。

（四）施工要点

1. 支座垫石施工

（1）支座垫石施工之前，做好测量放样工作，确定好平面位置与高程，做好盖梁或墩顶支座垫石位置处的凿毛工作。

（2）支座垫石体积小、混凝土方量少，必须采用小石子混凝土配合比进行施工，混凝土强度必须满足设计要求。浇筑前用水充分湿润盖梁（或墩柱），施工中应采取可靠的措施确保支座垫石混凝土密实。

（3）认真进行钢筋网片绑扎，混凝土浇筑前必须检查钢筋绑扎的质量，摆放位置与相互之间的间距。预制箱梁支座垫石下的盖梁或台帽，以及现浇箱梁支座垫石下的墩顶处预埋钢筋网片，必须在施工过程中严格控制网片的数量与预埋质量。支座垫石的竖向钢筋预埋在盖梁（或墩柱）中，严格控制钢筋与垫石顶面之间的距离，不得露筋。

（4）计算复核支座设计标高（尤其是弯、坡、斜桥），严格控制支座垫石顶面标高，确保支座垫石顶面标高在规范允许的误差范围之内。

（5）做好支座垫石混凝土表面收浆抹面的工作，必须保证表面平整，不能有起伏。

（6）做好支座垫石的养护工作。一般严禁在冬期施工间浇筑支座垫石，特殊情况下，必须采取严格的混凝土保暖措施。其他情况下，支座垫石在收浆抹面结束后必须采用潮湿土工布覆盖，并洒水养护7天。

（7）支座垫石不得出现露筋、空洞、蜂窝、麻面现象及裂缝，支承垫石预埋钢板（如有）不得出现钢板悬空现象。对于表面不平整、表面有裂缝、高程或几何尺寸偏差超过允许值，以及支座垫石混凝土强度不满足要求的支座垫石，现场一律作返工处理，绝对不允许进行修补或加固。

2. 支座安装

（1）重视安装前交底工作，各规格支座安装前必须进行对所有参与作业人员进行详细的技术交底，让所有作业人员都熟悉作业程序、技术要求等，加强责任心、高空作业安全注意事项等方面教育，形成会议纪要备查。

（2）严格按照设计要求进行安装，梁板安装前认真核对图纸，将每墩支座型号、规格罗列清楚，确保每墩支座规格、型号正确。支座的材料、规格和质量必须满足设计和有关规范的要求，经验收合格后方可安装。

（3）安装前必须认真复核支座垫石标高，对标高超出误差范围的，在安装前对支座垫石进行返工处理，处理完成且强度符合要求后再组织安装施工。

（4）按施工图（尤其注意支座的方向）放出每墩支座的中心线及沿盖梁方向的两外边线，支座的方向应经监理工程师现场确认，确保支座安装正确。

（5）专人统一指挥，确保梁体平衡着地，确保支座位均衡受力。

（6）支座不得发生偏歪、不均匀受力和脱空现象。滑动面上的四氟滑板和不锈钢板不得刮伤，安装前必须涂上硅脂油。安装过程中，支座发生损伤必须更换。

（7）若支座与梁之间存在间隙确实需要调整，可在支座与梁之间垫钢板，所垫钢板必须进行热浸锌处理，且每个支座上最多只能垫一块钢板。

（8）加强过程控制。每片梁、每墩安装完成后，现场质检人员及时跟踪检查，发现安装质量问题及时整改，避免二次处理。

（9）在桥面系施工前，项目部、总监办应及时组织全桥支座安装质量验收，经过复查，支座安装质量全部合格后，方可进行上部桥面系的施工。

（五）质量控制

1. 支座接触必须严密，不得有空隙，位置必须符合设计要求。预制梁架设完成后应用工具检查支座有无脱空情况。

2. 支座安装质量标准见《评定标准》。

（六）安全文明

1. 施工现场应配备爬梯，方便施工人员上下。

2. 墩台施工完成后宜紧接着施工支座垫石，垫石施工高空作业时宜尽量利用墩台帽施工作业平台、防护栏杆和安全网。

3. 高空作业人员必须戴安全帽、系安全带、穿防滑鞋，禁止上下交叉作业。

4. 施工中应尽量减少对墩台的污染，垫石施工完成后，对个别污染点应及时进行彻底清理。

二、护栏

（一）一般规定

1. 施工前，应对防撞护栏预埋钢筋进行复检，对缺、漏、错位的钢筋应采取措施整改到位后才能开始进行防撞护栏的施工。

2.先施工桥面铺装的应在桥面铺装混凝土强度达到设计要求且养护期结束后才能开始进行护栏施工。

（二）施工工序

精确放样→凿毛、预埋筋调整→钢筋制作安装→模板安装→浇筑混凝土→拆模→养生。

（三）施工要点

1.精确放样

对护栏进行放样，应画出其内边线，根据线形进行微调，确保护栏线形顺畅。放样时，对于直线段，每10m测一护栏内边缘点，曲线段应根据实际计算确定。护栏的高程以桥面铺装层作为控制基准面，在此之前，应对桥面铺装层进行检验，保证其竖直度，确保顶面高程。

2.钢筋制作与安装

钢筋的骨架按设计要求制作，并与梁顶预埋筋连接。安装时，应根据放样点拉线调整钢筋位置，确保保护层厚度。应采用梅花形高强砂浆保护层垫块。

钢筋绑扎时，铅丝应向内弯曲，避免在混凝土表面形成锈点。

3.模板安装

（1）模板应采用整体式钢模，模板交角处采用倒圆角处理，使其线形平顺，尺寸严格按设计要求制作。对制作好的模板应进行试拼编号，对于有错台和平整度不符合要求的应及时整改，合格后方可使用。

（2）应确保模板具有足够的刚度和强度，确保其在施工中不变形。护栏模板的安装应严格按规范要求进行，确保混凝土在施工时不出现跑模、错台、变形、漏浆等现象，并保证混凝土的外观质量。

（3）选用专用脱模剂，保证混凝土颜色均匀、表面光滑。

（4）应采取有效措施确保护栏截面尺寸准确、模板牢固稳定。

（5）模板接缝采用塑料胶带粘贴于模板接缝处，模板之间采用螺栓扣紧，模板与铺装层接缝采用海绵材料进行填缝，保证接缝严密，不漏浆，不污染。安装模板时，应严格控制错台现象。

（6）应按照设计位置设置断缝及假缝，断缝宜采用易于拆除的板材断开，端头模板应采用钢板。模板拆除后应立即进行假缝的切割。在伸缩缝处应预留槽口，以便于伸缩缝安装。

4.混凝土施工

（1）同一跨内的单侧护栏应一次性浇筑。混凝土浇筑采用斜面分层法浇筑，混凝土人工用铁锹铲入模板内，不宜采用泵送直接打入模板内。

（2）对于斜面混凝土应加强振捣，保证表面密实。浇筑至顶面时，应派专人进行顶面抹面修整，确保护栏成型后，顶面光洁，线形顺畅。

（3）护栏模板底砂浆找平层不得侵入护栏混凝土，护栏施工完毕后，应予以清除。

（4）夏季施工时，宜采用低水化热水泥。

（5）模板拆除应避免破坏混凝土面和棱角。模板拆除后，应及时进行整修和保洁。

（6）混凝土浇筑应避开高温，夏季宜在阴天或晚间施工，雨季施工时，应备有塑料膜，遇雨时，应及时覆盖。

5. 养生

应采用干净的无纺土工布覆盖，自动滴漏养生，养生时间不少于7天。

（四）质量控制

1. 护栏面和接缝处不得有开裂现象，错台、平整度、外观质量问题要及时处理，并保证颜色一致。

2. 护栏全桥线形直线段应顺直，曲线段弧形应圆顺，无折线与死弯。顶面应平顺美观、高度一致。

3. 护栏质量标准见《评定标准》第8.12.12条。

（五）安全文明

1. 桥梁边缘应设置栏杆，挂安全网，施工人员进场必须戴安全帽，在桥梁边缘作业的工人必须系安全带。

2. 桥头应设栅栏，非施工人员严禁入内。

3. 合理布置施工场地，材料应分类集中堆放，做到场地整齐。施工废料应单独集中堆放，并及时处理。

4. 做好临时泄水孔，让桥面污水直接排入桥下，避免污染桥面。

三、伸缩缝

（一）一般规定

1. 伸缩缝应由专业队伍到现场负责安装施工。

2. 根据工程进度需要，制订合理的材料进场计划，伸缩缝材料应固定平放，以防变形。伸缩缝产品必须有合格证，经验收后才能用于安装。

3. 一道伸缩缝的材料不宜分段加工、安装，若伸缩缝较长，需要分段加工时应尽量减少接头数量，且应在安装前焊接成整体。

4. 应在桥面铺装前检查和整改预留槽宽度，预埋钢筋应定位准确，并经验收合格。

伸缩缝预留槽在沥青混凝土路面铺设之前，应用5cm厚砂浆填平，下面填满碎石，伸缩缝在最后一层沥青混凝土摊铺完成后施工。

5. 应先安装一条工艺试验性伸缩缝，待检验合格后，方可进行大面积施工。

（二）材料要求

1. 伸缩缝应在通过江苏省交通工程建设局资格审查的材料供货单位范围内进行采购。伸缩缝进场时应附带质保书，承包人按照规定频率进行试验检测。

2. 混凝土应根据设计要求选用，一般为钢纤维混凝土，钢纤维掺入量应符合相关规范或设计要求。

（三）施工工序

无论是水泥混凝土还是沥青混凝土桥面，均应采用反开槽施工。

施工工艺为：预留槽口放样→切割预留槽→调整预埋钢筋→清除槽口杂物→安放伸缩缝→高程检查→锁定、绑扎钢筋→支模→检查→浇筑混凝土

（四）施工要点

1. 钢制支承式伸缩缝安装

（1）施工前，应做好伸缩装置部位的清渣工作，严禁残渣弃留在墩、台帽上，影响支座。

（2）采用焊接接长梳形钢板时，应按设计的锚栓孔位置及平面尺寸弹线定位，并用夹板固定，应对焊后的变形进行矫正。

（3）按设计高程将锚栓预埋入预留孔内，然后焊接锚板，并调整封头板使之与垫板齐平。

（4）安装时，应将构件固定在定位角钢上，以确保安装精度，同时应防止产生梳齿不平、扭曲及其他变形，要严格控制好梳齿间的间隙。

（5）可在钢梳齿根部钻适量小孔，以便浇筑混凝土时混凝土中的空气能顺利排出，或采取其他措施。

（6）混凝土浇筑后，应及时将定位角钢拆除，并做好混凝土养生。

2. 模数式、毛勒式伸缩缝安装技术与工艺

（1）在桥面沥青铺装表面按缝宽要求放样，切除缝内沥青铺装，清除缝内多余的沥青铺装和填塞的杂物，洗刷预埋钢筋和切缝两面泥浆。伸缩缝安装之前，应按照安装时的气温调整安装时的伸缩值，用专用卡具将其固定。

（2）应用水平尺检查伸缩缝顶面高度与桥面沥青铺装高差是否满足要求，伸缩缝混凝土模板应仔细安装，确保不漏浆。

（3）伸缩缝平面位置及高程调整好后，用两台电焊机由中间向两端将伸缩缝的一侧与预埋筋点焊定位；如果位置、高程有变化，应采取边调边焊的方式，且每个焊点焊缝长

不得小于 5cm，点焊完毕再加焊，点焊间距应控制在 lm 之内；焊完一侧后，用气割解除锁定，调整伸缩缝在某温度下的上口宽度，上口宽度调整正确后，焊接所有连接钢筋。

（4）浇筑混凝土前将间隙填塞，防止浇筑混凝土时把间隙堵死，影响伸缩。采取一定措施，防止混凝土渗入模数式装置位移控制箱内或密封橡胶带缝中及表面上，如果发生此现象，应立即清除，然后进行正常养护。

3. 开槽及浇筑混凝土

（1）铺筑沥青混凝土时，应保证连续作业，在伸缩缝两边各 20m 范围内不能停机，以免因机器停止、启动影响此段路面的平整度，从而影响伸缩缝的安装质量。

（2）伸缩缝开槽应顺直，且确保槽边沥青铺装层不悬空，层下水泥混凝土密实。

（3）混凝土应避免在高温下施工，浇筑混凝土时，应振捣密实，不得有空洞。混凝土现场坍落度宜控制在 8 ~ 10cm。

（4）待混凝土接近初凝时，应及时进行第二次压浆抹面，使混凝土表面平整，二次摸面后用土工布覆盖养生。

（5）每条伸缩缝混凝土必须做一组混凝土试块，并同条件养生。

（五）质量控制

1. 伸缩缝锚固应牢靠、不松动，伸缩性能有效。

2. 伸缩缝开槽后检验及安装项目见相关规范。

3. 伸缩缝安装质量标准见《评定标准》第 8.12.8 条。

（六）安全文明

1. 桥面伸缩缝施工时，应封闭交通，并分左、右幅施工，做好安全警示标，注意来往施工和过往车辆的安全。

2. 所有伸缩缝材料应放置在封闭区内，平放防晒，并加设防撞措施。

3. 为防止伸缩缝施工污染桥面，应从伸缩缝槽口两端沿桥纵向铺设足够长度的彩条布。伸缩缝完成后，应对污染、损坏的桥面系、桥下进行彻底清理和修补。

4. 对已施工完毕的伸缩缝要派专人看护，在伸缩缝装置两侧混凝土强度满足设计要求的条件下，且不少于 7 天后，方可开放交通。若因条件限制，则必须在缝上设临时行车的钢栈桥，严禁扰动强度形成期的混凝土。

四、搭板和锥坡

（一）一般规定

1. 应对桥头搭板处路基进行测量，保证高程、横纵坡、平整度符合要求方可施工搭板。

2. 对桥头锥坡进行放样、清表，用坡度尺检查坡度。

3. 现场应安排技术人员负责技术工作，桥头锥坡施工应安排至少两名修砌专业工人。

（二）施工工序

台背回填与锥坡填土应同时填筑，具体要求按《××省公路施工标准化指南》（路基）执行。

1. 桥头搭板（垫梁）施工工序

施工放样→基层高程测量→人工修整底基层、找平→垫层施工→安装钢筋、立模→混凝土浇筑→拉毛→养生

2. 桥头锥体护坡施工工序

施工放样→刷坡→挂线、找平、修整坡面→砌筑→养生。

（三）施工要点

1. 锥体填土应按设计高程及坡度填筑到位，根据砌筑片石厚度进行刷坡。当坡面土少部分不足时，不得进行回填，直接用片石砌筑。

2. 石砌锥坡应在坡面或基面夯实、整平后方可开始砌筑，砌筑时要挂线施工。

3. 片石护坡的外露面和坡顶、边口应选用较大、较平整并略加修凿的石块。浆砌片石护坡，石块应相互咬接，错缝砌筑，砌缝砂浆饱满，缝宽尽量小。干砌片石护坡时，铺砌应紧密、稳定，表面平顺，不得用小石块塞垫找平，砌缝宽度应均匀。

4. 锥、护坡应设置踏步，以便对桥台支座等构造进行检查和养护。

5. 搭板施工前应准确放样，采用切割机对基层进行切割后清除，保证边部顺直。

6. 搭板底部应清理干净，布设钢筋前应对底部进行高程测量复核，保证搭板的厚度。

7. 搭板底部素混凝土应严格控制质量，应做到底部不留空隙、混凝土平整密实。

（四）质量控制

1. 桥头搭板质量标准见评定标准。

2. 锥、护坡质量标准见评定标准。

（五）安全文明

1. 离搭板施工前后20m左右位置应设置路障，严禁外来车辆进入，人员进场必须戴安全帽；在护坡上施工时需穿防滑鞋，严禁穿拖鞋进入工地。

2. 片石砌筑施工时，严禁在坡顶抛扔片石。

第四章 公路桥梁养护技术

在于"预防为主"，所以在其建成通车开始就应把养护管理列入重要的日程，实践证明"公路质量高，早期养护没必要"这种认识是肤浅的，公路早期不但需要养护，而且早期养护意义重大，公路通车初期的技术状况数据是建立道路数据库的初始数据，所以初期的数据测定是无可取代的。通过早期养护可以及时完善由设计不足造成的道路排水，防护工程设施的先天不足，改善道路技术状况。早期养护可预防和治理早期病害，可延长道路与设施使用寿命，延缓大修周期，降低养护成本，为做到"预防养护"打好基础。最终达到早发现，早预防，少支出，效果好。把病害处理在萌芽状态，以较少的投入获得最大的效益。

第一节 分 类

一、同步碎石封层技术

（一）工艺原理

同步碎石封层是指沥青结合料的喷洒及骨料的撒布为同步进行，使沥青结合料和骨料之间有最充分的表面接触和最好的黏结性。

（二）工艺概述

由于同步碎石封层将黏结剂的喷洒与碎石撒布两道工序集中在一台车上同时完成，可以使碎石颗粒立即与刚喷洒的流动性好的120℃～140℃的热沥青或乳化沥青相接触，并较深地埋入黏结剂内，因此同步碎石封层技术具有以下几个特点：良好的防水性；良好的附着性和防滑性；良好的耐磨性和耐久性；良好的经济性（同步碎石封层可作为低等级公路的过渡型路面，以缓和公路建设资金暂时不足的问题）；同步碎石封层施工工序简单、施工速度快，可及时限速开放交通，1h后可完全开放交通。

（三）配套工艺使用设备

同步碎石封层车、装载机、轮胎压路机、沥青运输车、洒水车、路面除尘设备和小型铣刨机等。

（四）施工原材料

普通沥青、骨料（花岗岩、玄武岩、石灰岩等都可）等。

二、微表处技术

（一）工艺原理

微表处是一种由聚合物改性乳化沥青、集料、填料、水和外加剂按合理配比拌合并摊铺到原路面上，达到迅速开放交通要求的薄层结构。

（二）工艺概述

微表处的摊铺厚度一般为 5 ~ 10mm。经过乳液与骨料裹覆、破乳、分离、析水、蒸发、固化等过程，从而形成密实、坚固、耐磨的道路表面层。

微表处施工工艺不但用于沥青路面的预防性养护，微表处混合料可以修复路面的流动性车辙，可以为行车提供一个平整的、耐磨的、粗糙的表面，可以有效防止路表水的下渗，微表处层与原路面结合紧密，没有剥离现象，完全可以满足公路预防性养护和恢复路表功能的要求。还用于粗粒式或贯入式路面的封层。这种封层能与底面牢固结合，可用于高等级公路地方道路的表面层。但是由于微表处施工工艺的特殊性，不能提高原有道路的结构强度和稳定性。因而，微表处的施工必须在保证原有道路强度和稳定性符合设计要求的情况下进行。

（三）配套工艺使用设备

微表处摊铺机（稀浆封层机）等。

（四）施工原材料

改性乳化沥青、填料（水泥、矿粉等）、集料、外加剂等。

三、雾封层技术

（一）工艺原理

雾封层就是在沥青面层上喷洒一层薄薄的、高渗透性的高分子改良乳化沥青，以形成一层严密的防水层将路面封闭，起到隔水防渗、保护路面的功能，最大限度地减少路面的水破坏，增大路面集料间的黏结力，延长路面使用寿命。

（二）工艺概述

雾封层是适用范围较广的预防养护方式，主要用于轻度到中度细料损失或松散的道路。

雾封层可有效解决沥青路面出现松散的问题，如老化麻面的密级配沥青混合料表面，碎石封层表面，开级配沥青混合料表面等。

对沥青路面实施雾封层，有如下作用：具有良好的防水性，可以减少路面的水损害；具有良好的渗透性，可以填补路面细微裂缝和表面空隙；增强沥青表面层集料间的黏结力，起到沥青再生剂作用并可保护旧氧化沥青路面；雾封后可以使路面黑色化，能增加路面色彩对比度，增强驾驶员的视觉舒适度；对 0.3mm 以下的裂缝起到自动愈合的作用；大幅提高道路的使用寿命和降低维护成本，一般情况下，雾封层能延迟病害 2～4 年出现，提高道路的使用寿命。

（三）配套工艺使用设备

智能型沥青洒布车、道路清扫车等。

（四）施工原材料

雾封涂料（由水乳性沥青加入特殊助剂和还原再生剂组成）。

四、就地冷再生技术

（一）工艺原理

就地冷再生技术的原理是用铣刨后的废旧沥青混合料，按照一定的级配，用改性乳化沥青作为再生剂，重新拌合，再使用到路面的基层或面层中。从而实现对铣刨后的旧沥青混合料的再生利用。

（二）工艺概述

冷再生技术具有施工工艺简便、分段施工、工期短、再生后当日即可通车的优点，使旧路改造升级而不需断交施工成为可能。冷再生技术充分利用旧路资源，彻底解决了将旧路推除重建而存在建筑废料运输和堆放的问题，也大大地减少了新材料的用量，减少了环境污染与破坏，尤其适合于城市道路的维修与改造。冷再生技术在施工时一般只是对旧路二灰及沥青砼面层进行铣刨后拌合，所以对于旧路路基比较差的路段一定要进行处理后才能进行冷再生施工，这样才能保证施工质量。

（三）配套工艺使用设备

冷再生机、洒水车、平地机、轮胎压路机、振动压路机、三轮压路机、装载机等。

（四）施工原材料

乳化沥青、水泥、水及沥青面层铣刨料、路面基层铣刨料等。

五、就地热再生工艺

（一）工艺原理

沥青路面就地热再生利用技术，就是通过先进的就地热再生机组，就地加热软化旧沥青路面，耙松、收集旧料，添加适当的新沥青混合料以及再生剂，经过现场机内热搅拌、摊铺、熨平、碾压成型，可快速开放交通，一套连续式的维修沥青路面的施工工艺技术。当沥青路面表面层出现裂缝、车辙、坑槽、泛油、磨损等病害或者路用性能下降，路面结构的损坏程度还没有波及基层时，可以采用这种施工方案。

（二）工艺概述

据再生路面的病害特点和施工方案设计要求，通常采用的就地热再生技术方案有三种：整形、复拌、重铺。

（三）整形就地热再生

一般适用于维修车辙、麻面、松散、网裂及沉陷等常见路病。通过使用就地热再生机组将路面加热、添加再生剂、翻松、在热路面上直接摊铺极少量的新沥青混合料，最后将新、旧沥青混合料一次压实成型。

（四）复拌就地热再生

适用于维修中等程度破损路面，以及改善原路面材料级配不合适的状况。通过使用就地热再生机组将路面加热、添加再生剂、翻松、收集旧料、添加新沥青混合料，重新拌合、摊铺、压实成型。

（五）重铺就地热再生

适用于再生破损严重或承载能力不足的路面，以及旧路升级改造工程。通过使用就地热再生机组将路面加热、添加再生剂、翻松、拌合、摊铺，然后再将新沥青混合料直接摊铺于再生混合料之上，两层一次压实成型。

（六）配套工艺使用设备

就地热再生机组（由两台加热机、一台加热铣刨机和一台加热复拌机组成）、摊铺机、双钢轮压路机、轮胎压路机等。

（七）施工原材料

再生剂等。

六、纤维封层技术

（一）工艺原理

纤维封层技术是指采用纤维封层核心设备同时洒（撒）布沥青黏结料和玻璃纤维，然后在上面撒布碎石经碾压后形成新的磨耗层或者应力吸收中间层的一种新型道路建设施工和养护技术。

（二）工艺概述

纤维封层施工中，经过专门工艺破碎切割的纤维在上下两层均匀洒布的沥青结合料中呈乱向均匀分布，相互搭接，与沥青混合料形成网络缠绕结构，有效地提高了封层的抗拉、抗剪、抗压和抗冲击强度等综合力学性能。类似在新建道路基层和面层之间或原有路面基础上加铺了一层具有高弹性和高强度的防护网垫。特别适用于旧沥青路面（或新建路基）、面层层间应力吸收中间层施工，和原有旧沥青路面耐磨层施工。对新旧沥青道路建设及养护起到有效的保护作用，更能延长其养护周期及服务寿命。

（三）配套工艺使用设备

纤维封层设备1台、保温沥青罐车、碎石撒布车、轮胎压路机、路面清扫设备等其他小型机具。

（四）施工原材料

改性乳化沥青、玄武岩纤维以及碎石。

第二节　桥梁构造物的养护

1. 保证构造物表面的清洁完整，防止表面风化和及时修理风化部分。

2. 保持排水设备处于良好状态。

3. 及时修补病害。

4. 保证伸缩装置自由活动。

5. 做好超重车辆过桥及桥孔的管理工作。

6. 对原有桥涵技术进行管理、建立和保存桥涵技术档案资料。

第三节　路基及附属设施的养护

1. 疏通、改善、铺砌排水系统。

2. 维护修理各种防护构造物及透谁路基，管理两旁公路用地。

3. 除塌方、处理塌陷、检查险情、预防水毁。

4. 维修植被边坡。

5. 排水设施的养护维修。

6. 护栏的养护维修。

7. 标志、路面标线的养护维修。

8. 照明设施的养护维修。

第四节　公路的机械化养护

公路固有性质决定了公路损坏后必须及时修补，公路养护管理机构首先要满足"快速反应"这一基本要求，以往养护用工人，运输靠四轮，管理凭经验的做法已远不能适应公路养护管理的需要。因此必须建立一支反应迅速，技术熟练，设备配套的机械化养护队伍，才能保证养护的及时性，快捷性，走机械化养护的道路，在机械设备上必须以专用机械为主，如铣刨机，摊铺机，压路板等等，非专用机械如翻斗车等可采取雇佣社会车辆方式解决。雇佣社会车辆会减少初期投入大量资金并减少管理费用及管理难度。走机械化道路最终达到路面坑槽修补不过夜，时刻为道路使用者提供良好的路况。

提倡科学养护，首先要制定科学的养护方针，那就是日常维修和集中整治相结合；维修作业和病害根治并重；有计划地安排专项治理；严格按规定的修补工艺施工，确保修补质量；严格交通管制，保证维修施工安全。具体地说：在保证日常养护的同时，根据我省气候特点，每年3～10月进行集中整治；在维修作业中要特别注重水害和路面病害的根治；路面养护是养护的重中之重，单靠日常保养不足保证道路的安全畅通，还要逐年安排专项治理，不断改善道路条件，为了道路施工及交通安全执行没有批准施工安全欲案不准开工，没有施工作业许可还不准上路，没有经过安全培训的人员不准参加现场作业。同时做到按规定的道路施工标志，标灯全部落实到位，各级安全管理紧密配合，协调一致，尽量做到当天铣刨的路床当天完成摊铺。提高养护管理人员业务水平，大力倡导吃苦耐劳的敬业精神，积极推广养护新技术，新工艺，定期选送员工进行培训，培养造就一批既能"批挥"又能"战斗"的多用人才。

建立完善的规章制度，使养护管理规范化。俗话说："没有规矩不成方圆"，制度是规范人们工作和行为的准则，一套好的规章制度，才能保障更好完成任务。进行量化的百分评比活动，其主要内容如下：

领导重视，把统计工作真正纳入议事日程，做到人员稳定，按制度工作。

记录完备，原始记录齐全，整洁，实事求是。

报表完好，数字来源有据，无漏笔漏项，字迹整齐无误，并附明确的解释说明。

台账健全，准确，整洁，账与原始记录，账与报表均衔接相符。

归档规范，统计资料整理按序保存完好，实行档案管理规范化。

（一）统计工作奖惩条例

打破平均主义，奖罚分明，按检查百分比考核各单位，部门的工作质量，按季检查，年终综合打分。

（二）统计工作传递流程制度

1. 制定全系统及各部门的统计工作流程图，兼职人员可在图中标明其他工作情况，以统计工作为主，指明一年中统计工作的总体目标。

2. 统计人员按图作业，可有效控制其他事情的冲击及无事可做的盲然，便于检查，监督，从而使统计人员能尽职尽责，合理安排工作时间，提高工作效率，更好地完成各项任务。

3. 年初搞好计划，并分解到各季月，全系统目标计划层层下达，准确无误。

4. 对工作的要求，验收检查标准，定期检查时间，检查结果等项均可入图，形成树形的标准程序化流程图管理，可让人对全年的统计工作一目了然。

（三）独立办公和联合办公制度

1. 独立办公指统计人员单独完成本部门的业务工作。

2. 联合办公指全系统或某单位组织的由全体或部分统计人员参加共同完成某项业务工作，或现场互检互查，或交流学习等活动，以促进统计工作及队伍整体的共同进步。

3. 各部门统计人员必要时可汇同其他业务人员共同研究探讨业务工作。

4. 统计人员有责任接受调查和询问，做好服务，同时各部门或每个职工也有义务提供必要的数据并自觉接受统计人员的调查核实等工作，形成相互配合，团结共进的工作作风，能使各部门工作正常衔接，避免互相扯皮，可收到事半功倍的效果。

因此，建立一套完善的公路养护管理制度，为搞好养护工作打下坚实的基础。

首先，建立道路巡查制度，及时准确了解道路状况，坚持定期巡查，做到定期巡查与重点巡查相结合。

其次，严格计划管理，使养护工作紧张有序地进行；再次，实行定额考核加奖励化劳动管理。

还有，完善机具保修制度，提高机具的完好率对主要的养护机械分类别建全维修保养制度，责任落实到人，按不同机械制定操作规程，对操作人员定期进行考核，以提高人员素质，提高机械的完好率。

最后，加强信息管理，拓展信息管理的范围，使用计算机对道路养护工作进行数据处理分析，实现养护巡查数据收集，道路病害治理，职工考核，机械维修等项目由计算机分析整理，对道路病害的地段成因，治理后的效果有了系统的了解，对人员考核进行了量化，对此要进一步完善软件，使数据更加科学，系统化，为养护决策提供依据。

5. 路政管理工作是养护管理工作的保障

路政与养护密切配合是搞好公路养护的根本，从路损坏的情况看，有相当大的一部分是人为故意损坏所致，无意损坏的只占很少部分，这不仅增大了养护工程量而且造成国家财产极大损失，为此，应进一步加强路政管理工作，一方面，公路路政管理人员要加强管理，分析路损情况，研究对策；另一方面，需要国家从法律法规上赋予路政管理人员强有力的管理手段。路政管理与养护管理工作两者之间是密不可分的，两部门之间要经常沟通情况，研究对策，有些基础资料可共享，避免重复浪费，提高工作效率，还可给养护管理员颁发兼职路政员证，这样就在公路管理部门形成专职，兼职路政员共同管理公路的网络体系。

养护工作要加强预防性养护，同时养护工作时机选择也很重要养护工作者还应不断更新知识，采用国内外先进的养护技术，不断总结，不断探索，不断创新总结出行之有效，科学合理的养护方法。

第六节 沥青混凝土路面养护

沥青混凝土路面具有表面平整、无接缝、行车舒适、耐磨、振动小、噪声低、施工期短、养护维修简便、适宜于分期修建等优点，因此获得越来越广泛的应用。在公路的建设中，我国的绝大部分公路都采用沥青混凝土路面。随着国民经济快速、协调发展、我国道路交通量日益增大，车辆迅速大型化且严重超载，使公路路面面临严峻的考验。现有公路的有效服务时间普遍未能达到其设计使用年限，常常在通车 2 ~ 3 年便出现了较为严重的早期破损现象。常见病害有深陷、纵裂、龟裂、车辙、波浪、拥包、坑槽、松散、翻浆、桥头跳车等。

（一）合理设计路面结构

尽可能减薄沥青面层厚度由于以下四方面原因，公路路面厚度可酌情减薄，控制在9 ~ 12cm 之内。

第一，是半刚性基层沥青路面结构的承载能力可由半刚性材料层（基层和底基层）来承担，无需用厚面层来提高承载能力。

第二，是提高沥青路面使用性能不是用厚的沥青面层，而是用优质沥青。

第三，是沥青面层的裂缝不只是反射裂缝，在正常施工情况下，大部分是沥青面层本身的温缩裂缝。

第四，是一般来说厚的沥青面层易导致车辙的产生。

（二）加强沥青路面防水设计

选用合理的基层和底基层结构，严格控制沥青混合料的质量。沥青的选取选用具有良好的高低温性能、抗老化性能、含蜡量低、高黏度的优质国产或进口沥青。在条件许可的情况下，可在沥青中掺加各种类型的改性剂，以提高基性能指标。

（三）料的选用

滑料应选用表面粗糙、石质坚硬、耐磨性强、嵌挤作用好、与沥青黏附性能好的集料。如果骨料呈酸性则应添加一些数量的抗剥落剂或石灰粉，确保混合料的抗剥落性能，同时应尽量降低骨料的含水量。

（四）混合料级配的确定

沥青混合料的高温稳定性和疲劳性能、低温抗裂性，路面表面特性和耐久性是两对矛盾，相互制约，照顾了某一方面性能，可能会降低另一方面性能。混合料配合比设计，实际上是在各种路用性能之间搞平衡或最优化设计，根据当地气候条件和交通情况做具体分析，尽量互相兼顾。

当然为提高沥青路面使用性能还可以考虑以下两个途径：

第一，是改善矿料级配，采用沥青玛蹄脂碎石混合料（SMA）。

第二，是改善沥青结合料，采用改性沥青。

（五）严格控制施工质量

施工质量控制不严，早期破损必然出现。所以沥青路面施工必须按全面质量管理的要求，建立健全有效的质量保证体系，实行目标管理、工序管理、明确责任，对施工全过程，每道工序的质量要进行严格的检查、控制、评定，以保证其达到质量标准。

1. 裂缝在 6mm 以上的采用吸尘器配合其他工具清理缝中的杂物及泥土，然后灌注沥青砂及其他封缝材料，对于沥青路面较大面积的裂缝，采用铣刨破损部分。冲做面层的方法。

2. 深陷的养护

（1）铣刨或清扫。

（2）喷洒粘层油。

（3）摊铺。

（4）辗压。

3. 车辙的养护

采用沥青混合料覆盖车辙并加铺沥青混合料薄层罩面的方法，也可采用加热切割法。

4. 坑槽的养护

目前采用热补法修补。

第七节　水泥混凝土路面养护

建立水泥混凝土路面管理系统的一个主要目的，是提供有关最佳养护和改建对策和最佳资金分配方案的分析，以便决策者选择最经济合理的方案，合理地分配和使用有限的资金。因此，进行项目排序、方案优化和辅助决策是路面管理系统的核心组成部分。

（一）路面管理系统包括项目级和网级两个层次

对于项目级路面管理系统而言，决策与优化指在进行科学的路面的使用性能和结构状况评分后，根据其结果确定是否需要修复或改建，何时进行改建，应采取何种修复或改建对策。

对于网级系统，须考虑网内所有路段，根据各路段的使用状态和结构状态。以及各路段在路网中的地位，做出科学、合理的决策。因此，要用排序和优化以帮助做出管理决策。

（二）排序和优化方法可分为以下几种类型

1. 根据路面的使用性能参数进行排序，例如现时服务能力指数（PSI）、路面状况指数（PCI）等。这类方法以客观路况进行分等，使用迅速简便，但所得的结果可能远非最优。

2. 根据经济分析参数进行排序，例如净现值、效益－费用比、内部回收率等。这类方法比较简便、分析结果较接近于最优。

3. 利用线性规划和整数规划模型，按总费用最小或效益最大进行优化。此种方法较复杂，但可以得到最优结果。

4. 利用动态决策模型，按总费用最小进行优化。

（三）水泥混凝土路面养护决策与优化方法

水泥混凝土路面养护的决策与优化是建立在使用性能评价和结构状况评价的基础上。通过路面使用性能评价和结构状况的评价，可以了解各路段路面的服务水平和结构状况，知道哪些路面需要采取养护和改建措施。对于需要采取措施的项目，则要进一步为之选择合适的养护和改建对策，以便估算所需费用，并进而依据效益和投资可能性筛选项目和编制计划。

养护和改建对策的合理选择，主要考虑三个方面：

第一方面，是路面的现状，即各项使用性能满足的程度，要依据不适应的方面和程度选择相应的对策。

第二方面，是今后需要改善的程度，交通量大或发展快的路段，显然要采取较重的措施。

第三方面，是效益和经济性，不能仅仅考虑一项对策，而应比较分析期内各可能对策方案的经济效益，据此选择最佳方案。

（四）备选方案

各地区养护部门在长期的路面养护工作过程中积累了大量的经验，都有一套适应当地自然条件（气候、土质、料源）及施工水平和习惯和路面的路面养护和改建措施。因而，可以收集和调查这些习用的措施，并邀请有经验的养护工程师，征询他们对这些措施的使用效果的评论意见。在此基础上，通过归类、舍弃和增添等分析。制定出一套更为简明而合理的典型备选对策，供系统分析和抉择。

根据××市公路管理处的养护经验，总结各种损坏类型采用的小修保养和中修措施。

这里需要指出的是，这些备选对策并不是在养护计划中一定要具体实施的措施，而是在网级路面管理系统中供资源和选择项目时进行分析用的可考虑的典型对策。

1. 对于使用性能很低、结构破坏严重的路段，应考虑大修或改造。一般方案可选择：

（1）沥青混凝土罩面。

（2）敲碎板块，碾压整平，若强度不够则作为基层，再进行补强设计路面厚度。

（3）敲碎板块，碾压整平，若强度足够则用沥青混凝土罩面。

2. 无论是网级还是项目级路面管理系统，都需要应用工程经济原理，分析每一个项目或每一个对策方案所的各项费用，并将它同其他项目或对策方案所需的费用作比较。

一般可用于方案比较的经济分析方法有：

（1）现值法。

（2）年费用法。

（3）收益率法。

（4）效益 - 费用比法。

（5）费用 - 效果法等。

前三种方法属于贴现金流量分析法，是比较常用的方法。

3. 根据对现有路面质量的评价及预测结果的分析，以及对公路性质、等级和交通量等因素的考虑，并结合当地技术水平、地理区域特点（气候、土质特点等）及实际交通量增长情况，合理提出、安排大、中、小修及常规养护的对策和先后顺序，为该路段制定一个短期和中长期养护的日程安排表。

养护对策应符合下列要求：

（1）路面综合评定指标（SI）为优、良、坏板率在5%以下的路段，宜以日常养护为主，局部修补一些对行车安全有影响的板块。

（2）路面综合评定指标（SI）为优、良、坏板率在 5% ~ 15% 的路段，除按正常的程序进行保养维修外，宜安排大中修进行处治。

（3）路面综合评定指标（SI）为中、差，坏板率在 15% ~ 50% 的路段，必须安排大中修进行处治。

（4）坏析率在 50% 以上的路段，必须进行改善。优先顺序的主要考虑原则为。

1）路线行政等级高的先于路线行政等级低的。

2）路面使用质量差的先于路面使用质量好的。

3）在相同条件下，以坏板率大者为先。

依据以上原则，经综合考虑后选定优先顺序。

同时，针对某一路段的某种程度的损坏状况，按以往养护经验，公路局可能有多种养护对策，因而必须通过经济分析，在一定资金条件下使得净效益最大，从而确定最佳养护和方案。

按使用性能排序所得到的优化顺序，虽能反映出各项目需采取改建措施的迫切性，但并不能保证其优化结果，还必须进行经济效益的定量分析，以选择经济合理的最佳养护和改建方案。

经过仔细分析后，大致选定四种方案：

1）旧水泥混凝土路面上加铺普通水泥混凝土。

2）对旧水泥混凝土路面断板逐块修补。

3）旧水泥混凝土路面上，加铺 15cm 二灰碎石，4+5cm 中粒式沥青混凝土面层。

4）旧水泥混凝土路面上，加铺 20cm 连续配筋混凝土路面。

第五章 工程项目管理

第一节 项目进度控制

我国历年投入大量资金用于进行固定资产扩大再生产，每年都要建成一批大中型工程建设项目。这样大的投资建设，其目的一是国民经济；二是提高人民的物质和文化生活水平。因此，及时发挥投资效益是利国利民的大事。提前竣工可以产生巨大的经济效益和社会效益。由于工程建设项目规模大、投资大、消耗大。它所需要的资金、人力和物资，要有国民经济各有关部门提供，工程建设速度的快慢也涉及这些部门的正常运转。有需求才有资源的正常流动，才有供需双方的发展。工程建设项目投入使用，则会使各经济部门受益，为它们的运行和发展提供基础。所以，工程建设项目的进度控制对国民经济秩序的正常运行起着重要的影响。建设速度正常，国民经济正常；建设速度失控，将危及建设事业本身及整个国民经济。新中国成立以来，我国建设速度和规模的几次大起大落，将国民经济带来损失和混乱的教训，应当牢牢记取。

对承建单位来说，控制了建设的进度，就控制了建设速度、经营管理秩序和总工期，承建单位生产和经营就可以均衡、连续地进行，合同可以正常履行，资金得以正常周转，既能为国家多提供工程产品，又能使承建单位多盈利，承建单位竞争能力与生存发展能力也会得到加强。控制进度还有利于提高工程产品质量和降低成本，体现社会效益、经济效益。控制好进度，有利于国家，有利于建设单位，有利于设计单位，更有利于承建单位。

监理单位参与工程建设项目的进度控制，实际上是对进度控制的加强，这是因为：监理单位可以对建设进度进行全过程控制；监理单位可以对建设进度实施系统控制；监理单位具有进度控制必需的科学知识，保证进度控制的有效性；由监理单位进行进度控制，可以保证进度控制与质量控制、投资控制的一致性和协调性。

一、进度控制

项目进度控制的基本对象是工程活动。它包括项目结构图上各个层次的单元，上至整个项目，下至各个工作包（有时直到最低层次网络上的工程活动）。项目进度状况通常是通过各工程活动完成程度（百分比）逐层统计汇总计算得到的。进度指标的确定对进度的表达、计算、控制有很大影响。由于一个工程有不同的子项目、工作包，它们工作内容和性质不同，必须挑选一个共同的、对所有工程活动都适用的计量单位。

进度控制管理是采用科学的方法确定进度目标，编制进度计划与资源供应计划，进行进度控制，在与质量、费用、安全目标协调的基础上，实现工期目标。由于进度计划实施过程中目标明确，而资源有限，不确定因素多，干扰因素多，这些因素有客观的、主观的，主客观条件的不断变化，计划也随着改变，因此，在项目施工过程中必须不断掌握计划的实施状况，并将实际情况与计划进行对比分析，必要时采取有效措施，使项目进度按预定的目标进行，确保目标的实现。进度控制管理是动态的、全过程的管理，其主要方法是规划、控制、协调。

二、施工阶段的进度控制

施工阶段是建设工程实体的形成阶段，对其进度实施控制是建设工程进度控制的重点。做好施工进度计划与项目建设总进度计划的衔接，并跟踪检查施工进度计划的执行情况，在必要时对施工进度计划进行调整，对于建设工程进度控制总目标的实现具有十分重要的意义。

监理工程师受业主的委托在建设工程施工阶段实施监理时，其进度控制的总任务就是在满足工程项目建设总进度计划要求的基础上，编制或审核施工进度计划，并对其执行情况加以动态控制，以保证工程项目按期竣工交付使用。

（一）施工进度控制目标体系

保证工程项目按期建成交付使用，是建设工程施工阶段进度控制的最终目的。为了有效地控制施工进度，首先要讲施工进度总目标从不同角度进行层层分解，形成施工进度控制目标体系，从而作为实施进度控制的依据。

建设工程不但要有项目建设交付使用的确切日期这个总目标，还要有各单位工程交工动用的分目标以及按承包单位、施工阶段和不同计划期划分的分目标。各目标之间相互联系，共同构成建设工程施工进度控制目标体系。其中，下级目标受上级目标的制约，下级目标保证上级目标，最终保证施工进度总目标的实现。

（二）施工进度控制目标的确定

为了提高进度计划的预见性和进度计划控制的主动性，在确定施工进度控制目标时，必须全面细致地分析与建设工程进度有关的各种有利因素和不利因素。只有这样，才能订出一个科学、合理的进度控制目标。确定施工进度控制目标的主要依据有：建设工程总进度目标对施工工期的要求；工期定额；类似工程项目的实际进度；工程难易程度和工程条件的落实情况等。

（三）公路工程施工进度控制工作内容

建设工程施工进度控制工作从审核承包单位提交的施工进度计划开始，直至建设工程保修期满为止，其工作内容主要有：

1. 施工前进度控制

（1）确定进度控制的工作内容和特点，控制方法和具体措施，进度目标实现的风险分析，以及还有哪些尚待解决的问题。

（2）编制施工组织总进度计划，对工程准备工作及各项任务做出时间上的安排。

（3）编制工程进度计划，重点考虑以下内容：

1）所动用的人力和施工设备是否能满足完成计划工程量的需要。

2）基本工作程序是否合理、实用。

3）施工设备是否配套，规模和技术状态是否良好。

4）如何规划运输通道。

5）工人的工作能力如何。

6）工作空间分析。

7）预留足够的清理现场时间，材料、劳动力的供应计划是否符合进度计划的要求。

8）分包工程计划。

9）临时工程计划。

10）竣工、验收计划。

11）可能影响进度的施工环境和技术问题。

2. 编制年度、季度、月度工程计划

（1）施工过程中进度控制

1）定期收集数据，预测施工进度的发展趋势，实行进度控制。进度控制的周期应根据计划的内容和管理目的来确定。

2）随时掌握各施工过程持续时间的变化情况以及设计变更等引起的施工内容的增减，施工内部条件与外部条件的变化等，及时分析研究，采取相应措施。

3）及时做好各项施工准备，加强作业管理和调度。在各施工过程开始之前，应对施工技术物资供应，施工环境等做好充分准备。应该不断提高劳动生产率，减轻劳动强度，提高施工质量，节省费用，做好各项作业的技术培训与指导工作。

（2）施工后进度控制

施工后进度控制是指完成工程后的进度控制工作，包括：组织工程验收，处理工程索赔，工程进度资料整理、归类、编目和建档等。

（3）施工进度计划的编制

施工进度计划是表示各项工程（单位工程、分部工程或分项工程）的施工顺序、开始和结束时间以及相互衔接关系的计划。它既是承包单位进行现场施工管理的核心指导文件，也是监理工程师实施进度控制的依据。施工进度计划通常是按工程对象编制的。

1）施工总进度计划的编制

施工总进度计划一般是建设工程项目的施工进度计划。它是用来确定建设工程项目中所包含的各单位工程的施工顺序、施工时间及相互衔接关系的计划。编制施工总进度计划的依据有：施工总方案；资源供应条件；各类定额资料；合同文件；工程项目建设总进度计划；工程动用时间目标；建设地区自然条件及有关技术经济资料等。

施工总进度计划的编制步骤和方法如下：

①计算工程量。

②确定各单位工程的施工期限。

③确定各单位工程的开竣工时间和相互搭接关系。

④编制初步施工总进度计划。

⑤编制正式施工总进度计划。

2）单位工程施工计划的编制

单位工程施工进度计划是在既定施工方案的基础上，根据规定的工期和各种资源供应条件，对单位工程中的分部分项工程的施工顺序、施工起止时间及衔接关系进行合理安排的计划，其编制的主要依据有：施工总进度计划；单位工程施工方案；合同工期或定额工期；施工定额；施工图和施工预算；施工现场条件；资源供应条件；气象资料等。

单位工程施工计划的编制方法如下：

①划分工作项目。

②确定施工顺序。

③计算工程量。

④计算劳动量和机械台班数。

⑤确定工作项目的持续时间。

⑥绘制施工进度计划图。

⑦施工进度计划的检查与调整。

3. 流水施工原理

组织施工的方式有：依次施工、平行施工和流水施工。

（1）流水施工的定义

流水施工是指将拟建工程在平面和空间上划分为若干个施工段（或施工层），并将其建造过程按施工工艺顺序划分成若干个施工过程，使所有施工过程均按某一时间间隔依次投入施工，依次完工，并使同一施工过程在各施工段之间保持连续均衡施工，不同施工过程之间，在满足施工技术要求的条件下，最大限度地安排平行搭接施工的组织方式。

（2）流水施工的要点

1）划分施工段。

2）划分施工过程。

3）每个施工过程组织独立的施工队组。

4）必须安排主导施工过程连续、均衡施工。

5）相邻施工过程之间最大限度地安排平行搭接施工。

（3）流水施工的优点

1）流水施工能合理、充分地利用工作面，加速工程的施工进度，从而有利于缩短施工期，可使拟建工程项目尽早竣工，将会使用，发挥投资效益。

2）资源均衡，从而降低了工程费用。

3）施工队组连续性、节奏性和专业化施工，可使工程质量相应提高。

4）有利于机械设备的充分利用和劳动力的合理安排。

（4）流水施工的表达方式

流水施工的表达方式在实际工程施工中，主要用横道图和网络图来表达流水施工的进度计划。

1）横道图

它是以施工过程的名称和顺序为纵坐标、以时间为横坐标而绘制的一系列分段上下相错的水平线段，用来分别表示各施工过程在各个施工段上下工作的起止时间和先后顺序的图表。

2）网络图

它是由一系列的圆圈节点和带箭头的线组合而成的网状图形，用来表示各施工过程或施工段上各项工作的先后顺序和相互依赖、相互制约的关系图。

（5）流水施工的主要参数

流水施工的主要参数有工艺参数、空间参数和时间参数。

1）工艺参数

工艺参数是指参与拟建工程流水施工，并用以表达施工工艺顺序和特征的施工过程数。

影响施工过程划分的主要因素：施工进度计划的性质和作用；施工方案与工程结构的特点；劳动组织状况和施工过程劳动量的大小；施工内容的性质和范围。

2）空间参数

空间参数是指参与拟建工程流水施工，并用以表达拟建工程在平面和空间上所处状态的施工段数和施工层数。

划分施工段的目的：划分施工段是组织流水施工的基础，只有分段才能将单件的建筑产品划分为具有若干个施工段的批量产品，才能满足"分工协作，批量生产"的流水施工要求，才能在保证工程质量的前提下，为各施工队组确定合理的空间活动范围，确保不同的施工组能在不同的施工段上同时施工，以便达到连续、均衡施工、缩短工期的目的。

划分施工段的基本要求：

①施工段的数目要合理。

②各个施工段上的劳动量要大致相等，相差不超过 15%。

③要在确保拟建工程结构的整体性和工程质量以及不违反操作规程的前提下确定施工段分界线的位置。

④当组织多层或高层主体结构工程流水施工时，为确保主导施工过程的施工队组在层间也能保持连续施工，平面上的施工段数与施工过程数 N 的关系应符合下列要求。

a. 对于等步距全等节拍流水，平面上的施工段数要大于或等于施工过程数 N。

b. 对于不等步距全等节拍流水，平面上的施工段数应大于或等于施工过程数 N 与技术间歇占用的施工段数之和。

c. 对于不等节拍流水，主导施工过程在一个施工层上工作的总持续时间应大于或等于所有施工过程在一个施工段上工作的持续时间和技术间歇时间之和。主导施工过程是指一个流水组中，劳动量较大或技术复杂、致使工作持续时间最长的施工过程。它的工作持续时间对工程的工期起主导作用。

3）时间参数

时间参数是指在组织流水施工时，用以表达流水施工过程的工作时间、在时间排列上的相互关系和所处状态的参数。主要有 7 种：

①流水节拍

流水节拍是指在流水施工中，从事某一施工过程的施工队组在任何一个施工段完成施工任务所需的工作持续时间。

②流水步距

流水步距是指在流水施工中，相邻两个施工过程的施工队组先后进入第一个施工段开始施工的最小间隔时间。

③施工过程持续时间

施工过程持续时间是指从事某一施工过程的施工队组在各个施工段上连续施工时的总持续时间。

④流水组的施工工期

施工工期是指在组织某项拟建工程的流水施工时，从第一个施工过程进入第一个施工段开始施工算起到最后一个施工过程退出最后一个施工段施工的整个持续时间。

⑤技术间歇时间

技术间歇时间是指在组织流水施工时，为了保证工程质量，由施工规范规定的或施工工艺技术要求的相邻两个施工过程在同一施工段内施工间隔时间。

⑥组织间歇时间

组织间歇时间是指在组织流水施工时，由于施工组织的原因而安排的同一施工过程在各施工段之间的间歇时间，或同一施工段内相邻两个施工过程之间除技术间歇之外的其他间歇时间。

⑦平行搭接时间

平行搭接时间是指采用分别流水法组织单位工程流水施工时，相邻两个流水组之间按施工工艺顺序和工艺要求重叠在一起的部分所占用的时间。

（四）网络计划

1. 网络计划技术的基本原理

首先绘制出拟建工程施工进度网络图，用以表达一项计划（或工程）中各种工作的开展顺序及其相互之间的逻辑关系。

然后通过对网络图的时间参数进行计算，找出网络计划的关键工作和关键线路。

再按选定的工期、成本或资源等不同的目标，对网络计划进行调整、改善和优化处理，选择最优方案。

最后在网络计划的执行过程中，对其进行有效的控制与监督，以确保拟建工程施工按网络计划确定的目标和要求顺利完成。

在建筑工程施工中，网络计划技术的主要用途是用来编制建筑企业的生产计划和工程施工的进度计划，并用来对计划本身进行优化处理，对计划的实施进行监督、控制和调整，以达到缩短工期、提高工效、降低成本、增加企业经济效益的目的。

2. 网络计划的特点分析

（1）网络计划技术的优点

1）能全面而明确地表达各施工过程在各施工段上各项工作间的先后顺序和相互制约、相互依赖的逻辑关系，使一个流水组中的所有施工过程及其各项组成了一个有机的整体。

2）能对各项工作进行各种时间参数的计算，从名目繁多、错综复杂的计划中找出决定工程施工进度和总工期的关键工作和关键线路，为施工的组织者抓住主要矛盾，避免盲目抢工、确保工期提供科学的依据。

3）能从许多可行施工方案中选出较优施工方案，并可再按某一目标进行优化处理，从而获得最优施工方案。

4）在计划的执行过程中，某一工作因故推迟或提前完成时，可便捷地推算出它对整个计划和总工期的影响程度，迅速地根据变化后的具体情况及时进行调整，确保能自始至终地对计划进行有效的控制和监督，并利用计算出的各项工作的机动时间，更好地调整人力、物力，以达到降低成本的目的。

5）网络计划的编制、计算、调整、优化和绘图等各项工作，都可以用电子计算机来协助完成，这就为电子计算机在建筑施工计划与管理中的广泛应用和计划管理的现代化提供了必要的途径。

（2）网络计划技术的缺点

1）表达计划不直观、不形象，一般施工人员和工人不易看懂，因此，阻碍了网络计划的推广和使用。

2）网络计划是以工期最短为目标，只保证关键线路上的各项关键工作之间能连续地施工，而不能反映各施工过程在各施工段之间是否连续施工，所以，网络计划不能反映流水施工的特点和要求。

3）普遍网络计划不能在图上反映出劳动力等各项资源使用的均衡情况，并且不能在图上统计资源日用量。

3. 网络计划的分类

在建筑工程施工中，网络计划是正确表达施工进度计划，并对其实施过程进行有效控制和监督的较好形式。为了适应施工进度计划的不同用途，网络计划有以下几种方法：

（1）按网络计划编制的对象和范围分

1）局部网络计划

局部网络计划是指以拟建工程的某一分部工程或某一施工阶段为对象编制而成的分部工程或施工阶段网络计划。

2）单位工程网络计划

单位网络计划是指以一个单位工程为对象编制而成的网络计划。它有以分部工程为工作项目的用来控制其施工时间和总工期的控制性网络计划，也有由几个分部工程的局部网络计划搭接而成的实施性网络计划；对于很简单的单位工程，也可以将一个单位工程中的所有分项工程组成一个流水组，直接编制成单位工程的实施性网络计划。

3）总体网络计划

总体网络计划是指以一个建设项目或一个大型的单项工程为对象编制而成的控制性网络计划。

（2）按网络计划的性质和作用分

1）实施性网络计划

实施性网络计划是指以分部、分项工程为对象，以分项工程在一个施工段上的施工任务为工作内容编制而成的局部网络计划，或由多个局部网络计划综合搭接而成的单位工程网络计划，或直接以分项工程为工作编制而成的单位工程网络计划。它的工作内容划分得较为详细、具体，是用指导具体施工的计划形式。

2）控制性网络计划

控制性网络计划是指以控制各分部工程或各单位工程或整个建设项目的工期为主要目标编制而成的总体网络计划或控制性的单位工程网络计划。它是上级管理机构指导工作、检查与控制施工进度计划的依据，也是编制实施性网络计划的依据。

（3）按网络计划有无时间坐标分

1）无时标的普遍网络计划

这种网络计划中的各项工作持续时间写在箭线的下面，箭线的长短与工作持续时间无关。

2）时标网络计划

这种网络计划以时间作为横坐标，箭线在时间坐标轴上的水平投影长度代表工作持续时间。

（4）按网络计划的图形形式分

1）双代号网络计划

双代号网络计划是指用一根实箭线表示一项工作，并用箭尾、箭头处圆圈节点内的两个编号或代号代表该项工作的网络计划。

2）单代号网络计划

单代号网络计划是指用一个圆圈或方格节点表示一项工作，并用节点中的一个编号或代号代表该项工作的网络计划。

3）流水网络计划

流水网络计划是指将同一施工过程在各个施工段上的各项工作箭线合并成一条上下分段相错的流水箭线（与横道图中的横道线相似），由多条这样的流水箭线组合搭接而成的用来表示一个分部工程流水组流水施工进度的网络计划。

4. 网络计划的表示方法

把一项计划（或工程）的所有工作（或一个施工段上的分项工程），根据其开展的先后顺序及其相互制约关系，全部用箭线（用箭头的线段）和节点（圆圈）来表示，从左向右、有序排列而成的网状图形，称之为网络图。因为这种方法是建立在网络模型的基础上，而且主要是用来编制计划（工作计划或施工进度计划）和对计划的实施进行控制、监督的，因此在国外将其称为网络计划技术。

网络计划是用网络图的形式来表述的，网络图是由箭线、节点和线路三个要素组成的。由于网络图中的箭线和节点所代表的内容不同，网络图分为双代号网络图和单代号网络图两种，因此，网络计划也有双代号网络计划和单代号网络计划两种。

把一项计划（或工程）的所有工作（后一个施工段上的分项工程），根据其开展的先后顺序及其相互制约关系，全部用箭线（或带箭头的线段）和节点（圆圈）来表示，从左向右、有序排列而成的网状图形，称之为网络图。因为这种方法是建立在网络模型的基础上，而且是用来编制计划（工作计划或施工进度计划）和对计划的实施进行控制、监督的，因此在国外将其称为网络计划技术。

网络计划是用网络图的形式来表述的。网络图是由箭线、节点和线路三个要素组成的。由于网络图中的箭线和节点所代表的内容不同，网络图分为双代号网络图和单代号网络图两种，因此，网络计划也有双代号网络计划和单代号网络计划两种。

（1）双代号网络图

1）特点和标注方法

用一个箭线表示一项工作（有时也称过程、工序、活动），工作名称写在箭线的上方，工作持续时间写在箭线下方；箭尾表示工作的开始，箭头表示工作的结束。在箭线的两端分别画一个圆圈作为节点，并在节点内进行编号，用箭尾节点编号和箭头节点编号两个编号作为这项工作的代号，即每项工作的箭线都有首尾两个节点，且用这两个节点的编号作为工作的代号，所以，叫作双代号表示法。用双代号表示法编制的网络图叫作双代号网络图。用这种网络图表示的计划称之为双代号网络计划。

2）绘图规则

①在一个网络图中，只允许有一个起点和一个终止节点，如果有两个或两个以上时，应将多个起点节点或多个终止节点合并成一个或虚箭线连接成一个。在实际工程施工中，同时开始或结束的工作项目可能有多个，但为了保证网络图的完整性和便于时间参数的计算，在不改变原有逻辑关系的前提下，应调整或修改只有一个起点节点和一个终点节点的网络图。

②在一个网络图中，不允许出现循环回路，如果有循环回路，就要根据逻辑关系检查、判定是哪条箭线的箭头方向画错了，改变箭头方向即可。

③在一个网络图中，不允许出现同样编号的节点和箭线，即节点的编号不能出现重复，出现重号要再重新统一编号；平行工作间的代号，不能用同一代号，而应加设虚箭线和节点，并重新编号。

④早在一个网络图中，箭线之间的连接必须通过节点，不允许箭线与箭线直接连接。

⑤在网络图中，不允许出现无箭头的线段或双箭头的箭线。

⑥在网络图中，应尽量通过调整平面结构布局来避免或减少交叉箭线；当无法避免时，应采用暗桥法或断桥法表示，但同一个网络图中，只允许采用同一种方法。

⑦网络图必须按已定的逻辑关系进行绘制或修改。

3）绘图步骤

①绘制草图

先按逻辑关系，从起点节点开始，右左至右依次绘制各项工作的箭线，直至终点节点。

②检查、调整、编号

草图绘制完成后，按逻辑关系由终点节点依次向起点节点进行检查、修改；并对网络图的平面布局进行调整，使之条理清楚，层次分明，关键线路简洁、明显；最后统一进行节点编号。

③绘制正式的网络图。

4）绘图要求

为了使网络图平面布置合理，层次分明，重点突出，对网络图的绘制提出如下要求：

①网络图中的箭线，特别是图形周边的箭线，应尽可能地绘制成水平箭线或由垂直线、水平线组成的折线箭线，虚箭线可画成垂直的虚箭线；网络图内部的箭线也可绘制成斜线、垂直线；网络图中不得使用曲线虚线。

②在网络图中，箭线的箭头方向应自左向右、向上、向下和向偏右，并尽量避免出现

自右向左、向偏左方向的"反向箭线"。如有反向箭线，应通过调整网络图的平面布局来改正。

③在绘制网络图时，要尽量减少不必要的节点和虚箭线，以便使网络图更清晰、简洁，并减少时间参数的计算量。

（2）单代号网络图的绘制

1）绘图规则

单代号网络图的绘图规则与双代号的绘图规则基本相同，主要区别在于：当网络图中有多项开始工作时，应增设一项虚拟的工作（S），作为该网络图的起点节点；当网络图有多项结束工作时，应增设一项虚拟的工作（F），作为该网络图的终点节点。

2）绘图示例

绘制单代号网络图比绘制双代号网络图容易得多。

5. 网络优化

网络计划的优化是指在一定约束条件下，按既定目标对网络计划进行不断改进，以寻求满意方案的过程。网络优化的优化目标应按计划任务的需要和条件选定，包括工期目标、费用目标和资源目标。

根据优化目标的不同，网络计划的优化可分为工期优化、费用优化和资源优化三种。

（1）工期优化

所谓工期优化，是指网络计划的计算工期不满足要求工期时，通过压缩关键工作的持续时间以满足要求工期目标的过程。

1）工期优化方法

网络计划工期优化的基本方法是在不改变网络计划中各项工作之间逻辑关系的前提下，通过压缩关键工作的持续时间来达到优化目标。在工期优化过程中，按照经济合理的原则，不能将关键工作压缩成非关键工作。此外，当工期优化过程中出现多条关键线路时，必须将各条关键线路的总持续时间压缩相同数值；否则，不能有效地缩短工期。

2）网络计划的工期优化可按下列步骤进行

①确定初始网络计划的计算工期和关键线路。

②按要求工期计算应缩短的时间。

③选择应缩短持续时间的关键工作。

选择压缩对象时宜在关键工作中考虑下列因素：缩短持续时间对质量和安全影响不大的工作；有充足备用资源的工作；缩短持续时间所需增加的费用最少的工作。

①将所选定的关键工作的持续时间压缩至最短，并重新确定计算工期和关键线路。若被压缩的工作变成非关键工作，则应延长其持续时间，使之仍为关键工作。

②当计算工期仍超过要求工期时，则重复上述②～④，直至计算工期满足要求工期或计算工期已不能再缩短为止。

③当所有关键工作的持续时间都已达到其能缩短的极限而寻求不到继续缩短工期的方案，但网络计划的计算工期仍不能满足要求工期时，应对网络计划的原技术方案、组织方案进行调整，或对要求工期重新审定。

（2）费用优化

费用优化又称工期成本，是指寻求工程总成本最低时的工期安排，或按要求工期寻求最低成本的计划安排的过程。

1）费用和时间的关系

在建设工程施工过程中，完成一项工作通常可以采用多种施工方法和组织方法，而不同的施工方法和组织方法，又会有不同的持续时间和费用。由于一项建设工程往往包含许多工作，所以在安排建设工程进度计划时，就会出现许多方案。进度方案不同，所对应的总工期和总费用也就不同。为了能从多种方案中找出总成本最低的方案，必须首先分析费用和时间之间的关系。

①工期费用与工期的关系

工程总费用由直接费和间接费组成。直接费由人工费、材料费、机械使用费、其他直接费及现场经费等组成。施工方案不同，直接费也就不同；如果施工方案一定，工期不同，直接费也不同。直接费会随着工期的缩短而增加。间接费包括企业经营管理的全部费用，它一般会随着工期的缩短而减少。在考虑工程总费用时，还应考虑工期变化带来的其他损益，包括效益增量和资金的时间价值等。

②工作直接费与持续时间的关系

由于网络计划的工期取决于关键工作的持续时间，为了进行工期成本优化，必须分析网络计划中各项工作的直接费与持续时间之间的关系，它是网络计划工期成本优化的基础。工作的直接费与持续时间之间的关系类似于工程直接费与工期之间的关系，工作的直接费随着持续时间的缩短而增加。为简化计算，工作的直接费与持续时间之间的关系被近似地认为是一条直线关系。当工作划分不是很粗时，其计算结果还是比较精确的。工作的持续时间每缩短单位时间而增加的直接费称为直接费用率。工作的直接费用率越大，说明将该工作的持续时间缩短一个时间单位，所需增加的直接费就越多；反之，将该工作的持续时间缩短一个时间单位，所需增加的直接费就越少。因此，在压缩关键工作的持续时间以达到缩短工期的目的时，应将直接费用率最小的关键工作作为压缩对象。当有多条关键线路出现而需要同时压缩多个关键工作的持续时间时，应将它们的直接费用率之和（组合直接费用率）最小者作为压缩对象。

2）费用优化方法

费用优化的基本思路：不断地在网络计划中找出直接费用率（或组合直接费用率）最小的关键工作，缩短其持续时间，同时考虑间接费随工期缩短而减少的数值，最后求得工程总成本最低时的最优工期安排或按要求工期求得最低成本的计划安排。

按照上述基本思路，费用优化可按以下步骤进行：

①按工作的正常持续时间确定计算工期和关键线路。

②计算各项工作的直接费用率，应找出直接费用率的计算按上述公式进行。

③当只有一条关键线路时，应找出直接费用率最小的一组关键工作，作为缩短持续时间的对象；当有多条关键线路时，应找出组合直接费用率最小的一组关键工作，作为缩短持续时间的对象。

④对于选定的压缩对象（一项关键工作或一组关键工作），首先比较其直接费用率或组合直接费用率与工程间接费用率的大小：

a. 如果被压缩对象的直接费用率或组合直接费用率大于工程间接费用率，说明压缩关键工作的持续时间会使工程总费用增加，此时应停止缩短关键工作的持续时间，在此之前的方案即为优化方案。

b. 如果被压缩对象的直接费用率或组合直接费用率等于工程间接费用率，说明压缩关键工作的持续时间不会使工程总费用增加，应缩短关键工作的持续时间。

c. 如果被压缩对象的直接费用率或组合直接费用率小于工程间接费用率，说明压缩关键工作的持续时间会使工程总费用减少，故应缩短关键工作的持续时间。

⑤当需要压缩关键工作的持续时间时，其缩短值的确定必须符合下列两条原则：

a. 缩短后工作的持续时间不能小于其最短持续时间。

b. 缩短持续时间的工作不能变成非关键工作。

⑥计算关键工作持续时间缩短后相应增加的总费用。

⑦重复上述③~⑥，直至计算工期满足要求工期或被压缩对象的直接费用率或组合直接费用率大于工程间接费用绿为止。

⑧计算优化后的工程总费用。

（3）资源优化

资源是指为完成一项计划任务所需投入的人力、材料、机械设备和资金等。完成一项工程任务所需要的资源量基本上是不变的，不可能通过资源优化将其减少。资源优化的目的是通过改变工作的开始时间和完成时间，使资源按照时间的分布符合优化目标。

在通常情况下，网络计划的资源优化分为两种，即"资源有限，工期最短"的优化和"工期固定，资源均衡"的优化。前者是通过调整计划安排，在满足资源限制条件下，使工期延长最少的过程；而后者是通过调整计划安排，在工期保持不变的条件下，使资源需用量尽可能均衡的过程。

这里所讲的资源优化，其前提条件是：在优化过程中，不改变网络计划中各项工作之间的逻辑关系；在优化过程中，不改变网络计划中各项工作的持续时间；网络计划中各项工作的资源强度（单位时间所需资源数量）为常数，而且是合理的；除规定可中断的工作外，一般不允许中断工作，应保持其连续性。为简化问题，这里假定网络计划中的所有工作需要同一种资源。

1 ）"资源有限，工期最短"的优化

"资源有限，工期最短"的优化一般可按以下步骤进行：

①按照各项工作的最早开始时间安排进度计划，并计算网络计划每个时间单位的资源需用量。

②从计划开始日期起，逐个检查每个时段（每个时间单位资源需用量相同的时间段）资源需用量是否超过所能供应的资源限量。如果在整个工期范围内每个时段的资源需用量均能满足资源限量的要求，则可行优化方案就编制完成；否则，必须转入下一步进行计划的调整。

③分析超过资源限量的时段。如果在该时段内有几项工作平行作业，则采取将一项工作安排在与之平行的另一项工作之后进行的方法，以降低该时段的资源需用量。

④对调整后的网络计划安排重新计算每个时间单位的资源需用量。

⑤重复上述②～④，直至网络计划整个工期范围内每个时间单位的资源需用量均满足资源限量为止。

2 ）"工期固定，资源均衡"的优化

安排建设工程进度计划时，需要使资源需用量尽可能地均衡，使整个工程没单位时间的资源需用量不出现过多的高峰和低谷，这样不仅有利于工程建设的组织与管理，而且可以降低工程费用。

"工期固定，资源均衡"的优化方法有多种，如方差值最小法、极差值最小法、削高峰法等。按方差值最小的原理，"工期固定，资源均衡"的优化一般可按以下步骤进行：

①按照各项工作的最早开始时间安排进度计划，并计算网络计划每个时间单位的资源需用量。

②从网络计划的终点节点开始，按工作完成节点编号值从大到小的顺序依次进行调整。当某一节点同时作为多项工作的完成接点时，应先调整开始时间较迟的工作。

③当所有工作均按上述顺序自右向左调整了一次之后，为使资源需用量更加均衡，在按上述顺序自右向左进行多次调整，直至所有工作既不能右移也不能左移为止。

三、进度计划审查与实施

（一）进度计划审查

审查前注意事项及准备工作包括以下内容：

1. 施工组织设计中的施工进度计划是在工程项目施工前围绕如何实现进度目标所做的统筹安排，施工进度计划既是进度目标的分解和落实，也是进度动态控制的依据。因此，施工进度计划合理与否直接关系到进度能否得到有效控制。经业主与监理批准了的进度计划是工程实施、也是处理工程索赔时的重要依据。

2. 在审查施工组织设计必须抓好施工进度计划的审查工作，主要审查以下方面：施工总体部署及进度安排，包括施工总部署，施工组织机构，施工总进度计划，阶段性施工进度计划，单位工程施工进度计划，工程施工所需劳动力的计划，进度考核管理制度等。

（二）审查依据

1. 合同工期、开、竣工时间及里程碑事件进度控制点。

2. 施工组织设计。

3. 工程总进度计划和施工总进度计划。

4. 材料和设备供应计划。

5.《建设工程监理规范》的相关规定。

（三）审查要点

1. 编写、审查、批准程序是否符合要求。

2. 施工进度计划内容是否全面

进度计划内容至少应包括：合同与施工图纸所涵盖的全部作业项目，工程项目实施中的一些重要里程碑点以及合同约束限制条件，对图纸、设备、预埋件、甲方供应材料的到场要求，施工文件以及一些报审报险事项的反映，所以这些内容在进度计划中都要有所体现。另外还可将每项工程施工所需劳动力数量以及资金需求也列入其中。

3. 施工进度计划是否满足合同及业主主要时间控制点的要求

承包商的进度计划首先必须满足合同工期的要求，工程的合同文件均对工程的施工工期及一些专业间接口的时间作了一些特殊专业的施工条件与时机作了限制，在编制进度计划时也要将这些限制条件转化为控制性工期。这些控制性工期就是编制进度计划的基础，也是工程项目进度控制的目标。同时还必须符合业主控制性进度计划中一些关键时间节点的要求。

4. 施工进度计划是否与施工方案一致

施工方案中的施工部署、施工方法、施工工艺、施工机械以及施工组织方式直接影响进度计划安排，因此，在审查施工进度计划时必须检查施工进度计划是否与施工方案一致，如果有矛盾须要求承包商调整进度计划施工方案。

5. 施工进度计划中的工序分解粗细程度是否满足指导施工的要求

计划中表达施工过程的内容，划分的粗细程度既不能太粗也不宜太细，该计划的细度应根据项目的性质适度划分，在可能的情况下尽量细化。

6. 施工进度计划中工序间的逻辑关系是否合理

要求进度计划审查人员对工程项目有全面的了解，对工程施工程度和施工方法流程有比较清晰的思路。能识别工程项目中各工序间的联系，确认其逻辑关系的符合性与合理性，从而使施工进度计划更科学合理，达到"纲举目张"的效果。

7. 施工进度计划中各工期的确定是否合理

主要是各作业单元工期的确定，根据上述的控制性工期及确定的工序间的逻辑关系，根据各作业单元工程量的多少、施工条件的完善程度以及拟用于本工程的施工设备生产能力，本着最佳组合，最高效益、均衡生产的原则，确定合理的施工工期。

8. 资源加护能否保证进度计划的需求

在报审进度计划时，监理工程师应要求承包商提供各工种劳动力，施工机具，材料主要资源计划作为附件监理工程师通过审查资源计划是否与进度计划相符，来评价进度计划的可实施性，如资源计划不能满足进度计划的要求，应要求承包生调整资源计划或进度计划，进度计划一旦被批准，资源计划也作为进度控制的依据。

9. 进度保证措施是否合理

在进度计划报审时，监理工程师应要求承包商提供进度保证措施作为附件。进度保证措施包括技术措施、管理措施和季节性施工措施。进度计划一旦被批准，这些措施也将作为进度控制的依据。如果在施工过程中承包商没有采用这些措施而导致工期延期，一般监理工程师不能同意工期延期申请。

10. 进度计划中的关键工作及非关键工作的总时差是否明确

关键工作是进度控制的重点，关键工作一旦出现拖延，必然导致整个进度的延期。因此，控制了关键工作的进度也就控制了施工进度。非关键工作尽管不是进度控制的重点，但当非关键工作的延误超过了总时差时，就会转化为关键工作。因此，对那些总时差较小的非关键工作，也应给予足够的重视。明确关键工作和非关键工作总时差的目的除了确定进度控制的重点外，还为审批工期延期申请提供依据，一般来说，只有当关键工作出现延误，或非关键工作的延误时间超过了总时差时，承包商才有可能获得延期。

11. 该进度计划是否参与工程的材料、设备供应、进度计划相协调

当所监理的项目由多家承包商施工，在审批各承包商进度计划时必须注意各承包商进度计划之间的协调，比如土建与设备安装、设备安装与精装修、室内工程与室外工程之间的时间进度一致。否则，一般批准了承包商的进度计划，而各承包商在时间进度上又存在矛盾，将会给监理工作带来被动，甚至索赔。

此外，在审批进度计划时，还必须检查现场的施工条件是否能够满足进度计划的要求。

（四）批复方案时应注意的问题

1. 针对施工单位提出的工期承诺及施工进度计划，进行分析，在挖潜力的同时，与工期目标比较，施工进度计划应留有余地。

2. 土建、装修、空调、消防、智能化等各种专业配合，以及材料、设备订货，对进度计划影响较大，应充分考虑业主、总承包方、分包方等单位之间的沟通、协调和配合的难度。

3. 设计变更和图纸中的不确定因素可能影响后续工作，尽可能考虑避免因图纸原因的

停工。

4.施工单位的资源投入是保证进度计划顺利实施的关键因素之一。

5.施工过程中施工单位工序安排以及各工种间的交叉作业等是工程能否顺利实施的重要环节。

6.施工进度进行动态控制,建立制度,按时检查监督施工进度状态,对未实现分解目标的分项或分部工程,及时监督纠正,避免积少成多而影响到总目标的实现。

（五）审查意见

1.对施工进度计划是否满足合同工期目标及业主主要时间节点的要求提出明确意见。

2.对施工进度计划是否与施工方案、施工组织设计一致提出明确意见。

3.对施工进度计划中的工序分解粗细程度是否能够满足指导施工的要求提出明确意见。

4.对施工进度计划中工序间的逻辑关系是否合理提出明确意见。

5.对资源计划能否保证进度计划的需要提出相关意见。

6.对进度保证措施是否有力提出相关意见。

7.对施工进度计划是否可行、是否同意实施或需修改等提出明确意见。

（六）进度计划的实施

1. 施工进度保证措施

（1）推行项目法施工,确保工期目标的实现

1）选派有施工管理经验,并卓有成效地完成类似工程项目管理的同志担任项目经理。

2）根据施工项目组织原则,选用和国际工程接轨的施工组织体系,组建施工项目管理机构,明确责任、权限和义务。

3）在遵守招标文件、工程承包合同和本企业规章制度的前提下,根据本施工项目管理的需要,制定施工项目管理制度。

4）组织编制定切实可行的施工组织设计。

5）有效进行进度、成本和安全的目标控制。

6）对劳动力、材料、设备、资金和技术五大生产要素,针对其特点,进行优化配置和动态管理。

7）加强工程承包合同管理,严格执行合同条款。

8）进行有效的施工项目的信息管理。

（2）做好充分准备工作,确保顺利开工

1）一旦中标,迅速调动人员到施工现场,做好各项准备工作,包括组织材料及设备进场等工作,以免因此影响开工。

2）组织有丰富阅历的技术人员,认真开展图纸会审工作。学习和研究有关施工标准及规范,明确业主对施工的技术要求。精心制定施工方案和技术措施,对施工人员进行详

细的技术底。

（3）采用科学的管理保证施工进度

1）采用计算机管理软件加强施工进度计划的管理，同时对人力、材料、机械等资源的配置进行优化，提高计划管理的科学性、先进性。

2）使用公司自编的计算机材料管理系统，对材料管理进行控制。对材料的到货、使用、贮存实行动态控制，有效支持软件，做到合理安排施工计划，平衡调配劳动力分布，加快施工进度。

3）管道预制工厂化，实施流水作业法施工，高效率、高质量地完成配管工作。

（4）精心策划、加强内部协调

1）加大劳动力与施工设备的投入，保证优势全力投入该工程的施工。

2）自工程开工之起，报经当地劳动主管部门同意，采取弹性工作日，放弃节假日，增加有效工作日。

3）提前做好材料采购供应准备，保证按施工总进度计划要求保质保量运至仓库，避免劳动力大面积窝工和大面积返工。

4）按施工组织设计要求做好施工现场的平面布置工作，以利施工、运输、吊装等的便捷和现场施工的安全、有序、整洁。

5）根据本工程特点有针对性地编制项目协调工作程序，以便指导日常项目管理。

6）项目部每周组织召开一次本工程现场调度会议，对工程进度、质量、安全、资金及物质供应等进度综合平衡协调，解决施工过程中存在的各类总是和矛盾，保证工程顺利进展。

7）各部分的计划施工时间是按照平行流水作业、合理的主体及交叉施工的原则来考虑，X射线探伤等考虑夜间作业，加快施工进度。

8）建立现场协调会制度，每周召开一次由各方参加的协调会议，密切业主、监理公司、质量监督站、设计院的工作关系，特别是与监理公司、质量监督站应保持密切的工作联系，随时沟通与解决施工中所遇到的问题，做到遇到问题不拖延、不推诿及时沟通、迅速解决。

（5）不利条件下工期保证

1）如土建未按计划达到主要控制节点部位

①土建节点延迟影响了安装，我们不等不靠，立即调整计划，改变施工路线，继续保持前进势头。

②我们通过自己的努力，追回损失的时间。力保后续节点不受影响。

2）设计频繁变更

只要是设计单位签发，业主签证认可的设计变更，我们不拖延，不讲条件，立即实施，不使问题积累，如设计变更牵涉甲供设备材料，也请抓紧办理。

3）甲供设备材料未按计划到货

①调整施工计划，改变施工路线，有条件部位先施工。

②到货后组织突击抢干，加班加点，抢时间。

4）甲供设备材料质量问题

①甲供设备材料到货后立即检验，及早发现问题，给甲方处理留有时间余地。

②甲供设备材料一般质量缺陷，或型号规格不符，甲方如委托修复处理或提出代用串换，我们积极配合，主动提建议、想办法，满足甲方要求。

③如对进度已发生影响我们争取补救。

5）灾害性天气，停电、停水、意外事故。

①对安装影响较大，我们准备承担压力，通过平时加快安装进度弥补工期损失；不利情况发生时，采取措施消除影响在确保安全前提下，坚持施工。不能做好推迟进度借口，除非甲方主动决定工期顺延。

②灾害天气均有预报和预兆，事故要做好准备，采取防范措施，调整施工计划，最大限度减少影响。

③加强水电维护，防止施工原因造成停电停水。

④加强管理，消除重大安全和火灾隐患，杜绝事故发生。

（6）紧急情况下的工期保证

施工现场的情况复杂多变，不利条件如果频繁出现，其产生的后果常常是进行性的积累，往往造成工程后期安装工程量高度集中，施工高峰突起，压力骤增，而距竣工期期限不多时，或者甲方在工程实施中提出重大节点提前到位要求，对此类紧急情况，我们的预案是以下几点

1）增加项目施工资源投入，调遣后备梯队进场。

2）采取激励政策，调动职工积极性，加班加点、突击抢干。

3）启用项目应急储备资金。

四、进度计划检查与调整

（一）施工进度计划的检查

在项目施工进度计划的实施过程中，由于各种因素的影响，原始计划的安排常常会被打乱而出现进度偏差。因此，在进度计划执行一段时间后，必须对执行情况进行动态检查，并分析进度偏差产生的原因，以便为施工进度计划的调整提供必要的信息。

1. 施工进度计划检查内容

施工进度计划的检查包括下列内容：

（1）工作量的完成情况。

（2）工作时间的执行情况。

（3）资源使用及进度的互配情况。

（4）上次检查提出问题的处理情况。

2. 施工进度检查方法

项目施工进度检查的主要方法是比较法。常用的检查比较方法为列表比较法。在项目施工过程中，通过以下方式获得项目施工实际进展情况：

（1）定期地、经常的收集由承包单位提交的有关进度报表资料

项目施工进度报表资料不仅是对工程项目实施进度控制的依据，同时也是核对工程进度的依据。进度报表由监理单位提供给施工单位，施工单位按时填写完成后提交项目工程部及监理工程师核查。报表内容一般应该包括工作的开始时间、完成时间、持续时间、逻辑关系、实物工程量和工作量，以及工作时差的利用情况等。进度报表能体现出建设工程时间进展情况。

（2）由项目工程部及驻地监理人员现场跟踪检查建设工程时间进展情况

为避免项目部报已完工程量，工程部管理人员及驻地监理人员有必要进行现场实地检查和监督。要求每周检查一次。

（3）监理例会通报工程进度情况

在定期组织召开监理例会上，要求项目部汇报每周工程进度情况。

3. 日常检查与定期检查

（1）日常检查

随着设计工作的进行，不断的观测进度计划中所包含的每一项工作的实际开始时间、实际完成时间、实际持续时间、目前状况的内容，并加以记录，以此作为进度控制的依据。

（2）定期检查

每隔一定的时间对进度计划的执行情况进行以此较为全面、系统的观测、检查。观测、检查有关项目范围、进度计划和预算变更的信息，间隔时间因项目的类型、规模、特点和对进度计划的执行要求程度不同而异。项目拟定以周、旬、月为观测周期。对监测的结果加以记录，以便及时调整，保证设计进度的实现。

（二）施工进度计划的调整

项目施工进度计划的调整应依据进度计划检查结果，在施工进度计划执行发生偏离的时候，通过对工程量、起止时间、工作关系、资源提供和必要的目标进行调整，或通过局部改变施工顺序，重新作业过程相互协作方式等工作关系进行的调整，更充分利用施工的时间和空间进行合理交叉衔接，并编制调整后的施工进度计划，以保证施工总目标的实现。

1. 进度偏差调整原则

（1）若出现进度偏差的工作为关键工作，必须对原定进度计划采取相应调整措施。

（2）当出现进度偏差的工作为非关键工作，且工作进度滞后天数已超出其总时差，必须对原定进度计划采取相应调整措施。

（3）若出现进度偏差的工作为非关键工作，且工作进度滞后天数已超出其自由时差而未超出其总时差，只有在后续工作最早开工时间不宜推后的情况下才考虑对原定进度计划采取相应调整措施。

（4）若出现进度偏差的工作为非关键工作，且工作进度滞后天数未超出其自由时差，不必对原总进度采取任何调整措施。

2. 进度偏差的影响分析

在建设工程项目实施过程中，通过实际进度与计划进度的比较，发现有进度偏差时，需要分析该偏差对后续工作及总工期的影响，从而采取相应的调整措施对原进度计划进行调整，以确保工期目标的顺利实现。

（1）分析进度偏差的工作是否为关键工作

在工程项目的实施过程中，若出现偏差的工作为关键工作，则无论偏差大小，都将对后续工作及总工期产生影响，必须采取相应的调整措施。若出现偏差的工作不为关键工作，需要根据偏差值与总时差和自由时差的大小关系，确定对后续工作和总工期的影响程度。

（2）分析进度偏差是否大于总时差

在工程项目实施过程中，若工作的进度偏差大于该工作的总时差，说明此偏差必将影响后续工作和总工期，必须采取相应的调整措施。若工作的进度偏差小于或等于该工作的总时差，说明此偏差对总工期无影响，但它对后续工作的影响程度，需要根据比较偏差与自由时差的情况来确定。

（3）分析进度偏差是否大于自由时差

在工程项目实施过程中，若工作的进度偏差大于该工作的自由时差，说明此偏差对后续工作产生影响，应根据后续工作允许影响的程度而定。若工作的进度偏差小于或等于该工作的自由时差，则说明此偏差对后续工作无影响。因此，原进度计划可以不做调整。

根据分析项目工程部及监理工程师确认应该调整产生进度偏差的工作和调整偏差值的大小，来确定采取调整新措施，获得新的符合实际进度情况和计划目标的新进度计划。

3. 进度偏差影响到总工期时的调整措施

当工程项目施工实际进度影响到后续工作、总工期时，需要对进度计划进行调整。

（1）在确定需缩短持续时间的关键工作时，应按以下几个方面进行选择：

1）缩短持续时间对质量和安全影响不大的工作。

2）有充足备用资源的工作。

3）缩短持续时间所需增加的工人或材料最少的工作。

4）缩短持续时间所需增加的费用最少的工作。

（2）当确定为可压缩的关键工作后，可通过以下具体措施进行纠偏：

1）在有足够的工作面时，督促各单位增加劳动力、材料、设备等的投入加快进度。

2）在工作面受到制约时，督促各方面单位将现有的资源进行合理配置并采用加班或多班制工作。

第二节　项目成本控制

工程项目成本控制是指为实现工程项目的成本目标，在工程项目成本形成的过程中，对所消耗的人力资源、物质和费用开支，进行指导、监督、调节和限制，及时控制与纠正即将发生和已经发生的偏差，把各项费用控制在规定和规定的范围内。

一、项目成本控制的内容与程序

（一）施工项目成本控制的内容

1. 施工项目成本控制的原则

（1）全面控制的原则

1）全面控制

①建立全员参加责权利相结合的项目成本控制责任体系。

②项目经理、各部门、施工队、班组人员都负有成本控制的责任，在一定的范围内享有成本控制的权利，在成本控制方面的业绩与工资奖金挂钩，从而形成一个有效的成本控制责任网络。

2）全过程控制

①成本控制贯穿项目施工过程的每一个阶段。

②每一项经济业务都要纳入成本控制的轨道。

③经常性成本控制通过制度保证，不常发生的"例外问题"也有相应措施控制，不能疏漏。

（2）动态控制的原则

1）项目施工是一次性行为，其成本控制应事前重视、事中控制。

2）在施工开始之前进行成本预测，确定目标成本，编制成本计划，制定或修订各种消耗定额和费用开支标准。

3）施工阶段重在执行成本计划，落实降低成本措施，实行成本目标管理。

4）成本控制随施工过程连续进行，与施工进度同步，不能时紧时松，更不能拖延。

5）建立灵敏的成本信息反馈系统，使成本责任部门（人员）能及时获得信息、纠正不利成本偏差。

6）制不合理开支，把可能导致损失和浪费的苗头消灭在萌芽状态。

（3）创收与节约相结合的原则

1）施工生产既是消耗资财人力的过程，也是创造财富增加收入的过程，其成本控制应坚持增收与节约相结合的原则。

2）作为合同签约依据，编制工程预算时，应"以支定收"，保证预算收入。在施工过程中，要"以收入定支出"，控制资源消耗和费用支出。

3）每发生一笔成本费用，都要核查有否相应的预算收入，收支是否平衡。

4）经常性的成本核算时，要进行实际成本与预算收的对比分析。

5）严格控制成本开支范围，费用开支标准和关财务制度，对各项成本费用的支出进行限制和监督。

6）提高施工项目的科学管理水平、优化施工方案，提高生产效率、节约人、财、物的消耗。

7）采取预防成本失控的技术组织措施，制止可能发和的浪费。

8）施工的质量、进度、安全都对工程成本有很大的影响，因而成本控制必须与质量控制、进度控制、安全控制等工作相结合、相协调，避免返工（修）损失、降低质量成本、减少并杜绝工程延期违约罚款、安全事故损失等费用发生。

9）坚持现场管理标准化，堵塞浪费的漏洞。

（4）责权利相结合的原则

1）要使控制真正发挥作用，必须严格按照经济责任制要求，贯彻责权利相结合的原则。有责无权，不能完成所承担的责任，有责无利，缺乏履行责任的动力。

2）工程项目成本涉及面广，必须形成覆盖项目全员的成本责任网络，归口控制项目成本，并与奖金分配挂钩，有奖有罚。

2. 工程项目成本控制的方法

（1）制度控制

制度控制是企业层次对项目成本实施的总体宏观控制，使项目施工过程中成本管理"有章可循"。这些制度主要有《劳务工作管理规定》《机械设备租赁管理办法》《料具租赁管理办法》《工程项目成本核算管理标准》等，详见公司内部文件。

（2）定额控制

为了控制项目成本，企业必须有完整的定额资料，这些定额除了国家统一的建筑、安装工程基础定额以及市场的劳务、材料价格信息之外，企业还应有完善的内部定额资料。内部定额资料根据国家的统一定额，结合现行质量标准，安全操作规程，施工条件及历史资料等进行编制，并以此作为编制施工预算，工长签发施工任务书，控制考核，工效及材料消耗的依据。

（3）合同控制

1）项目经理部与公司之间的经济技术承包合同。

2）公司与劳务承包队伍之间的承包合同。

3）项目经理部与劳务承包实体之间的承包合同。

3. 工程项目成本控制的内容

（1）材料费的控制

材料费的控制按照"量价分离"的原则：一是材料用量的控制；二是材料价格控制。

1）材料用量的控制

材料消耗量主要是由项目经理部的施工过程中通过"限额领料"落实，具体有以下几个方面：

①定额控制

对于有消耗定额的材料，项目以消耗定额为依据，实行限额发料制度。项目各工长只能在规定限额内分期批领用，需要超过限额领用的材料，必须先查明原因，经过一定审批手续方可领料。

②指标控制

对于没有消耗定额的材料，则实行计划管理和按指标控制的方法。根据上期实际耗用，结合当月具体情况节约要求，制定领用材料指标，据以控制发料。超过指标的材料，必须经过一定的审批手续方可领用。

③计算控制

为准确核算项目实际材料成本，保证材料消耗准确，在各种材料进场时，项目材料员必须准确计量，查明是否发生损耗或短缺，如有发生，要查明原因，明确责任。在发生的过程中，要严格计量，防止多发或少发。

2）材料价格的控制

材料价格主要由材料采购部门在采购中加以控制。由于材料价格是由买价、运杂费、运输费中的合同损失等所组成的，因此在控制材料价格时，须从以下几个方面进行：

①买价控制

买价的变动主要是由市场因素引起的，但在内部控制方面，应事先对供应商进行考察，建立合格供应商名册。采取材料时，必须在合格供应商名册中选定供应商名册。采购材料时，必须在合格供应商名册中选定供应商，实行货比三家，在保质保量的前提下，争取最低买价。同时实行项目监督，项目对材料部门采购的物资有权过问询价，对买价过高的物资，可以根据双方签订的横向合同处理。此外，材料部门对各个项目所需的物资可以分类批量采购，以降低买价。

②运费控制

合理组织材料运输，就近购买材料，先用最经济的运输方法，借以降低成本。为此，材料采购部门要求供应商按规定的条件和指定的地点交货，供应单位如降低包装质量，则按质论价付款；因变更指定交货地点所增加的费用均由供应商自付。

③损耗控制

要求项目现场材料验收人员及时严格验收手续，准确计量，以防止将损耗或短缺计入材料成本。

（2）人工费的控制

按照内部施工图预算，钢筋翻样单或模板量计算出定额人工工日，并将安全生产、文明施工及零星用工按定额工日的一定比例一次性包干给劳务承包队伍，达到控制人工开支的目的。

（3）机械费的控制

机械费用主要由台班数量和台班单价两方面决定，为有效控制台班费支出，主要从以下几个方面控制：

1）指导项目合理安排施工生产，督促项目加强设备租赁计划管理，减少因安排不当引起的设备闲置。

2）协助项目加强机械设备的调度工作，尽量避免窝工，提高现场设备利用率。

3）监督项目强强现场设备的维修保养，避免因不正当使用造成机械设备的停置。

4）协助项目做好上机人员与辅助生产人员的协调与配合，提高机械台班产量。

（4）管理费的控制

管理费在项目成本中有一定比例，由于没有定额，所以在控制与核算上都较难把握，项目在使用和开支时弹性较大，主要采取以下控制措施：

1）根据各工程项目的具体情况及项目经理自身的管理能力、水平、思想素质等，分别赋予不同的管理费开支权限。

2）制定项目管理费开支指标。项目经理在规定的开支范围内有权支配，超计划使用则需经过一定审批手续。

3）及时反映，经常检查。企业委托财务部门对制定的项目管理费开支标准执行情况逐月检查，发现问题及时反映，找出原因，制定纠正措施。

4. 施工项目成本控制的实施

施工项目的成本主要是在施工过程中形成的，其成本费用支出主要发生在施工项目的各职能部门的业务活动中，发生在施工队、生产班组进行的分部分项工程施工中，因而施工项目成本控制的实施要要是指在项目的施工过程中，以各职能部门、施工队、生产班组为成本控制对象，以分部分项工程为成本控制对象，在对外经济业务时，以经济合同为成本控制对象，所进行落实成本控制责任制，执行成本控制计划并随时进行检查、考核、分析等一系列成本控制活动。

施工项目成本控制责任制的主要内容如下：

（1）项目经理

1）项目成本控制的责任中心，全面负责项目成本控制工作。

2）负责成本预测、决策工作，主持制订、审核项目目标成本、成本计划和降低成本技术组织措施计划。

3）建立项目成本控制责任体系，与各职能部门（人员）班组签订成本承包责任状，并监督执行情况。

（2）预算部门

1）预测项目成本，编制项目成本计划。

2）会同财会部门进行成本计划的综合平衡。

3）编制施工图预算、施工预算、提供各单位工程，分部分项工程、各成本项目的预算成本资料。

4）监督对外经济合同履约情况收集变更资料。

5）负责外包工作对外结算工作，控制费用支出。

6）编制预算时要充分考虑可能发生的成本费用，不要漏项。对预算中"缺口"项目，不要估计偏低，以保证工程收入发生工程变更，及时办理增减账，以通过工程款结算向甲方取得补偿。

（3）技术部门

1）在审查各级部门所提技术组织措施的基础上，汇总编制项目的技术组织措施计划。

2）提出有效的技术节约、降低成本措施，负责落实，提供技术节约报表。

3）制定经济合理的施工组织设计。

4）认真会审图纸，提出便于施工、降低成本的修改意见。

5）制订并贯彻降低成本的技术组织措施，提高经济效益。

（4）工程部门

1）合理规划施工现场布置、减少二次搬运、运输费等支出。

2）保证工程质量，降低质量根本，避免返工损失。

3）严格施工安全控制，确保安全生产，减少事故损失。

4）组织均衡生产，搞好现场调度和协作配合，注意收尾工程。

5）及时办理工程签证。

（5）材料部门

1）编制降低材料成本措施计划。

2）控制材料采购成本，合理安排储备，降低材料管理损耗，减少资金占用。

3）严格执行进料验收、限额发料、周转材料、回收利用制度。

4）负责材料台账启记录，提供材料耗用报表，考核材料实际消耗。

（6）动力部门

1）编制机械台班使用计划和降低机械使用费措施计划。

2）提供各类机械台班实际使用资料，合理使用、节约台班费用。

3）加强机械设备管理、保养、维修，提供完好率、使用率。

4）控制外租机械租赁的费用。

（7）质安部门

1）编制质量成本计划，进行全面质量成本控制。

2）合理精简项目管理人员、服务人员，节约工资性支出。

3）执行费用开支标准和有关财务制度，控制非生产性开支。

4）管好行政办公用财产物资，防止损坏和流失。

（8）财务部门

1）编制项目管理费用计划和成本降低计划。

2）建立月度财务收支计划制度，根据施工需要，平衡调度资金，控制资金使用。

3）按照成本开支范围、费用开支标准、有关财务制度，严格审核各项成本费用，控制成本支出。

4）对成本进行分部分项、分阶段和月度的考核分析，发现问题及时反馈。

5）及时核算实际成本，编制成本报表。

（二）施工项目成本控制程序

1. 确定项目目标（责任）成本

施工企业承揽的工程项目，一般都要成立项目部。由项目经理与上级领导签订责任书，明确自己在工程施工过程中承担的责任，同时确定目标（责任）成本。

2. 编制项目内控成本计划

根据目标（责任）成本，首先根据施工图纸计算实际工程量，由项目经理及其他项目组管理人员根据施工方案和分包合同，确定计划支出的人工费、实际需要的机械费；其次，根据定额材料消耗量，确定材料费，一般应有3%~5%的降低率；根据项目责任合同确定项目现场经费。以上费用综合即为初步确定的项目内控成本计划。计算出的内控成本，必须确保项目责任成本降低率的完成。如果达不到降低率的要求，应通过加快工具周转、缩短工期、采用新技术、新工艺等办法予以解决。通过价值工程的方法，在保证质量和安全的前提下，将不同工期条件与项目固定成本进行对比，解决成本与工期之间的和谐性。项目内控成本的制定，必须附有明确、具体的成本降低措施。

3. 落实责任、实施项目成本的过程控制

成本控制要做到全员参与，树立全员经济意识。一是内控成本编制完成后，应在项目部内部层层分解责任成本，层层签订责任书。明确好项目部内各个成员的责任，谁负责、谁负担。提高项目部内成员的责任意识，可将责任书贴在墙上，时刻提醒项目部内成员。二是由各岗位责任人员对每个环节、每道工序实施全过程控制。在项目经理部建立"QC"小组，对成本支出构成比重大的和可控成本进行重点分析、监督，落实控制措施；对重点材料采用竞标的办法，对能自定的材料、物资和大宗物品采用招投标办法，在保证质量的前提下，降低采购成本；科学施工，避免浪费。做到科学配料、科学拌合，不出废料及不

合格产品。施工中讲求质量，避免问题和浪费的产生；控制非生产费用和综合支出。减少非生产支出，控制不合理综合费用的发生，对能避免发生的费用要严格控制，从根本上杜绝。

4. 项目成本核算

项目成本核算方法一般有表格核算法和会计核算法。前者是各要素部门和核算单位定期采集信息，填制相应的表格，并通过一系列的表格，形成项目成本核算体系；后者是建立在会计核算的基础上，利用会计核算所独有的借贷记账法，按项目成本内容和收支范围，组织项目成本核算的方法。项目成本核算在满足基本会计核算要求的同时，更注重责任成本的核算。要求正确区分相关部门（岗位）的责任成本与非责任成本，并建立内部模拟要素市场，实行内部有偿结算。

（1）人工费的核算

项目会计根据《工资（奖金）发放表》、内部结算票据和项目劳资员提供的《单位工程用工汇总表》，据以编制《工资分配表》，进行分部分项的生产人员工资分配；工资附加费可以采取比例分配法；劳动保护费可按标准直接进入人工费核销。分包劳务成本一般由分包单位按合同内容编制结算单，经项目施工员、预算员及项目经理审签后，再按各公司规定程序报公司批准后进行核算。对跨期完工的项目，可先进行劳务分包成本预估，经项目部审核后计入项目成本，决算时冲回。

（2）材料费的核算

材料费是指在施工过程中耗用的构成工程实体的费用，主要包括：主要材料、结构件、其他材料、周转材料摊销、租费和运输费等。材料费核算必须建立健全严格的材料收、发、领、存、退制度，每月定期盘点一次库存，保证成本的准确性和真实性。

（3）机械使用费的核算

自有机械或运输设备进行机械作业所发生的各项费用，由项目部根据实际使用情况直接计入成本。公司内部设备租赁费，按公司转入并由项目相关人员确认的结算单入账。对外租赁的机械费，采取平时按台班及租赁合同预估，结算调整的方式按月进行核算。

（4）其他直接费和间接费用的核算

其他直接费在发生时直接计入成本。间接费用由项目会计按规定的核算标准和费用划分标准进行成本核算。费用划分标准是：建筑工程以直接费为标准，安装工程以人工费为标准，产品（劳务、作业）的分配以直接费或人工费为标准。

5. 项目成本分析

首先进行综合分析，将工程实际成本同目标成本、内控成本进行对照检查，计算出绝对数、相对数，以反映成本目标总的完成情况。其次进行成本项目分析，即按施工成本费用构成项目进行分析比较，反映各成本项目降低情况，分析积极、消极因素，促进消极向积极转化。

（1）人工费分析

将项目中的人工费的实际成本同预算成本相比较，再参照劳资部门的有关劳动工资方面的统计资料，找出人工费超支因素及其原因。

（2）材料费分析

常用的方法为因素分析法（具体公式略），分析重要材料物资因用量、单价变化对材料费的影响。另外，材料费分析还应有材料定额变动的分析、废旧料利用情况的分析、施工工艺变动对材料费影响的分析，等等。

（3）机械使用费分析

将施工机械使用费的内控计划数与实际数相对比，然后进行价格、数量分析，找出施工企业自有及租赁机械使用上的节约或浪费。

6. 项目成本考核及奖惩兑现

在工程项目内控成本管理的过程中或结束后，定期或按时根据项目内控成本管理情况，给予责任者相应的奖励或惩罚。只有奖罚分明，才能有效调动每一位员工完成内控成本的积极性，为降低施工项目成本、增加企业积累，做出自己的贡献。

（三）工程项目成本控制条例

1. 总则

（1）目的

为了增强工程项目的成本控制力度，降低成本费用，提高市场竞争力，根据国家有关政策法规，结合公司具体情况，特制定本制度。

（2）要求

工程项目的成本管理应"以保证质量为前提，以过程控制为环节，以规范操作为手段，以提高经济效益为目的"。

（3）主要任务

建立成本的事前预测、优化；事中动态控制；事后分析、评价的动态循环系统，落实部门职责和岗位责任制，形成系统内各环节有效实施成本管理的体系，以努力降低成本，提高经济效益。

（4）适用范围

本制度适用于城区房地产公司所有工程项目。

2. 前期环节的成本控制

（1）事业发展中心进行市场调研，对市场走势做出分析、判断，及时提供、反馈给公司管理层作为决策参考。

（2）新项目立项时向公司提交详细的《可行性研究报告》，并经公司立项听证会讨论通过。

（3）若项目立项后，合作条件或招标、拍卖条件等关键因素发生变化，并将对我方构成重大不利影响时，应重新立项。

（4）招标或拍卖项目的竞价不得突破内定的最高限价，合作建房项目要充分考虑地价款的支付方式及相应的资金成本。

3. 规划设计环节的成本控制

（1）总体规划设计方案，必须包括建造成本控制总体目标，首先上报总经理审查，同意后方可进入下一设计阶段（如初步设计、扩初设计、施工图设计）。每一阶段都必须要求设计单位出具《设计概（预）算》，并与上一阶段的概（预）算进行认真分析比较，编出项目的《建造成本概（预）算》，确定各成本单项的控制目标，以此控制下一阶段的设计。

（2）施工图设计合同应具备有关钢筋、混凝土等建材用量的要求，并写明由设计单位出《设计概算》。

（3）设计单位在设计时，若无特殊技术，不得指定施工或材料供应单位。

（4）每个项目要成立设计、工程、项目经理部、成本合约部共同组成的造价联合小组，对施工图的技术性、安全性、周密性、经济性（包括建成后的物业管理成本）等进行会审，提出明确的书面审查意见，并督促设计单位进行修正，避免或减少由于设计不合理甚至失误所造成的投资损失。

4. 施工招标环节的成本控制

施工单位的选择参照《对外业务分包管理制度》和《招投标管理制度》。

（1）施工单位招标时，同等条件下，应尽量选择企业类别或工程类别高而收费较低的单位。

（2）零星工程应当在两个以上的施工单位中，综合考察其技术力量、报价等，进行择优选择。

（3）垄断性的工程项目（如水、电、气等）应尽力进行公关协调，最大程度降低造价。

（4）出包工程应严禁擅自转包。

5. 施工过程的成本控制

（1）现场签证

1）现场签证要反复对照合同及有关文件规定慎重处理。

2）现场签证必须列清事由、工程实物量及其价值量，并由项目执行经理和预算人员以及现场监理人员共同签名。项目经理必须对工程量、单价、用工量负责把关。

3）现场签证按《工程签证管理制度》执行。签证内容、原因、工程量必须清楚明了，涂改后的签证及复印件不得作为结算依据。项目部指定人员监管变更洽商的收集留存，并于每月及时报给成本合约部及成本管理中心，成本合约部建立《变更洽商台账一览表》，以保证资料的完整齐全。

4）凡实行造价大包干的工程项目，取费系数中已计取预算包干费或不可预见费的工程项目，在施工过程中不得办理任何签证。

5）需要变更设计的，应填写《设计变更审批表》并编制预算，经设计、监理和甲方有关负责人批准后，方可办理，办理过程中必须对照有关施工或售楼合同，明确经济责任，杜绝盲目签证。

（2）工程质量与监理

1）项目监理通过招标方式择优选择具有合法资格与有效资质等级的监理单位。监理单位应与所监理工程的施工单位和供应商无利益关系。

2）工程项目管理人员应要求监理单位密切配合，严格把关。一旦发现质量事故，必须组织有关部门详细调查、分析事故原因，提交《事故情况报告》及防止再发生事故的措施，明确事故责任并督促责任单位，按照公司认可的书面处理方案予以落实。事故报告与处理方案应一并存档备案。

3）应特别重视隐蔽工程的监理和验收。隐蔽工程的验收，必须由工程项目管理人员联合施工单位、质检部门共同参加并办理书面手续。凡未经验收的隐蔽工程，施工单位不得进入下道工序施工。隐蔽工程验收记录按顺序进行整理，存入工程技术档案。

（3）工程进度款

1）原则上不向施工单位支付备料款。确需支付者，应不超过工程造价的15%，并在工程进度款支付到工程造价50%时开始抵扣预付备料款。

2）工程进度款的拨付应当按下列程序办理

①施工单位按月报送《施工进度计划》和《工程进度完成月报表》。

②项目部、工程部会同监理人员，对照施工合同及进度计划，审核工程进度内容和完工部位（主体结构及隐蔽工程部分须提供照片）、工程质量证明等资料。

③成本合约部对上报的工程进度款中的已完工程量和造价进行审核，通过后交成本管理中心复核。

④按公司有关资金支出审批制度的规定程序，予以付款并登记台账。

（4）工程进度款支付达到工程造价的80%时，原则上应停止付款，预留至少15%的工程尾款和5%的保修款（具体比例参照合同约定），以便掌握最终结算主动权。

6. 工程材料及设备管理

（1）开工前，项目经理部应及时列出所需材料及设备清单，一般按照下列原则决定甲供、甲定乙供和乙供，并在工程施工承包合同中加以明确。

1）甲方能找到一级建材市场的、有特殊质量要求和价格浮动范围较大的材料和设备，应实行甲供或甲定乙供，其余材料和设备实行乙供。

2）实行甲供或甲定乙供的材料和设备应尽量不支付采购保管费。

（2）应按工程实际进度合理安排采购数量和具体进货时间，防止积压或出现窝工现象。

（3）甲供材料、设备的采购必须进行广泛询价，货比三家，也可在主要设备和大宗建材采购上采用招标的方式。在质量、价格、供货时间均能满足要求的前提下，应比照下列条件择优确定供货单位。

1）能够实行赊销或定金较低的供货商。

2）愿意以房屋抵材料款，且接受正常楼价的供货商。

3）能够到现场安装，接受验收合格后再付款的供货商。

4）售后服务和信誉良好的供货商。

（4）项目经理部对到货的甲供材料和设备的数量、质量及规格，要当场检查验收并出具检验报告，办理验收手续，妥善保管。对不符合要求的，应及时退货并通知财务管理部拒绝付款。

（5）《采购合同》中必须载明：因供货商供货不及时或质量、数量等问题对工程进度、工程质量产生影响和损失的，供货商必须承担索赔责任。

（6）由材料设备部负责建立健全材料的询价、定价、签约、进货和验收保管相分离的内部牵制制度，保证材料采购过程的公正、公开。

（7）对于乙供材料和设备，我方必须按认定的质量及选型，在预算人员控制的价格上限范围内抽取样板，进行封样，并尽量采取我方限价的措施（参照《乙供材料设备限价管理制度》）。同时在设备和材料进场时应要求出具检验合格证。

（8）甲供材料、设备的结算必须凭供货合同、供货厂家或商检部门的检验合格证、我方的验收检验证明、结算清单，经财务管理中心审核无误后，方能办理结算。

7. 竣工交付环节的成本控制

（1）单项工程和项目竣工应经过自检、复查、验收三个环节才能移交。

（2）项目经理部、设计管理部、工程管理部、成本合约部、物业必须参加工程结构验收、装修验收及总体验收等，《移交证明书》应由施工单位、监理单位和物业公司同时签署。

（3）凡有影响使用功能，安全上不合格的结构、安装、装饰部位和设备、设施，均应限期整改直到复验合格。因施工单位原因延误工程移交，给我方造成经济损失的，要按合同条款追究其责任。

（4）工程移交后，应按施工合同有关条款和物业管理规定及时与施工单位签订《保修协议书》，以明确施工单位的保修范围、保修责任（包括验收后出现的质量问题的保修责任约定）及处罚措施等。

（5）采取一次性扣留保修金、自行保修的，应对保修事项及其费用有充分的预计，留足保修费用。

8. 工程结算管理

（1）工程结算要以甲方掌握的设计变更和现场签证为准，对于施工单位提供的设计变更和现场签证，在复核无误的基础上也可作为参考。

（2）成本合约部应详细核对工程量，审定价格、取费标准，计算工程总造价，做到资料完整、有根有据、数据准确。

（3）成本合约部编制的《预、结算书》，应当有各工程量的计算过程及详细的编制说明，扣清甲供材料款项等。

（4）成本合约部应对主体工程成本进行跟踪分析管理，进行"三算"对比，找出工程成本超、降的因素，并提出改进措施和意见。

（5）成本管理中心负责审核成本合约部的预结算书，编报《预结算汇总表》。在成本管理中心提供的结算资料的基础上，财务管理中心应当结合预付备料款、代垫款项费用等债权、债务，对照合同审核并决算。

（6）在项目开发经营计划的基础上，应注意加快项目开发节奏，尽可能缩短项目开发经营周期，减少期间费用。应保证向客户承诺的交工日期，以避免赶工成本和延期赔偿；应尽最大努力加快销售，减少现房积压时间，降低利息费用等成本。

（7）项目成本控制贯穿于工程项目的全过程，要逐项循序地进行落实，责任到人，按照制度和有关章程办理，努力抓出实效。

二、成本预测与成本控制实施

（一）详细预测法

1. 概念

详细预测方法，通常是对施工项目计划工期内影响其成本变化的各个因素进行分析，比照最近期已完工施工项目或将完工施工项目的成本（单位面积成本或单位体积成本），预测这些因素对工程成本中有关项目（成本项目）的影响程度。然后用比重法进行计算，预测出工程的单位成本或总成本。

这种方法，首先要计算最近期已完的或将近完工的类似施工项目（以下称为参照工程）的成本，包括备成本项目的数额；第二步要分析影响成本的因素，并分析预测备因素对成本有关项目的影响程度；第三步再按比重法计算，预测出目前施工项目（以下称为对象工程）的成本。

2. 预测影响工程成本的因素

在工程施工过程中，影响工程成本的主要因素可以概括为以下几方面：

（1）材料消耗定额增加或降低，这里材料包括燃料、动力等

由于采用新材料或材料代用，引起材料消耗的降低或者采用新工艺、新技术或新设备，降低了必要的工艺性损耗，以及对象工程与类似工程材料级别不同时，消耗定额和单价之差引起的综合影响等。

（2）物价上涨或下降

工程成本的变化最重要的一个影响因素是因为物价的变化。有些工程成本超支的主要原因就是由于物价大幅度上涨，实行固定总价合同的工程往往会因此而亏本。

（3）劳动力工资的增长

劳动力工资（包括奖金、附加工资等）的增长不可避免地使得工程成本增加，包括由于工期紧而增加的加班工资。

（4）劳动生产率的变化

工人素质的增强或者是采用新的工艺，提高了劳动生产率，节省了施工总工时数，从而降低了人工费用；另一方面，可能由于工程所在地地理和气候环境的影响，或施工班组工人素质与类似工程相比较低，使劳动生产率下降，从而增加了施工总工时数和人工费用。

因此，在确定影响成本因素对成本影响程度之前，首先要分析预测影响该工程的因素是哪一些。

3. 作用

这种方法更快地根据各种因素来估计项目施工成本的情况，编制正确可靠的成本计划。通过成本预测，有利于及时发现问题，找出成本管理中的薄弱环节，采取措施，控制成本。

（二）德尔菲法

1. 概念

德尔菲法是为了克服专家会议法的缺点而产生的一种专家预测方法。在预测过程中，专家彼此互不相识、互不往来，这就克服了在专家会议法中经常发生的专家们不能充分发表意见、权威人物的意见左右其他人的意见等弊病。各位专家能真正充分地发表自己的预测意见。1946年，兰德公司首次用这种方法用来进行预测，后来该方法被迅速广泛采用。

德尔菲法依据系统的程序，采用匿名发表意见的方式，即专家之间不得互相讨论，不发生横向联系，只能与调查人员发生关系，通过多轮次调查专家对问卷所提问题的看法，经过反复征询、归纳、修改，最后汇总成专家基本一致的看法，作为预测的结果。这种方法具有广泛的代表性，较为可靠。

德尔菲法是预测活动中的一项重要工具，在实际应用中通常可以划分三个类型：经典型德尔菲法（classical）、策略型德尔菲法（policy）和决策型德尔菲法（decisionDelph）。

2. 现实意义

德尔菲法作为一种主观、定性的方法，不仅可以用于预测领域，而且可以广泛应用于各种评价指标体系的建立和具体指标的确定过程。

例如，在考虑一项投资项目时，需要对该项目的市场吸引力做出评价。我们可以列出同市场吸引力有关的若干因素，包括整体市场规模、年市场增长率、历史毛利率、竞争强度、对技术要求、对能源的要求、对环境的影响等。市场吸引力的这一综合指标就等于上述因素加权求和。每一个因素在构成市场吸引力时的重要性即权重和该因素的得分，需要由管理人员的主观判断来确定。这时，我们同样可以采用德尔菲法。

3. 用途

德尔菲法主要应用于预测和评价，它既是一种预测方法，又是一种评价方法。不过经典德尔菲法德侧重点是预测，因为在进行相对重要性之类的评估时，往往也是预测性质的评估，即对未来可能事件的估计比较。具体地说，德尔菲法主要有以下五个方面的用途：

（1）对达到某一目标的条件、途径、手段及它们的相对重要程度做出估计。

（2）对未来事件实现的时间进行概率估计。

（3）对某一方案（技术、产品等）在总体方案（技术、产品等）中所占的最佳比重做出概率估计。

（4）对研究对象的动向和在未来某个时间所能达到的状况、性能等做出估计。

（5）对方案、技术、产品等做出评价，或对若干备选方案、技术、产品评价出相对名次，选出最优者。

（三）高低点法

1. 概念

高低点法指在若干连续时期中，选择最高业务量和最低业务量两个时点的成本数据，通过计算总成本中的固定成本、变动成本和变动成本率来预测成本。

2. 原理

利用代数式 $y=a+bx$，选用一定历史资料中的最高业务量与最低业务量的总成本（或总费用）之差 $\triangle y$，与两者业务量之差 $\triangle x$ 进行对比，求出 b，然后再求出 a。

y——一定期间某项成本总额；

x——业务量；

a——固定成本；

b——变动成本。

3. 计算

$b=\triangle y/\triangle x$，即单位变动成本＝（最高业务量成本 - 最低业务量成本）/（最高业务量 - 最低业务量）＝高低点成本之差 / 高低点业务量之差。

可根据公式 $y=a+bx$ 用最高业务量或最低业务量有关数据代入，求解 a。

a= 最高（低）产量成本 — b×最高（低）产量

4. 优缺点

高低点法虽然具有运用简便的优点，但它仅以高低两点决定成本性态，因而带有一定的偶然性。所以这种方法通常只适用于各期成本变动趋势较稳定的情况。

（四）趋势预测法

1. 概念

趋势预测法又称趋势分析法。是指自变量为时间，因变量为时间的函数的模式。

趋势预测法的主要优点是考虑时间序列发展趋势，使预测结果能更好地符合实际。根据对准确程度要求不同，可选择一次或二次移动平均值来进行预测。首先是分别移动计算相邻数期的平均值，其次确定变动趋势和趋势平均值，最后以最近期的平均值加趋势平均值与距离预测时间的期数的乘积，即得预测值。

趋势预测法包括以下几种方法。

（1）算术平均法

1）概念

算术平均法是将过去若干个按照发生时间顺序排列起来的同一变量的观测值进行加总，然后，被观测值的个数除，示出观测值的平均数，以这一平均数作为预测示来期间该变量预测值的一种趋势预测方法。

2）原理

假设用下列符号表示各有关的数值：

xI 各观测值，I=1，2，…，n（在成本预测中各观测值即为各期的成本金额）；

n 观测值的个数；

x 平均数（即预测值）。

则算术平均数的计算公式如下：

$x=\sum xI/n$

3）适用范围

这种方法虽然比较简单，但是，其所确定出的预测值，可能会出现较大的误差。只有产品的成本比较稳定的情况下，采用此法才比较适宜。

（2）加权算术平均法

1）概念

利用过去若干个按照发生时间顺序排列起来的同一变量的观测值并以时间顺序数为权数，计算出观测值的加权算术平均数，以这一数字作为预测未来期间该变量预测值的一种趋势预测方法。

2）原理

假设用下列符号表示各有关的数值：

x_i —各观测值；

w_i —各观测值的对应权数；

y —加权算术平均数（即预测值）。

则加权算术平均数的计算公式如下：

$y=\sum（xi \times wi）/\sum wi$

3）意义

采用这种方法来确定预测值，目的是为了适当扩大近期实际成本量对未来期间成本量预测值的影响作用。

（3）简单移动平均法

1）概念

将过去若干个按照发生时间顺序排列起来的同一变量的观测值中最近几期的数值进行加总，然后，被最近几期观测值的个数除，求出观测值的平均数，以这一平均数作为预测未来期间该变量预测值的一种趋势预测方法。

2）原理

假设用下列符号表示各有关的数值：

t 期间数；

xi 第 t 期的观测值；

n 最近几期观测值的个数；

Mt+1 移动平均数（即预测值）。

则简单移动平均数的计算公式如下：

$Mt+1=（xt+xt-1+\cdots+xt-n+1）/n$

3）意义

这种方法实际上也就是用以往一段时间内的实际成本量的算术平均数，作为下期的成本量预测值。在产品的成本短期内变化不是太大的情况下，采用此法比较适宜。

（4）加权移动平均法

1）概念

这是利用过去若干个按照发生时间顺序排列起来的同一变量的观测值中最近几期的数值并以这一期间的时间顺序数为权数，计算出观测值的加权移动平均数，并以它作为预测未来期间该变量预测值的一种趋势预测方法。

2）原理

假设用下列符号表示各有关的数值：

t 期间数

xi 第 t 期的观测值；

n 最近几期观测值的个数；

wi 第 t 期观测值的对应权数；

yt+1 加权移动平均数（即预测值）。

则加权移动平均数的计算公式如下：

$yt+1=（xtwt+xt-1wt-1+\cdots+xt-n+1wt-n+1）/（wt+wt-1+\cdots+wt-n+1）$

3）意义

可以适当扩大近期实际成本量对未来期间成本量预测值的影响作用。

2. 主观概率法

（1）概念

主观概率法是市场趋势分析者对市场趋势分析事件发生的概率（即可能性大小）做出主观估计，或者说对事件变化动态的一种心理评价，然后计算它的平均值，以此作为市场趋势分析事件的结论的一种定性市场趋势分析方法。主观概率法一般和其他经验判断法结合运用。

主观概率是指根据市场趋势分析者的主观判断而确定的事件的可能性的大小，反映个人对某件事的信念程度。所以主观概率是对经验结果所做主观判断的度量，即可能性大小的确定，也是个人信念的度量。主观概率也必须符合概率论的基本定理：

1）所确定的概率必须大于或等于 0，而小于或等于 1。

2）经验判断所需全部事件中各个事件概率之和必须等于 1。

（2）特点

主观概率是一种心理评价，判断中具有明显的主观性。对同一事件，不同人对其发生的概率判断是不同的。主观概率的测定因人而异，受人的心理影响较大，谁的判断更接近实际，主要取决于市场趋势分析者的经验，知识水平和对市场趋势分析对象的把握程度。在实际中，主观概率与客观概率的区别是相对的，因为任何主观概率总带有客观性。市场趋势分析者的经验和其他信息是市场客观情况的具体反映，因此不能把主观概率看成为纯主观的东西。另一方面，任何客观概率在测定过程中也难免带有主观因素，因为实际工作中所取得的数据资料很难达到（大数）规律的要求。所以，在现实中，既无纯客观概率，又无纯主观概率。

（3）价值

尽管主观概率法是凭主观经验估测的结果，但在市场趋势分析中它仍有一定的实用价值，它为市场趋势分析者提出明确的市场趋势分析目标，提供尽量详细的背景材料，使用简明易懂的概念和方法，以帮助市场趋势分析者判断和表达概率。同时，假定市场趋势分析期内市场供需情况比较正常，营销环境不出现重大变化，长期从事市场营销活动的人员和有关专家的经验和直觉往往还是比较可靠的。这种市场趋势分析方法简便易行，但必须防止任意、轻率地由一两个人拍脑袋估测，要加强严肃性、科学性、提倡集体的思维判断。

（二）成本控制实施

1. 降低造价的原则

（1）保证工程质量，达到顾客满意。

（2）保证施工进度，确保工期目标。

（3）保证安全施工和文明生产的需要。

（4）不使用含有有害物质的材料；不使用不合格的材料。

（5）加强管理节能降耗；加强管理消除浪费。

2. 降低成本的方法

（1）采用新材料、新技术；

（2）优化施工方案；

（3）科学管理、提高工效。

3. 降低成本的目的

（1）提高效益；

（2）回报业主，回报社会；

（3）严格过程控制

严格执行公司《质量／环境管理体系程序文件》和《质量／环境手册》中有关的过程策划和控制程序。

1）选择专业性水平高的施工员和施工队伍，严格按过程控制程序施工，消除不合格品，以避免返修、返工而造成的浪费。

2）加强施工过程中的材料管理，做到运输无遗洒、工完料净、现场清洁；有依据地合理利用下方料。

3）制定相应的规章制度，加强成品、半成品的保护工作，并应责任落实到人。

（4）劳动力的控制

根据工程情况编制具体的劳动力使用量计划，合理地使用劳动力。根据施工方案，精心组织施工，严格工艺流程，合理安排施工顺序，做到布局合理、重点突出、全面展开、平行作业、交叉施工，各工序应紧密衔接，避免不必要的重复工作和窝工。

（5）能源控制

编制节能降耗的技术措施，合理利用能源，消除浪费。

4. 成本控制因素

工程成本有五大项组成：即人工费、材料费、机械费，其他直接费与管理费用，要想控制成本，使工程成本达到规定的降低率与降低额，必须加强科学管理，提高劳动力率，具体到每一个成本项目，应有不同的措施：

（1）人工费

精减施工管理人员，提高施工人员素质，加强对民工现场管理，合理安排工序格接，做到均衡施工，提高劳动率，杜绝窝工，施工期等现象。

（2）材料费

控制材料成本主要从两个方面考虑：一是价格；二是用量，价格上要货比三家，在保证质量的基础上，尽量使用价廉物美的材料，坚决制止吃回扣买高价；用量上，加强材料的科学管理，严格规范的收、发、存制度，将材料管理落实到责任人。

（3）机械使用费

加强学习，提高施工操作人员素质，努力提高机械使用率，降低机械维率。充分发挥自有机械能力，尽量减少使用外租机械化。

（4）其他直接费与管理费用

积极组织施工管理人员学习专业知识，提高施工管理人员素质低管理费用。加强科学管理，减少现场各项杂费。

（5）加强成本核算

设立专项核算员，对人工、材料、机械费用严格控制，提高管理水平。

（6）严把质量关

尽量减少返工造成不必要的浪费。

（7）合理安排工期

使之连续施工，避免因管理不善造成的误工、停工。

5. 成本控制方法

（1）明确生产成本管理职责，建立健全相关预算、结算、绩效方法和制度，严格执行。

（2）减少固定成本的浪费和支出，扩大固定成本利用率，降低单位产品固定成本支出。

（3）优化生产物流流程，降低库存，减少库存成本支出。

（4）增强供应商和价格管理，减少采购成本支出。

（5）精简机构，提高运行流程收益。

（6）提高生产效率，优化生产工艺，降低单位成本支出。

（7）节能减排，降低能源及环保成本消耗。

6. 企业如何降低成本

（1）靠现代化的管理降低成本

要降低成本，必须抓住管理这个纲。各企业要将实行成本目标管理与经济责任制相结合，强化成本核算，在产、供、销、财务等各个环节都要加强管理，把生产成本中的原材料、辅助材料、燃料、动力、工资、制造费、行政费等项中每一项费用细化到单位产品成本中，使成本核算进车间，进班组，到人头。变成本的静态控制为动态控制，形成全员、全过程、全方位的成本控制格局，使降低成本落实到每个职工的具体行动中。在此基础上：

一是要加强供应管理，控制材料成本。企业要制定采购原材料控制价格目录，实行比价采购的办法，实行货比三家、择优选购，做到同质的买低价，同价的就近买，同质同价，能用国产不用进口，以达到降低成本的目的。

二是要加强物资管理，降低物化劳动消耗。物资储量和消耗量的高低，直接影响着产品成本的升降。因此，各企业要从物资消耗定额的制定到物资的发放都要实行严格的控制，对原材料等各种物资的消耗用品，要实行定额分类管理，在订货批量和库存储备等方面实行重点控制，要按照适用、及时、齐备、经济的原则下达使用计划，并与财务收支计划、订货合同相结合，纳入经济责任制考核，对影响成本的各种消耗进行系统控制和目标管理，防止各种不必要的浪费，从而达到合理储存、使用物资，降低成本，提高效益，使之既保证生产的合理需要，又减少资金占用。

三是强化营销管理，降低销售成本。要把增强销售人员的法律意识与加强销售管理相结合，在每一笔销售业务发生以前，要对客户的营运状况和承付能力认真调查核准，不能贸然发货，更不能搞"感情交易""君子协议"，避免不必要的经济损失，对业务人员的工资、奖金、差旅费、补助、业务费及装卸费、短途运输费、中转环节等费用本着既要节约，又要调动积极性的原则制定相应的管理办法，并严格考核与奖惩，对拖欠的货款，要采取经济、法律、行政的手段予以积极清收。

四是要加强资金管理，控制支出节约费用。企业要建立健全财务监督体系，建立厂内银行，通过推行模拟市场核算来降低成本，控制费用来提高经济效益，避免用钱无计划、开支无标准，多头批条和资金跑冒滴漏现象严重从而造成在资金使用上不计成本的做法，严格加强对资金的控制，使全体职工感受到市场竞争的压力，变由几个算账为人人当家理财，特别要加强行政费用及一些事业性费用的核算，包括管理部门的行政、差旅费、办公费等的开支。在这方面要根据承担的工作性质不同，核算每个人头的费用基数进行控制考核，每只铅笔、每张稿纸都必须从承包额中列支。

（2）靠技术改造降低成本

近年来，原材料价格上升、能源提价对成本的上升影响很大。如何在这些不利因素存在的情况下降低成本、提高效益？企业必须树立技术改造是降低成本重要途径的观念，通过技术改造，采用新技术、新工艺、新材料，提高产品技术含量，开辟降低生产成本的途径。一是要特别注重工艺技术改革，积极采取新技术、新工艺节能降耗，从根本上减少原材料的消耗，在达到产品质量目标的同时，保证成本控制目标的实现；二是在实施技改项目建设中应注意降低项目建设成本，注重以较少的投入求得较多的回报。一方面要采取短、平、快的技改方式；另一方面要采取超常规的基建和技改管理，上项目时机要选准，立项要准确，实施要快速，在保证质量的前提下，千方百计加快技改工程进度，降低项目建设成本，争取早日投资回报。

（3）靠深化改革降低成本

深化企业改革，不断激发职工的劳动热情，提高职工素质，建立适应市场经济的精干高效的运行机制，也是降低成本的重要一环。各企业要把深化改革作为降本增效的重要工作。

首先，要改革人事制度，打破干部和工人的界限，体现"肯干、能干、干好"的用人原则，实行招聘与聘任制相结合的人事制度，优化劳动组合，竞争上岗，优胜劣汰，做到"能者上、庸者让、差者下"，从而调动干部职工的积极性，提高劳动生产率，增强企业干部职工的工作责任感和危机感，发动全体干部职工投入到降本增效的工作中去。

其次，在科学测定确保最佳成本目标所必需的劳动量的基础上，相应改善劳动组织，核定劳动定员，改革内部分配制度，减少因非生产性人员过多和窝工、怠工、劳动量不足造成的消耗。各企业内部可根据各科室、车间的工作性质、工艺复杂状况、劳动强度、工作环境等因素，分别采取相应的分配形式，做到向苦、脏、累、险和高技能岗位倾斜，进而激发职工的劳动热情，增加有效劳动时间，降低单位产品的劳动消耗量和工资成本，按生产经营实体需要，对职能科室进行精简合并，本着精干、高效的原则配备管理人员，改变人浮于事的局面，达到降本增效的目的。

（4）靠过硬的质量降低成本

产品的质量与产品成本之间有着极为密切的关系。在竞争异常激烈的情况下，谁的产品质量高，谁就有竞争力，产品就有市场，就不会占用过多的资金；产品质量高，不出或少出次品，可以直接降低生产成本；产品质量高，就可以按优质优价原则，以较高价格出售，相对降低成本在销售收入中的比重；产品质量高，可以赢得更多的用户，直接增加销售量，降低销售成本；产品质量高，实际上也就节约了能源、原材料；产品质量高，就可以节省劳动力与管理费用，这样无疑会降低成本。因此，企业要十分注重提高产品质量，千方百计严把产品质量关。

一是要强化对质量管理的领导，企业厂长（经理）要亲自抓质量，形成质量管理网络，每天反馈质量信息，进行质量分析、控制质量成本。

二是要有严格的工艺技术标准，对影响产品质量的供、产、销等各个环节实行系统的质量管理，做到不符合质量要求的原材料不采购进厂，不符合质量要求的半成品不流入下道工序，不合格的产品不出厂。

三是要充实质量管理力量，完善质量管理制度，建立专职检测队伍，制订自检、互检和专检相结合的质量检测制度和标准，严把产品质量关，同时将质量管理纳入经济责任制考核，推行优质优价优工资、劣质废品惩工资的分配原则，对因各种原因影响产品质量的人或事要给予严肃惩处，以此增强企业上下的质量意识、提高产品质量。

四是开展群众性的质量管理小组活动，有计划有组织地进行质量攻关。对影响产品质量，一时又难以搞清的质量问题，作为 QC 小组的攻关课题落实到车间、班组，开展群众性的 QC 小组攻关活动，使群众性的 QC 小组活动在有组织领导、有活动课题、有计划安排、有检查落实的受控状态下进行，从而提高产品质量。

（5）靠优化结构降低成本

一是优化产品结构。一个企业的产品是否受市场欢迎，能否在市场中占有一定的份额，是降低成本的基础前提。如果一个企业的产品销售不出去，造成积压，根本谈不上降低成本。只有产品品种多，产品结构合理，才能满足不同层次消费者的需要，才有稳定的市场，才可以减少库存和产品资金占用，加快资金周转，只有产品结构合理，才能加速产品扩散，实行多角化经营，加快市场渗透，提高市场的相对占有率，从而达到降低成本的目的。所以各企业在生产经营中必须认识到自己的不足，认真分析、审时度势，及时改变生产经营战略，对市场形势不好，积压占用成品资金多的产品进行限产和转产，对选择的主导产品要通过采用先进技术，提高生产的机械化、自动化水平，强化生产指挥调度等一系列措施提高产量，以降低产品成本中所含的折旧、利息等固定费用。同时还必须不断创新、优化产品结构，采取"你无我有、你有我多、你多我精、你精我转"的策略，增加花色品种，开发新产品，追踪世界发展潮流，结合不同地区、不同层次消费者的需要，形成不同的产品结构，使产品市场逐步扩大。

二是优化资本结构。在激烈竞争的市场形势下，企业要不断发展，以此来增强参与市场竞争，抗衡市场风险的能力，但是要发展就要靠大的投入，而且在目前整个市场低迷的情况下，大的投入必然给企业背上沉重的包袱。为此，各企业要通过兼并、租赁等多种形式，加大资产的流动和重组，优化资本结构，实现资本的扩张，以此来扩大生产规模、降低成本，提高市场占有率和竞争力，达到降本增产，增销增利的良好效果。就要靠大的投入，而且在目前整个市场低迷的情况下，大的投入必然给企业背上沉重的包袱。为此，各企业要通过兼并、租赁等多种形式，加大资产的流动和重组，优化资本结构，实现资本的扩张，以此来扩大生产规模、降低成本，提高市场占有率和竞争力，达到降本增产，增销增利的良好效果。

（三）成本控制实施细则

1. 一般规定

（1）为了加强成本管理，降低消耗，增加企业经济效益，提升市场竞争力，特制定本细则。

（2）项目成本控制包括成本预测、计划、实施、核算、分析、监督、考核、整理成本资料与编制成本报告。

（3）项目经理部应对施工过程发生的、在项目经理部管理职责权限内能控制的各种消耗和费用进行成本控制。项目经理部承担的成本责任与风险应在"项目管理目标责任书"中明确。目标成本在"项目管理目标责任书"中处于核心地位，该项指标在项目管理目标责任考核中未能完成的，行使"一票否决"。

（4）公司应建立和完善项目管理层作为成本控制中心的功能和机制，并为项目成本控制创造优化配置生产要素，实施动态管理的环境和条件。

（5）项目经理部应建立以项目经理为中心的成本控制体系，按内部各岗位和作业层进行成本目标分解，明确各管理人员和作业层的成本责任、权限及相互关系。项目经理是项目成本控制的第一责任人。

2. 成本计划

（1）项目经理部应按照实事求是、适当先进、一贯配比原则编制成本计划。

（2）项目中标后，投标人员应与计划成本分析领导小组、项目管理人员进行相互交底。同时项目管理人员要对标书进行认真评估，掌握本项目整体盈亏情况，确定项目的主要盈利点和亏损点，为项目经理部进行科学安排施组、优化施工工艺、管理创新、有针对性的进行二次经营、资源控制、风险锁定与转移等项工作的开展奠定坚实基础。

（3）项目经理部在进场前必须认真细致地做好施工调查，对当地劳动力价格、材料价格、设备租赁价格、沿线施工环境、社会施工力量分布等进行详细调查。

（4）项目经理部在标书分析、施工调查和施工图认真研究的前提下，必须对施工组织进行科学的分析，弄清主次矛盾，找出关键，制定最经济合理的施组方案。这个方案必须合理安排各种资源的投入顺序、数量、比例，进行科学的工程排队，组织平行交叉流水作业，均衡生产，充分提高对时间、空间、各种资源的利用，使其达到保证工程安全质量、加快施工速度、缩短工期取得全面经济效益的企业理想目标。项目部制定的施组方案应形成文字性材料，并报上一级工程专家委员会审核后实施。

（5）项目经理部管理层应在标书分析、施工调查、实施性施组方案和招标文件中的工程量清单基础上，结合企业的内部定额，确定该项目的目标成本。当项目某些环节或分部分项工程施工条件尚不明确时，可按照本企业类似工程施工经验或招标文件所提供的计量依据计算出目标成本。项目目标成本必须在工程开工前编制完成。

（6）项目目标成本编制完成再经上级项目管理部门审核通过后，以此为基础，公司管理层应与项目经理部管理层签订"项目管理目标责任书"，作为对其进行监督、考核的主要依据之一。

（7）项目经理部根据确定的目标成本应按工程特点分项分部进行成本分解，为其工程成本核算、监督、考核提供依据；同时还应按成本项目进行分解，确定项目的人工费、材料费、机械台班费、其他直接费和间接费的构成，为施工生产要素的成本核算、监督、考核提供依据。

（8）项目经理部应编制《目标成本控制措施表》，并将各分项分部工程成本控制目标、重点和要求及各成本要素的控制目标、重点和要求，落实到成本控制的责任者，并在表中明确对成本控制措施、方法和时间应进行检查，使其根据形势的发展不断修正、完善。

3. 成本控制

（1）项目经理部应坚持按照增收节支、全面控制、责权利相结合的原则，用目标管理方法对实际施工成本的发生过程进行有效控制。

（2）项目经理部应根据成本控制目标要求，通过生产要素的优化配置、合理使用、动态管理，有效控制实际成本。应加强现场管理，避免因施工计划不周和盲目调度造成窝工损失、机械利用率降低等而使施工成本增加。

（3）项目经理部应加强施工定额管理，现场工、料、机消耗及以费率取费的各项费用均不得超出内部定额。

（4）项目经理部应加强施工任务单管理，应切实贯彻灵活、机动的人力资源政策，合理用工，控制人工费的消耗。

（5）项目经理部应加强材料费用的控制，尤其是钢材、水泥等主材和大堆料的管理与使用，避免浪费、使项目效益大量流失的情况发生。材料采购应严格按计划进行，防止积压，形成毁损；大宗物资应采用招标办法进行采购，过程应公开透明；应健全材料管理制度，加强计量检验和定期盘点工作；应抓好材料修旧利废、节约代用和回收利用工作；材料人员的经济利益应与项目经理部使用物资的质量、单价及管理情况挂钩，条件允许的项目应建立内部索赔制度。

（6）项目经理部应加强机械费用的控制。应合理配备主辅施工机械，明确划分使用范围和作业任务，提高其利用率和使用效率；应加强机械设备的维修、保管；应合理确定机械设备的进场和退场时间；要加强机械设备的台班计量管理，要防止超计量的可能，机械费用的支付应与实际完成的工程数量挂钩。

（7）项目经理部应对间接费用严格控制。在执行国家及上级部门的财经法规、制度的前提下，对管理层各职能部门实行责任费用考核；对办公费、差旅费、招待费的支付应按公司内部规定严格执行。

（8）项目经理部在成本控制过程当中应当加强项目风险管理。要对各种自然风险、价格风险、技术风险、工期风险、安全风险、质量风险、社会风险、国际风险、内部决策与管理风险等进行预测、辨识、分析、判断、评估，并采取相应对策，如风险回避、控制、分隔、分散、转移、自留及利用等活动，要使项目实际成本始终处于可控范围之内；项目经理部必须建立风险管理制度和方法体系。特别是加强对材料价格、工期、质量的风险控制。

（9）项目经理部必须加强安全控制，必须坚持"安全第一，预防为主"的方针，减少、消除由于安全事故导致项目成本加大情况发生。

（10）项目经理部必须加强质量管理，必须坚持"质量第一，预防为主"的方针和"计划、执行、检查、处理"循环工作方法，不断改进过程控制，严格按施工规范文明施工，提高工程质量一次验收合格率，减少、消除由于工程项目质量达不到设计要求而增加的返工损失。

（11）项目经理部应加强对分包成本的管理。要选用信誉好、实力强、工程质量高的协作队伍；分包合同的签订必须在分包工程开工前完成，各项条款严密，工程细目、单价、数量要量化准确，计量原则与拨款方式要明确；加强分包合同履约的过程控制，动态监控，减少、转移、回避风险；加强对分包方材料发放控制；加强对分包方验工计价管理，当月已完工程符合质量要求的才予计量。

（12）项目经理部应加强施工合同管理和施工索赔管理，正确运用施工合同条件和有关法规，及时进行索赔。

4. 成本核算

（1）项目经理部进行成本核算时应坚持权责发生制、实质重于形式、配比性、重要性、一贯性的原则。

（2）项目经理部应根据财务制度和会计制度的有关规定，在企业职能部门的指导下建立成本核算制，明确项目成本核算的原则、范围、程序、对象、方法、内容、责任及要求，并设置核算台账，记录原始数据。

（3）施工过程中项目成本核算，项目部宜以每月为一核算期，在月末进行；作业层根据分项分部工程特点，尽量缩短核算周期（每日、每循环）。

（4）核算对象应按分项或分部工程划分，并与施工项目管理责任目标成本界定范围相一致。

（5）项目成本核算应坚持工程部门工程量统计、验工部门价值量计算与财务部门实际成本归集"三同步"的原则，三部门核算期内应及时沟通交流情况。财务部门应按分项或分部工程设置工程数量、计量价值等管理台账，完善内控制度。

（6）项目经理部应在成本核算的基础上，编制月度项目成本报告。

（7）项目经理与成本核算负责人应对核算信息的真实性负责，对提供虚假信息的将追究其的经济、行政乃至法律责任。

5. 成本分析

（1）项目经理部进行成本分析应坚持客观性、重要性、及时性、相关性、一贯性、明晰性的原则。

（2）项目经理部在成本核算的基础上每核算期内应进行成本分析，并将分析结果形成文件，为成本偏差的纠正与预防、成本控制方法的改进、制定降低成本措施、改进成本控制体系、变更索赔工作的开展、企业以后相似项目的经营投标等提供依据。

（3）项目经理部应在每核算期分项分部成本的累计偏差和相应目标成本余额的基础上，预测分析后期成本的变化趋势和状况；根据偏差原因制定改善成本控制的措施，控制下月施工任务的成本。

（4）项目经理部应将成本核算、分析、预测信息在全体员工中进行沟通，增强全员成本意识，使全体员工明确各自在成本控制过程中的地位和作用，并群策群力寻求改善成本的对策与途径。

（5）项目经理部（指挥部）应将成本分析报告、预测报告随核算报告一同按季度报送公司财会部。

（6）项目经理部进行成本分析可采用下列方法：

1）按照量价分离的原则，用对比分析影响成本节超的主要因素。包括：实际工程量与预算工程量的对比分析，实际消耗量与计划消耗量的对比分析，实际采用价格与计划价格的对比分析，各种费用实际发生额与计划支出额的对比分析。

2）在确定施工项目成本各因素对计划成本影响时，可采用连环替代法或差额计算法进行成本分析。

6. 成本监督与考核

（1）项目经理部进行成本监督与考核应坚持奖罚分明、奖惩兑现的原则。

（2）项目成本监督、考核应分层进行：公司对项目经理部的成本管理进行监督与考核；项目经理部对项目内部各岗位及作业层成本管理进行监督与考核。

（3）项目成本监督、考核内容应包括：目标成本完成情况监督、考核，成本管理工作业绩监督、考核。

（4）项目成本监督、考核的时间应采取定期与不定期方法相结合。

（5）项目成本监督、考核应按照下列要求进行：

1）公司对项目经理部进行监督考核时，应以"项目管理目标责任书"确定的责任目标成本为依据。考核主体为公司项目主管部门，相关部门配合。

2）项目经理部应以控制过程的监督考核为重点，控制过程的考核应与竣工考核相结合。

3）各级成本监督考核应与进度、质量、安全等指标的完成情况相联系。

4）项目成本监督考核的结果应形成文件，为奖罚责任人提供依据。

5）公司、项目经理部根据有关制度、合同规定，对监督考核结果必须奖惩兑现，赏罚分明。

（6）对项目经理部的成本监督应实行预警报告制度，亏损额达核算期内目标5%及以上的项目，应把原因分析向集团公司工程管理中心报备。

（7）公司对各子分公司项目经理部成本管理的监督检查职责如下：

1）公司应对各子分公司项目经理部成本管理情况定期不定期的进行监督检查，检查依据为《成本管理实施细则》《资金管理实施细则》等有关规定，每次检查后都应有检查工作底稿，对发现的问题有书面整改建议，事后有督促、有回访、有记录。公司应对各子分公司项目经理部建立健全风险预警机制，当发现重大、异常问题和不良趋势时应及时向该项目部的子分公司主要领导通报，同时向公司报告，并采取相应手段促使该项目部限期改正。

监督检查的主要内容：各子分公司材料采购价格是否合理；分包合同是否及时签订，履行是否严格；分包单价是否合理；验工计价程序是否合规，工程数量是否符合实际情况；资金管理是否严格，有无超拨情况，债权债务是否及时清理，民工工资是否及时发放；间接费用的支付是否合法合规；工程质量、安全是否平稳可靠；施组是否科学、现场管理是否规范；工期能否保证；责任成本管理体系是否建立并有效执行。

2）公司应对所属子分公司项目部的成本控制承担监管责任，由于公司指挥部监管缺位、监管不力子分公司项目经理部亏损的，公司对指挥部考核时，将视各子、分公司项目部亏损情况，扣减公司指挥部领导班子承包兑现奖，并按一定比例扣减指挥部经费计划。

3）各子分公司项目经理部每个季度末应将详细的财务决算上报集团公司项目经理部。

三、成本核算管理方法

（一）总则

1. 为加强成本核算及管理工作，规范成本预算、控制、核算、分析等行为，保证成本准确核算、有效控制，现根据国家有关法律法规、企业内部控制制度要求，结合公司成本管理工作流程，制定本办法。

2. 成本是指可归属于产品成本、劳务成本的直接材料、直接人工和其他直接费用。本办法适用公司下属各车间及部门的成本核算及管理工作。

3. 成本管理工作为公司生产经营管理的核心，贯穿于生产经营活动全过程。基本任务为：通过预测、计划、控制、核算、分析和考核，反映公司生产经营成果，挖掘产品成本潜力，降低产品成本。成本管理工作重点包括：

（1）坚持质量第一，一切降低成本的手段不能以牺牲质量为前提。

（2）加强和完善成本管理的基础统计工作。

（3）确定成本费用的开支范围和标准，合理划分产品成本界限。

（4）对主营产品实施成本预测。

（5）编制合理、可行的成本计划，组织制订降低成本的措施。

（6）分解成本和费用指标，控制生产损耗，落实成本管理责任，实行分级归口管理。

（7）准确、及时核算产品成本，控制和监督成本计划和费用预算执行情况，进行成本和费用分析。

（8）根据成本计划及费用预算执行结果，定期开展成本控制责任考核。

4. 公司实施全员成本管理。管理目标需逐一分解细化，落实到具体车间、部门及人员。

5. 成本管理工作贯彻责、权、利三结合原则，公司定期对各级成本管理责任人的成本控制成果组织考核，考核结果将影响人员全年绩效考评。

（二）职责分工

1. 全员成本管理由总经理牵头，按分工职责建立成本管理责任制，确保办理成本业务的不相容岗位相互分离、制约和监督。同一岗位人员应定期作适当调整和更换，避免同一人员长时间担任同一业务。

2. 公司领导和职能部门的成本责任制具体分工如下：

（1）总经理

1）领导、组织、安排、协调公司各部门开展成本管理工作。

2）对公司成本管理工作取得的整体效果负责。

3）对公司成本管理决策和实施的结果负责。

（2）生产副总

1）对生产体系的生产计划和成本考核指针完成及效果负责。

2）对组织生产体系的成本管理、正确执行成本计划和费用预算负责。

3）对生产体系成本管理决策和实施结果负责。

（3）质量副总

1）对产品开发、产品质量、技术改造、工艺革新等所产生的经济效果及法律风险负责。

2）对降低成本技术组织措施的实施及其经济效益负责。

（4）财务行政副总

1）领导并组织成本核算管理工作开展，对公司经济效益的真实性、合法性、完整性负责。

2）遵守财经纪律，对公司执行国家有关财经法律、法规和制度负责。

3）参与成本管理中如：工资福利等重大决策方案的制定，并对结果承担责任。

（5）生产部

1）对生产任务的有效完成负责。

2）对外协外联业务中发生的人工、燃动成本控制负责。

3）对盲目投产（指未按生产计划生产或接到市场销售发生重大变化的通知但未及时调整生产计划）造成在产品、半成品资金占用超过定额或长期积压负责。

4）对生产调度不及时，造成停工损失负责。

5）对在制品、半成品管理不严，致使成本计算不真实负责。

6）负责本部门成本控制目标的分解。

（6）内勤部

1）对物料领发的准确性和及时性负责。

2）对物料采购计划的正确制定负责。

3）对库存物资的有效保养、安全有序负责。

（7）财务部

1）制定成本管理制度，编制落实成本计划，并监督考核执行情况。

2）对监督成本费用审批控制过程负责。

3）制定目标成本，组织成本核算，进行成本预测和分析，提出改进措施和建议。

（8）质量部

1）对由于执行检验制度不严，造成报废或质量事故负责。

2）对外购材料、外协件检验不严所造成的损失负责。

3）对工艺改进造成的质量风险或隐患负责。

4）负责本部门成本控制目标的分解。

（9）采供部

1）对材料供应不及时，造成停工待料负责。

2）对不按计划采购，造成材料超出积压负责。

3）对不执行比价采购原则，造成材料进价偏高负责。

4）负责本部门成本控制目标的分解。

（10）工程部

1)对机器设备增减、报废不及时办理手续,致使设备数额帐实不符,折旧提存不实负责。

2）对机器设备维护保养工作组织不力，造成停工损失、废品损失或维修费用超预算负责。

3）对由于计量衡器未检修或检定失准造成材料物资短缺损失负责。

4）对水、电、气消耗无定额，无计量，无记录，或未提出合理分摊标准，致使成本计算不实负责。

5)由于未及时安装或维修各种能源消耗计量仪表，造成能耗责任不清，成本不实负责。

6）对全厂各部门能源消耗指标的编制和监控负责。

7）负责本部门成本控制目标的分解。

（11）行政人事部

1）对劳动组织、劳动纪律、生产用工等管理不当，影响正常生产负责。

2）对按国家政策控制工资、奖金及劳动保险费的支出负责。

3）对办公费用及其他行政事务费用的超支负责。

（三）成本管理基础工作

1.根据生产和管理的实际情况，建立、健全各项原始记录。各部门需指定专人负责管理原始记录，统一规定各类原始记录的格式、内容、填写、审核、签署、传递等要求，保证原始记录管理的规范化和标准化。

（1）内勤部负责材料物资方面的原始记录，真实反映材料的收、发、领、退等物流全过程。包括：材料、物资入库单、领料单、退料单、外加工产品材料领料单、外加工产品成品入库单、材料物资盘点表等，并作好材料仓库台账的记账工作。

（2）行政人事部负责劳动工资方面的原始记录，反映职工人数、调动、考勤、工资、工时、停工情况、有关津贴等项记录。

（3）质量部负责工艺改动方面的原始记录，反映产品工艺改动、工时材料定额变动等项的记录。

（4）生产部负责生产方面的原始记录，反映产品从材料领出至验收入库的全部过程，并做好产品投入产出数量管理和工时统计工作。

（5）工程部负责设备使用方面的原始记录，反映设备验收、交付使用、维修、报废的情况，如固定资产验收单、固定资产调拨单、在建工程转固验收单等，并做好固定资产卡片和固定资产台账的登记工作。

（6）工程部负责动力消耗方面的原始记录，反映根据各计量仪表所显示的水、电、气的实际耗用量，并做好《能源消耗统计报表》。

（7）各部门建立本部门使用的各项物资消耗或损耗标准，建立有利于成本控制的各项技术经济指标标准，并做好相应的统计报表。

2. 建立健全各项资产、物资的计量验收制度，并保持计量工具的准确性，对材料、在产品、半成品、产成品及工器具等的收发和转移，都必须进行计量、点数和质量验收。

（1）材料运达仓库后，由仓库管理人员根据入库单（或送货单位送货单）所列的品名、规格和数量，采取点数、过磅等适用的计量方法，准确计算数量，经质量部门检验后，按实际合格数量入库。对于数量和质量不符，以及破损等情况，要查明原因，分清责任，要求有关方面赔偿或扣付货款。

（2）对于在产品、半成品在车间与车间之间或车间内部的转移，应根据工艺流程记录的凭证，经质量检验合格后进行点数、交接。在产品报废或短缺，应及时查清数量和原因，填制有关的原始凭证，以保证投入、产出数量记录的准确性和连贯性。

（3）对于车间完工的半成品和产成品，应由车间填制入库单，经检验合格签证后，送交仓库点收入库。

（四）成本计划

1. 为了保证产品目标成本和经营目标的落实，各部门应本着费用最少、效益最大的原则，明确合理期限，充分考虑成本发生的不确定因素，根据自身工作需要编制成本费用计划，制订降低成本的具体措施，组织内部成本管理。编制成本计划应服从公司整体战略目标，结合历史资料和计划期需要，考虑各种成本降低方案，从中选择最优成本方案。

2. 公司成本计划编制以年度为一个计划期。

3. 成本计划中成本项目的内容、费用的分摊、产品成本的计算，必须和计划期内实际成本核算的方法口径一致，以便检查计划的执行情况。计划期成本项目内容如有变动和上年实际成本不一致时，要调整上年实际成本的成本项目，以统一核算的口径和内容。

4. 成本计划和费用预算至少包括但不局限于下列内容

（1）产品销售计划。

（2）产品生产计划。

（3）产品单位成本计划。

（4）动力消耗计划。

（5）工资计划。

（6）生产费用及期间费用预算。

5. 成本计划应结合下列因素进行编制

（1）成本控制目标。

（2）计划期内生产、工资、材料供应、工艺技术改进等计划。

（3）计划期内原料、辅料、包材、其他材料、动力等现行消耗定额和工时定额。

（4）计划期内各部门的费用预算计划。

（5）内部计划价格预计。

（6）上期成本水平和成本分析资料。

6. 成本计划编制步骤

（1）准备工作

包括：收集整理各项基础资料和历史资料，掌握计划期内材料、工时定额、工艺技术改进等方面的变化情况，研究降低成本的具体措施。

（2）正式编制计划

编制成本计划在总经理和财务行政副总的统一领导下，由财务部门牵头，组织各有关职能部门和各方面的有关人员共同参加。编制成本计划要以提高经济效益为中心，进行生产、供应、销售、资金、费用等多方面计划的综合平衡。需注意下列各项计划的逻辑关系：

1）产品生产计划、劳动工时计划与成本之间的关系。

2）物资供应计划与产品材料成本计划之间的关系。

3）工资计划与产品工资成本计划之间的关系。

4）各项费用预算与成本计划之间的关系。

5）资金计划与成本计划之间的关系。

6）成本计划与利润计划之间的关系。

（3）上报集团审批

根据编制的成本计划确认成本指针，如主要产品单位成本、产值成本率、产值燃动率、产值工资率、产值费用率等，由总经理审批，报集团核准。

7. 如集团对成本计划和成本指标进行调整，各部门则按照调整后的指标对成本计划和费用预算进行修订。修订步骤同成本计划编制步骤。

（五）成本控制

1. 结合全员成本管理，将成本计划和目标成本的各项指针细化，层层分解，实行成本分级归口管理，并对实际的生产耗费进行严格审核，保证有效地控制经济活动，实现成本控制，完成目标成本和成本计划。

2. 实行成本分级归口管理和成本控制

（1）材料成本的控制

1）采购价格控制

制订价格审批管理条例和奖惩办法；对外购物资和外协加工进行价格监督；搜集市场信息，掌握各种物资及外协加工的最低价格的客户资料；审核各有关部门的物资采购和外协加工价格审批单；监督检查审批后价格执行情况。

2）材料耗用控制

严格执行限额发料制度和维修用材料的计划发料制度，严格超限额领用和补料的审批制度，严格各项材料收发的手续，严格执行余料退库及假退规定，实施以旧换新、修旧利废、综合利用等节约用料的方法，保证产品用料单耗的降低。

（2）设备使用及保养控制

严格执行设备的使用及保养制度，加强机器设备、厂房的合理利用，从数量、时间、能力和综合利用等几方面提高设备利用率。

（3）劳动力耗费控制

控制定编、定员、保持一线生产工人的比例相对稳定，保证提高出勤率、工时利用率和劳动生产率，要控制工资总额的增长幅度低于经济效益的增长幅度。

（4）费用开支控制

实行费用指标限额管理和考核制度，明确各项费用权责归属，严格费用支出审批手续，控制按计划和限额耗费。

（5）生产投入控制

要控制生产量的投入，包括投产周期、投产数量等，保证按计划投产，控制过量生产，确保均衡完成生产计划。

（6）材料外协加工费用控制

要严格执行货比三家，择优定点的原则，加工点及价格的确定，要实行审批制度。

（7）动力消耗控制

所有动力消耗都应实行定额管理和考核。控制动力消耗首先要从线路、管道方面划清耗能责任归属，安装计量仪表，减少跑、冒、滴、漏和大功率负荷空载现象，保证动力单耗的降低。

（8）结合各种耗费指标与费用支出

制订奖惩制度，节约或超支与工资奖金挂钩，以提高全员对成本控制工作的积极性。

（六）成本分析

1. 为检查成本计划执行情况，查找影响目标成本升降的因素，从而制订下一步降低成本的措施，应在正确核算成本的基础上，开展成本分析工作。

2. 必须建立各级成本分析制度，按月、季、半年、年度定期进行成本分析，对一些影响成本较大或对完成成本计划可能产生重大影响的问题，应及时组织专题分析，查明原因，提出整改措施。半年和年度的成本分析报告，需报送集团财务总监和集团财务部。

3. 成本分析工作，由财务行政副总和生产副总牵头，以财务部为主，组织全厂职能部门和车间共同进行。各车间的成本分析应在其车间主管的主持下，以车间的核算人员为主，会同有关职能人员共同进行。

4. 成本分析应采用本期实际数与计划数对比，与上年同期数对比。各级成本分析都要编制书面报告，配有图表和文字说明。对于成本分析中提出的主要问题，要有整改措施和实施责任人，并列入成本分析会纪要，实行跟踪检查考核。

（1）成本计划完成情况的总体分析，如产值成本率计划完成情况、生产费用计划完成情况，全部产品成本计划的完成情况等。

（2）按成本项目进行分析，材料项目要分析耗用数量和材料价格变动对成本带来的影响情况；工资、动力、费用分析，要结合相应费用总额与生产总量的变动情况分析；对亏损产品和利润下降幅度过大的产品单位成本，要深入查明原因，进行成本责任分析。

（3）费用中等相对重要费用项目，要按二级项目发生额结合归口管理部门责任进行分析，对完成全厂成本指针有较大影响的费用超支项目还必须责成有关部门进行重点分析。

（4）车间成本分析的主要内容，包括生产计划完成情况，材料消耗定额完成情况，费用预算执行情况等。

（七）成本核算原则

1. 在成本核算中应严格执行以下核算原则

（1）实际成本计价原则

产品成本核算，必须坚持按照实际成本计算的原则。在成本计算过程中，由于核算程序的需要，对材料、能源、劳务、自制半成品和产成品等，按计划成本、计划价格或定额成本进行核算的，最终必须在成本计算期内根据成本耗费的实际资料，调整为实际成本。不得以计划成本、估计成本、定额成本代替实际成本。

（2）合法性原则

计入成本的费用，都必须符合国家法律、法规和制度规定，不符合规定的费用不能计入成本。

（3）一贯性原则

与成本核算有关的会计处理方法，应保持前后期一致，使前后期的核算资料衔接，便于比较。不得通过任意改变会计处理方法调节各期成本和利润。

（4）费用确认配比原则

生产经营所发生的费用可按下列三种方式确认：

1）按因果关系确认

对于费用的发生与某种收入存在明显因果关系的支出，应在该项收入实现时，确认为生产成本，并与之配比，而在该项收入未实现时，先作为计入存货的成本确认，例如制造产品的材料耗费和人工耗费，应计入产品的制造成本，随着产品的销售转为销售成本，并与相关的销售收入配比。

2）按受益期分配确认

对于支出的效益涉及若干会计年度的资本性支出，应在与支出效益相关的各受益期，按合理的方式分配确认为费用，分别与各受益期的收入配比，例如固定资产的折旧费用。

3）按发生的时期立即确认

对于既无明显因果关系，又难以按受益原则进行分配的支出，在发生的当期立即确认，即作为期间费用与发生当期的收入配比。

（5）权责发生制原则

在成本核算时，应遵循权责发生制原则。其基本内容是，凡是应计入本期的收入或支出，不论款项是否收到或付出，都算作本期的收支；凡是不应计入本期的收入或支出，即使款项已经收到或付出，也不能算作本期的收入或支出。在成本核算中运用权责发生制原则，主要是指确认本期费用的问题。即应正确处理待摊费用、递延资产和预提费用等。在成本核算时，对于已经发生的支出，如果其受益期不仅包括本期，而且还包括以后各期，就应按其受益期分摊，不能全部列于本期；对于虽未发出的费用，但应由本期负担，则应先行预提计入本期费用中，待支出时，就不再列入费用。不得利用待摊费用、递延资产和预提费用人为地调节成本，使成本计算失去真实性。

2. 为了正确核算产品成本和经营成果，应严格划清以下成本费用的界限

（1）本期成本与下期成本的界限，应按照权责发生制原则，确定成本费用的归属，通过待摊费用和预提费用核算，及采用估价入账、余料退库等办法，划分本期成本与下期成本的界限。

（2）在产品成本和产成品成本的界限，必须加强车间生产的投入产出管理，结合定期盘存，确保期末在产品数量准确，并按规定方法正确计算在产品的约当成本和产成品实际成本，不得任意压低或提高产品的成本。

（3）各种产品之间成本费用的界限，凡是能够直接计入有关产品的各项直接费用，都要直接计入；凡是与几种产品共同有关的不能直接确认的费用，要根据合理地分配标准，在各种产品之间分配。不得在盈利产品和亏损产品之间互相转移生产费用，以掩盖成本超支或盈利补亏。

（4）产品成本与期间费用的界限，期间费用不计入产品成本而直接计入当期损益。

3. 应选择与产品生产类型相适应的成本核算方法

成本核算方法一经确定，应保持稳定，不得任意变更。

（八）成本费用核算内容和程序

1. 生产经营中发生的所有费用，分为制造成本费用和期间费用，只有制造成本费用计入生产成本，而期间费用在发生的会计期间，直接计入当期损益。

（1）制造成本

是指企业生产经营过程中，实际消耗的直接材料、直接人工、直接动力支出和制造费用的总和。它们可归纳为：

1）直接费用

是指在生产过程中发生的，能直接计入某种产品或劳务成本的生产费用。包括直接材料费、直接人工费、外协加工费、燃料动力等及其他直接费用。上述费用发生时，直接计入产品制造成本。

2）间接费用

是指在生产过程中发生的，除直接费用之外的一切费用，包括内部各车间部门为组织和管理生产而发生的共同费用，以及不能直接计入产品成本的各项费用。这些费用发生时，应通过一定标准分配计入产品制造成本。

2. 期间费用

是指行政管理机构组织和管理生产经营活动而发生的费用，这些费用按规定进行汇总，直接计入当期损益。该费用分为管理费用、财务费用、销售费用。

3. 计入产品成本的生产费用按经济用途划分如下项目：

（1）直接材料——指构成产品的原料、辅料、包装物等。

（2）直接工资——直接从事产品生产的工人的工资及附加。

（3）燃料动力费——生产所消耗的水、电、燃气等费用之和，按照一定标准分配计入产品制造成本。

（4）制造费用——指为生产产品和提供劳务而发生的各项间接费用。

4. 期间费用的核算内容：

（1）管理费用——指为组织和管理企业生产经营所发生的各种费用。

（2）财务费用——指为筹集生产经营所需资金等而发生的费用。

（3）销售费用——指销售过程中发生的费用。

5. 生产的一切可供对外销售的产品、厂内自制自用品和劳务加工等，应分别核算成本，不得混淆和遗漏。

6. 生产费用和成本核算的程序：

（1）根据产品和劳务作业的生产过程特点、生产组织类型以及管理的需要，分别确定成本计算对象，选用适合的成本核算方法。

（2）按照费用发生地点和成本计算对象，填制、审核各种会计凭证。有关成本核算的原始凭证和记账凭证，应有经办人员和责任人员签章，做到手续完整，准确及时。

（3）设置下列各种成本和费用明细账：

1）基本生产明细账

按生产地点和成本项目核算基本生产车间发生的生产费用。

2）自制半成品明细账

由车间和库房按品种建立数量明细账，进行投料、移交、结存等日常数量核算，月末编制汇总表。车间和库房必须认真进行收发、计量、交接，要有合法的原始凭证、健全的台账登记制度和定期盘存制度，保证半成品资料的真实、准确，使产品成本计算建立在可靠的基础上。

3）制造费用明细账

按车间、部门及二级明细项目分别对制造费用进行归集，月末进行分配核算，月终不保留余额。

4）根据归集的全部生产费用和成本核算资料，按成本项目计算各种产品的在产品成本、产成品成本和单位成本。

（九）成本费用核算细则

1. 材料费用核算

（1）材料采购成本包括：

1）购入材料的原价（不含增值税；不包括购入材料包装物或容器的押金）；

2）购入材料的外地运杂费；

3）材料入库前，整理挑选时发生损耗的净损失，及其整理费用。

（2）采用加权平均价格进行材料的日常核算。

（3）核算材料成本，要收集当月采购生产过程中入库、领用、退库的全部材料凭证进行核算。对于材料价款尚未明确却已经办理入库的材料领用，要按暂估成本入账。当月领用的材料应计入当月成本，不准任意提前或延迟实际领用时间。外购材料直接交车间使用时，仍应按照规定的收发程序，办理材料检验和收发手续。

（4）核算材料成本，应与库房发放数核对一致，然后按成本项目进行分配，计入产品成本计算对象或费用项目。

（5）直接用于产品的材料成本，应当直接计入有关的成本计算对象。凡是由几种产品共同负担的材料，可分别按消耗定额比例、耗用重量比例、产品数量比例等方法，在有关的成本计算对象之间进行分配。

（6）车间月末已领用而未使用的产品原材料，必须办理实物退料或"假退料"手续。生产计划执行完毕或中途停止执行时，所有已领未用的原材料应全部退库，不得移作他用。

（7）生产过程中的废料和回收的包装物，应按月回收交库房统一处理变卖。变卖所得的款项应及时上缴财务部。任何个人和部门不得隐瞒和擅自挪用。

（8）车间设有二级材料储备仓库的，必须严格按仓库管理程序，专库保管，专设账册凭证，专人收发保管。二级材料储备仓库的期末结存，应办理库存材料的移库核算手续，不得计入生产成本。

（9）由于生产需要，对库存材料进行的各种加工，包括外部加工和自制，加工后虽然改变了原有材料的形状或规格，但仍具有通用材料性质，并入库待领的，作为自制材料处理。自制材料实际成本，应包括：领用材料和加工费用，扣除退库的余料价值。

（10）车间领用各种材料，必须按照实际领用数量填写领料单，不得把由于仓库保管责任所造成的材料溢缺、损坏等经济责任，自行修正领用数量，转嫁给领用部门承担。

（11）库房保管材料盈亏、毁损的核算规定如下：

1）由于物资自然损耗，经生产副总和财务行政副总批准后，计入管理费用。

2）由于采购和保管责任而造成盈亏、毁损的，要由责任部门和人员提出书面说明和改进措施，追究相关责任。报生产副总和财务行政副总审查后，根据盘亏和毁损物资按实际成本，扣除责任人赔偿，通过规定的核销程序计入管理费用。

3）由于自然灾害和各种意外造成的损失，应查清原因，扣除保险公司和有关责任人的赔偿，减去残余价值，经总经理和财务行政副总批准后（金额巨大的，需报经集团领导审批），将净损失列入营业外支出。

（12）库房物资应定期盘点，核实库存数。如有盘亏或毁损，应按上述规定处理，任何部门和个人不得隐瞒或擅自采取各种途径予以处理。

2. 工资及福利费核算

（1）全厂在册员工（含临时工和试用工）的各项工资，包括：基本工资、效益工资、计件工资、以及属于税法规定工资总额范围内的津贴、补贴、奖金等，都应当根据国家法律法规和集团公司要求进行计算、支付、汇总、分配。

（2）实行计件工资制的车间，计件生产工人的工资，应根据上月实际完成合格品的实数量，或按实物量折算的劳动量，乘以计件单价计算。

（3）严格按照国家的规定计提职工福利费、教育经费和工会经费。其提取基数，应为药厂每月实际发放工资数。

（4）直接从事产品生产的生产工人工资及附加，凡是能直接划分产品成本归属的，应直接计入该产品成本。计件工资一般应直接计入有关的成本核算对象。

（5）在归集和分配工资费用时，应当严格区分工资费用的用途，不能将应由其他项目负担的工资费用和应列入产品成本费用中的工资费用混淆。

3. 动力费用核算

（1）动力费用，指外购的水、电、天然气费用。月终结算时，应按照扣除增值税后金额分配核算动力费用。食堂、公寓楼等生活福利部门和在建工程耗用的外购动力，要按含税实际成本核算。

（2）动力费用应当根据各车间的实际耗用量分摊计算。能直接划分产品动力消耗的，应按产品实际耗用量直接计算动力成本。无法划分产品的动力费用，根据一定比例在全部产品中进行摊销。当外购动力费用的实际支出，与内部统计数之间出现差额时，可按实际支付金额和厂内实际耗用总量重新计算单价，据以分配各受益单位的动力费用。

4. 制造费用核算

（1）计提折旧的范围和方法，严格按照制订的《固定资产管理办法》中相关规定执行。

（2）应按使用车间和部门，分别核算折旧费，一般不直接计入产品成本，而作为间接费用分配核算。生产车间计提的折旧，记入制造费用，管理部门应提的折旧计入管理费用；租出固定资产应提的折旧计入其他业务支出。

（3）固定资产的修理费，按实际发生额一次或分次计入生产成本或期间费用。

（4）修理费用的内容一般包括：房屋、建筑物及设备的修理、维护及保养费用。外包的修理费，按实付金额计算（不包括工程部人员为车间进行的日常维修而领用的材料费）。

（5）制造费用的归集，设置制造费用明细账，按车间、部门分别设置账户，采用多栏式账页，按明细项目归集费用发生额，月末汇总结转生产成本账。制造费用明细账期末应无余额。

（6）制造费用应分成直接费用和间接费用再进行分配。直接费用直接进入相关产品成本，如无形资产摊销费用。间接费用根据一定比例在全部产品中进行摊销。

5. 在产品、自制半成品、产成品成本核算

（1）各生产车间必须加强在产品的管理和核算，设置在产品数量台账，记录车间在产品投入、转移、交库等数量变动及生产进度。车间内部如设有中间库的，应当设置实物收发保管数量卡片，根据车间内部收发凭证进行登记。为了保证在产品数量的准确性，车间主管人员要对在产品数量台账和中间库的数量卡片进行定期稽核，做到卡物相符。

（2）在产品、半成品应当定期组织盘点，防止成本虚增、虚减。要在全厂建立产品的盘存制度，由生产部和财务部共同组织盘存。盘存工作一般可按下列办法进行：

1）单件小批生产和轮番投产的生产类型，当产品完工下场时，应及时组织静态盘点。

2）成批大量生产的生产类型，应定期组织盘点。一般每季度盘点一次。

3）在年度终了前，要组织在产品、半成品的全面盘存，发生盈亏应查明原因，按照规定的审批权限，经批准后，扣除责任人赔偿，计入管理费用。如果没有在产品实物数量记录的，必须按月组织盘点。

4）财务部应当根据在产品的数量记录、盘存记录，正确计算月末产品成本，不得任意估计。

（3）在产品成本按直接材料费用计算，暨在产品成本只计算直接材料成本，其他费用全部由当期完工产品负担。计算公式如下：

月末在产品成本 = 月末在产品数量 × 单位产品材料单价

本月完工产品成本 = 月初在产品成本 + 本月发生的费用 - 月末在产品成本

（4）已经完工的产成品，应在检查合格后填制产成品入库单，办理入库手续。财务部应当根据本月完工产成品的交库凭证或统计资料，正确计算产成品实际成本，按月编制分产品的完工产品成本汇总表，并据以结转产成品成本。

（5）应当加强产成品仓库的收发管理，要根据检验合格的成品交库单和手续齐全的发货凭证，记录成品卡片或成品台账。财务部应设置的产成品明细分类账，按月与产成品库核对一致。产成品结转销售的明细分类核算，一般应按加权平均计算的实际成本进行。产成品仓库发生盈亏毁损，应当及时查明原因和责任。按照规定的核销程序，在扣除过失人赔偿后，计入管理费用。

（十）成本考核

1. 每个年度完毕，公司经营班子组成成本考核小组，对成本管理责任部门或人员进行考核。

2.考核指标以年初获得核准的成本计划或费用预算为基础，结合各部门或责任岗位工作重点及控制目标进行制定。考核指标需具有可量化、可客观判断等特点。

3.成本考核小组通过目标成本节约额、目标成本节约率等指标和方法，根据成本计划和费用预算执行情况、考核指标完成情况以及工作管理工作具体开展情况，对部门或人员进行综合考评。

4.成本考核结果将与奖惩密切结合起来，并作为部门或个人年度工作完成的重要组成，纳入年度绩效考核结果。

（十一）其他

各车间部门根据责任工作分工建立成本内部报告制度，实时监督成本费用的支出情况，发现问题应及时上报上级领导及相关部门。

（十二）附则

本办法由财务部负责解释。未尽事宜，由财务部负责组织修订。制度报集团财务部审批同意后予以实施。

第三节　项目质量控制

一、质量计划

为了加强项目部工程质量管理，保证工程质量目标的实现，根据《建设工程管理条例》《建设工程项目管理规范》的有关规定，特制定本制度。

（一）工程项目质量目标的确定

1.质量目标必须符合《建设工程施工合同》的质量要求。

2.必须符合公司创优工程的项目。

（二）项目部实现质量目标必须编制质量计划。质量计划应包括下列内容

1.项目质量计划目标的确定。

2.编制项目质量计划（或质量目标的分解）。

3.项目质量计划的实施：

（1）施工准备阶段。

（2）施工阶段。

（3）竣工验收阶段。

（4）工程保修阶段。

（5）质量的持续改进和检查验证。

（三）质量计划的审批程序

1. 项目部编制质量计划。

2. 质量部审核。

3. 总监办审批。

二、工程项目质量总承包负责管理

为规范总承包单位与分包单位的行为，更好地落实《中华人民共和国建筑法》和《建筑工程施工质量验收统一标准》的有关条款，特制定本制度。

（一）建筑工程总承包单位将总承包工程中的部分工程（除主体工程外）分包，其分包单位应有相应的资质文件。但是除总承包合同约定的分包外，必须经建设单位认可，单位工程不得层层分包，施工总承包中的建筑工程主体结构的施工必须由总包单位自行完成。

（二）建筑工程实行总承包的，工程质量由总承包单位负责，总承包单位将建筑工程分包给其他单位的应当对分包工程的质量与分包单位承担连带责任，分包单位必须接受总承包单位的质量管理。

（三）总承包单位应监督管理各分包单位认真遵照现行有关规范进行施工，按照《建筑工程施工质量验收统一标准》对所承建的检验批、（子）分部工程的质量进行验收，其验收结果和资料交总包单位。

（四）总包单位应组织各分包单位认真学习，了解总包单位的各项管理规章制度，总承包单位有权对违反质量管理制度的分包单位进行处罚。

（五）各分包单位应对总承包单位定期召开的质量例会，不得无故缺席。为便于质量管理，各分包单位的施工进度计划均应考虑交叉施工的配合问题，如出现异议，应由总包单位统筹安排。

（六）各分包单位应认真配合总包单位做好成品、半成品保护，如分包单位需在结构上打洞、开槽、补埋铁件一定要经过结构施工总包单位的技术负责人认可，重要部位要报设计单位认可。预应力结构上不得开槽、凿孔。

（七）分包单位应当对施工质量负责，对总承包单位负责，必须服从总包单位质量目标。

三、质量检查管理

为了加强项目部质量管理的力度，达到提高工程质量，杜绝质量事故，提高自身的社会信誉和市场竞争能力的目的，特制定本规定：

（一）项目部每年对项目部的质量管理工作做如下检查

1.项目部每季度定期对项目部范围内所有在建项目实行季度检查。

2.项目部对职责范围内的直管项目部实行月度检查及日常检查。

（二）公司质量检查的内容

1.质量管理项目部的质量管理制度、岗位责任制，工程质量计划，质量管理人员资格等。

2.施工质量。

3.技术资料。

（三）项目部在检查中对发现的问题立即发出限期"整改通知单"，对质量问题项目部必须定人、定时、定措施进行整改。各项目部在整改期限内整改完毕后上报公司质量部门复查。

（四）项目部根据整改回复组织落实复查验收。并在整改通知单签署验收意见。经验收合格后，方可进行下道工序施工并结案。

（五）项目部对检查中发现的问题进行登记备案，从管理上、施工技术上分析质量问题，为质量整改提供依据。

（六）根据项目质量问题进行统计分析，进行技术攻关，提高项目部工程质量的整体水平。

（七）质量检查的奖罚：根据《建设工程质量管理条例》及公司有关奖罚规定执行。

四、工程质量奖罚制度

（一）奖励

1.凡取得优质工程奖的工程，工程创优成本列入项目承包成本。同时，按照公司优质工程奖罚制度给予奖励。

2.对项目部的综合质量考核，凡年度平均得分90分及以上者，一次性奖励项目部3000元。

3.在各级行政主管（上级）部门的质量检查中，因质量优异受到以简报、文件、电视、报刊等形式表彰的单位，视具体情况奖励该责任人300～1000元人民币/人，奖励相关人员1000～3000元人民币。

4.单位（个人）获得各级优秀质量工作先进单位（个人）荣誉，按上级文件明确的奖励额度，对个人的奖励，奖金全额发至获奖者本人；对单位的奖励，由获奖单位（部门）提出分配方案，经分管领导批准后执行。

（二）处罚

1.凡列入项目部创优计划的工程（以公司文件为准），无正当理由，没有实现创优目标的，按照奖罚对等的原则对有关人员进行罚款，创优成本不列入项目承包成本。

2. 凡是竣工工程被核验为不合格的，按工程量的 5‰ 处罚项目部，并追究有关责任人的责任。

3. 对项目部的综合质量考核，凡年度平均得分 80 以下者，每降低 5 分，处罚该单位 1000 元。

4. 对不认真履行管理职责的有关责任人，将给予有关责任人 50 ~ 500 元经济处罚。

5. 在建工程质量检查时，发现违反规范规程，不按标准施工，不按建设主管部门或公司的有关规定施工，粗制滥造，质量低劣，业主反映强烈，将视工程的具体情况给予该工程责任者罚款 100 ~ 500 元人民币 / 人，给予相关人员罚款 500 ~ 1000 元人民币。

6. 在各级行业主管（上级）部门的质量检查中，因质量问题受到以简报、文件、电视、报刊等形式通报批评或曝光的工程，视具体情况给予该工程责任人罚款 300 ~ 1000 元人民币 / 人。

7. 工程竣工交付使用后，在保修期内出现因施工质量问题影响使用功能、受到用户投诉的，且没有采取有效保修措施而造成不良影响的，给予相关责任人罚款 500 ~ 1000 元 / 人。

8. 发生质量事故，视事故的严重程度予以处罚。

9. 出现以上质量问题，给企业造成重大损失（含无形损失）的，除经济处罚外，还将视严重程度由项目部给予相关责任人行政处罚。

10. 以上经济处罚，由项目部工程技术部（或项目部质检员）填写"罚款通知单"，经项目部技术经理审核、主管领导批准后执行。收缴的罚款交纳到公司罚款专用账户，收缴的罚款只能用于与质量有关的奖励，不得挪作他用。

五、质量事故报告和调查

为了保证工程建设质量事故的及时报告和顺利调查，维护国家财产和公司信誉，应做到以下几点：

（一）项目部在发生质量事故后必须第一时间汇报到公司质安部和总监办。

（二）项目部在实事求是、尊重科学的基础上 24 小时内写出书面报告。

（三）质量事故发生后，项目部必须对事故现场进行严格保护，采取有效措施，防止事故扩大。

（四）公司质安部、总监办在 24h 内进行现场勘察，确定处理方案，由项目部落实、实施。

（五）项目部整改完毕后报公司质安部验收核定。

（六）项目部处理完成后撰写事故处理报告，并报有关部门备案。

（七）重大质量事故发生后由公司向上级主管部门和事故发生地建设行政主管部门报告，并应在 24h 内写出书面报告。

（八）对待工程质量事故必须严肃认真，一定要查明原因，做到"四不放过"。

六、施工方案审批

（一）施工组织设计（方案）编制分工

1. 一般工程施工组织设计，由项目技术负责人组织，各专业技术员编制，预算人员参与编制。

2. 大型工程的施工组织设计由技术经理组织，生产技术部编制，预算人员、项目技术负责人、各专业技术员参与编制。

3. 特大型工程的施工组织设计由公司组织，有关部门及公司经理、技术经理参与编制。

4. 关键技术、重要分部分项的施工方案由技术经理组织，生产技术部编制。

（二）一般工程和大型工程的施工组织设计（方案）

在编制人员完成各自的编写任务，汇总形成初稿后，交项目技术负责人，项目技术负责人接到初稿，应组织编制人员、预算人员及相关人员，对初稿进行讨论，提出修改建议和需要增加的内容，各编制人员对初稿修改后定稿。

（三）施工组织设计（方案）

在满足质量、进度的前提下，应进行经济分析比较，努力降低成本，做到施工组织设计（方案）的可行性、经济性、实用性。

（四）施工组织设计（方案）的内部审核

1. 一般工程的施工组织设计由项目技术负责人进行审核，审批意见报一份由项目部工程技术部门备案。

2. 大型工程的施工组织设计应由技术负责人审核，开工前10日报项目部有关部门进行审批，并按审批意见修订后实施。

3. 关键技术、重要分部分项的施工方案应由技术经理审核，开工前10日报项目部有关部门进行审批，并按审批意见修订后实施。

（五）施工组织设计（方案）外部审核

1. 施工组织设计（方案）在施工企业内部会签审批完毕后，由专业技术员交建设单位和监理单位进行审批。

2. 对建设单位和监理单位提出的改进意见，项目技术负责人或技术经理将意见反馈到项目部技术部门，研究修改措施。

3. 建设单位或监理单位评审表按照当地建设主管部门统一要求的表格进行填写。

（六）施工组织设计（方案）的发放

审批后的施工组织设计（方案）由项目部内业资料员负责印发，并发至下列有关部门和人员：

1. 项目部生产技术部：技术负责人、预算员、各专业人员，并留足合同要求竣工资料的份数。

2. 所有施工组织设计的发放均应做好发放记录。

（七）施工组织设计（方案）更改

工程施工过程中，应严格按照施工组织设计（方案）及审批意见执行，不允许擅自改变施工工艺，由于施工条件发生变化、施工方案、施工方法有重大变更时，实施单位要及时对施工组织设计（方案）进行修改、补充、并经原审批单位批准后执行。不按施工组织设计（方案）及审批意见执行的，应对相关人员进行处罚。

七、监视和测量装置管理

（一）施工测量的主要任务

1. 开工前的控制测量

（1）平面控制桩和高程控制桩的交接管理

在工程的前期，项目部专业技术员组织测量员会同建设单位、设计单位、监理单位进行桩位的交接工作，并要求做好交桩成果（如包括交桩管理规定等）的保存工作。

（2）控制桩检核复测及引桩测量与保护

接桩之后，项目部技术负责人组织项目部相关人员及时对平面控制点和高程控制点进行复测，如有问题及时向监理和建设单位提出，请其解决；如果复测结果符合精度和规定要求，做好桩点的保护工作。

（3）建立施工测量平面控制网

在施工开展之前，项目部专职测量员根据所交控制点要求对控制网进行加密，并将成果上报给监理公司进行复核。

2. 施工期间的平面与高程控制及沉降观测及主体、装饰完工后的观测

（1）一般测量检查，由测量员、专业技术员进行自检和互检。

（2）工程项目的重点部位，定位放线的测量检查应在自互检复测的基础上，报监理公司复核审批。

（二）测量员负责整理上报测量资料

有效资料交专业技术员负责汇总保管。

（三）测量员对测量仪器的完好程度负责

平时要爱护各种测量仪器设备，严格管理，责任到人。

八、技术资料管理

（一）技术资料执行技术负责人领导下的专业技术员负责制度，各专业技术员负责本专业所施工工程的技术资料的收集、整理工作。技术负责人定期组织项目部资料员对各专业技术员的内业工作进行检查、监督，并组织竣工技术资料汇总移交工作。项目部资料员、技术员完成技术资料的检查，和竣工资料的汇总移交工作。

（二）技术资料内容应按照工程项目签订合同中所要求的标准执行。

（三）在技术资料收集之前应列出单位工程划分计划、资料收集计划及试验和检验计划，经项目技术负责人审核，技术经理审批后按计划进行收集和整理，在资料收集过程中应注意资料的规范、标准（包括书写格式、纸张大小等）。

（四）工程技术资料管理与工程施工紧密联系，对施工试验记录、材料试验记录及施工记录中反映出来的问题，要及时向项目技术负责人汇报，针对发现的问题及时处理和解决。

（五）相关部门或责任人（材料员、试验员、测量员等），对自己工作范围内的技术资料，应主动及时地将各类资料上交给单位工程技术员，不得无故拖延或私自留存。

（六）技术内业资料应随施工进度及时整理，与施工进度同步，同时必须真实地反映工程的实际情况，项目部生产技术部应定期和不定期地对技术资料进行检查，确保技术资料的同步、真实和有效。

（七）项目竣工验收时，由技术负责人组织生产技术部及有关人员对资料进行审核汇总，形成完整、系统的资料。

（八）单位工程一般要求整理三套完整的竣工资料，如合同有要求应按其要求的份数整理。

九、材料采购、检验、保管管理

（一）项目部材料员应对材料承包方的背景资料及时收集并上报公司施工技术部备案，由公司施工技术部统一发放合格承包方审批名录。

（二）材料采购必须在合格承包方名录采购。当施工急需时应经公司施工技术部审批，同意后方可允许在名录外采购。

（三）材料进场必须有材料员、仓管员、试验员到场进行检测，做好进货检验会签记录。

（四）钢材、水泥、砂、石等原材料进场应核对出厂合格证和质量保证书，还应分期、分批进行抽样检验（详见材料试验规定）。检验合格后，方可填写入库单，并应及时做好材料标识和复试工作。不合格材料有材料员与供货方进行交涉，办理退货，调货、索赔等工作事宜。

（五）各种材料的领用，发放必须持有施工员签发的材料领用单后，仓库保管员方可发放有关材料。

（六）各种材料进场后至使用前均要分类标识，明确检验状态，表明该批材料是否为待验品、不合格或合格品，以便使用。

（七）仓库保管员应根据不同材料分类堆放，并根据不同性质做好防水、防火、防潮、防热等保护工作。易燃易爆物品应有专门仓库，专人保管登记领用。

（八）大批量进场的材料应按进库顺序堆放，先进先出，注明进货时间，以免积压损坏过期。

十、工程试（检）验控制管理

（一）项目部按现行国家规范、有关技术标准及公司要求，结合工程实际情况，做出工程试（检）验计划；项目部各职能人员分工明确。

（二）实验室应具备相应主管部门审批资质等级，送检范围符合法定受理要求。现场同时接受监理单位、建设单位做好旁站见证工作。

（三）配合建筑工程施工质量控制要求，及时完成工程各项试（检）验工作。

（四）原材料进场，核查进货位及相关的质量证明书、使用说明书等质量资料；试件的取样、数量、复试性能必须满足要求，合格后方可进入工程使用。

（五）施工试（检）验记录，要求检测项目齐全，各责任主体盖章签字完整，能真需实反映工程质量情况，发现不符合要求的立即处理，不让不合格品流入下道工序。

（六）工程安全和功能检验的检查鲜明齐全，并经监理单位抽查确认。

（七）及时收集工程试（检）验的报告单。

（八）统计分析现场施工的混凝土、砂浆及原材料情况，提出改进意见。

十一、施工质量技术交底

为了使施工人员充分理解设计意图和施工组织设计内容，认真按照图纸施工，执行国家和省、地方法律法规，验收规范及公司企业标准，避免差错和失误，确保工程施工质量达到要求，特制定本制度。

（一）由项目部参加图纸会审及编制施工组织设计的工程，由项目部技术负责人有关施工人员进行交底。

（二）由公司参加图纸会审及编制施工组织设计的重大型工程，技术复杂工程，先由总监办组织有关科、室向项目部进行技术交底。

（三）项目技术负责人向施工人员及有关职能人员交底时，应结合工程具体操作部位进行细致，全面地交底。除口头交底外，并应有书面签字。

（四）针对特殊工序要编制有针对性地作业指导，每个工种、每道工序应进行各级技术交底并形成书面记录。

（五）各工种班组长接受技术交底后，应组织工人进行认真讨论，保证施工意图明确无误的得到执行。

（六）未经技术交底的分部分项工程不得任意施工，如发现有违章情况必须立即停工，并给予经济处罚。

十二、工程技术复核管理

（一）工程开工前，必须编制好具体复核内容，确定施工者、复核者，以便明确职责。

（二）每次复核必须填好《技术复核表》。填写复核意见并签名。

（三）复核项目根据单位工程具体情况确定，但下列项目必须复核：

1. 放样、定位（包括桩定位）。

2. 基槽（坑）标高、深度、尺寸。

3. 各层的标高、轴线。

4. 模板的轴线、截面尺寸和标高。

5. 预制构件。

6. 预埋件、预留孔。

7. 主要管道、沟的标高和坡度。

8. 基础的位置和标高。

（四）技术复核工作必须严肃认真，发现不符合要求偏差，应落实更改，再次进行复核，直至符合质量要求。

（五）未经复核的不得进入下道工序施工。

（六）有些技术复核项目可以与检验批质量一道进行，但应有不同的侧重点，并应分别填写表格。

（七）技术复核工作流程。

十三、试块管理

为了确保对工程质量的控制，加强施工过程中试块的规范管理，特制定本制度：

（一）施工现场试块的取样、制作、养护、送检活动由专人负责。且必须遵守真实、有效的原则，决不弄虚作假。

（二）根据建设部建（2000）211号文件，确定试块必须见证和送检的范围。

（三）严格按照先行施工规范的规定，编制工程试块的取样、制作、养护、送检计划。

（四）试块应采用检测合格的钢模制作。

（五）试块的材料取样必须在搅拌或浇筑现场随机取样，制作过程由监理旁证人监督。试件上应注名工程名称、工程部位、制作日期、强度等级、试件编号内容，以免混淆。

（六）拆模后试块根据不同用途进行标准养护或同条件养护。现场应有标准养护室。试块应注意保管，不得丢失。

（七）试块达到预定的养护时间，按当地规定，在相应检测资质等级的工程实验室进行试验。试验委托单应填写正确、字迹清晰，并经监理（建设）单位旁证人员签字。

（八）及时取回、保管好试块试验报告单，并向工程技术负责人报告试验结果情况。

十四、挂牌管理

（一）对施工现场及仓库堆放的原材料、成品、半成品应进行分类，做好挂牌标识。标识内容为：产品名称、规格型号、产地、厂家、检验状态。

（二）各施工班组应在醒目处悬挂"班组质量目标"，挂牌由施工人员及班组长组织实施。

（三）在工人操作地点醒目处书写或粘贴"操作人员质量目标"。内容应为：班组名称、操作人员、质量控制等级。由班组长负责实施。

（四）各分项工程完工后，项目部应组织人员进行验收，并对验收合格工程逐个进行标识。

十五、三检管理

（一）自检

1. 操作人员在操作过程中必须按相应的分项工程施工质量验收规范进行自检，并经班组长验收后，方准继续进行施工。

2. 班组长对所施工分项工程，在施工过程中应检查班组每个成员的操作质量，并认真填写自检记录。

3. 施工员应督促班组长自检，应为班组创造自检条件（如提供有关表格，协助解决检测工具等）要对班组操作质量进行中间检查。

（二）交接检

1. 工种间的互检，上道工序完成后下道工序施工前，班组长应进行交接检查，填写交接检查表，经双方签字，方准进入下道工序。

2. 分包交接检，交方应按分包的要求认真办理总包交接检查表、有关资料和进行交接签证等工作，否则不得进入下道工序施工。

3. 上道工序出成品后应向下道工序办理成品保护手续，而后发生成品损坏，污染，丢失等问题时由做下一道工序的单位承担后果。

（三）专检

1. 所有分项工程：特殊部位、隐检、预检项目，必须按程序，作为一道工序，提请专检人员进行施工验收。

2. 专检人员要核定分项工程时，必须按施工质量验收标准严格控制，严格把关。核验人员在核验评定时会同班组长共同进行。并应达到专检人员预定的单位质量标准（内控质量标准）。

十六、样板管理

（一）凡施工规范及合同目标、内控质量目标和列入公司创优计划的工程项目均必须实行样板制。

（二）工程中的路基填方、桥涵、挡土墙、路面等主要工程及新材料、新工艺、新结构等项目，在大面积施工前必须分别做样板，坚持样板开路。

（三）做样板时，必须按有关规范、规程、标准、施工图说明及质量控制目标要求进行施工，对已完成的样板需在班组、施工员自检的基础上，由项目部填报"分项样板验收单"经公司质安部签证后，上报监理公司审批，方可进行大面积施工。

十七、隐蔽工程检查验收管理

隐蔽工程验收是指将被其他分项工程所隐蔽的分部或检验批工程，在隐蔽前所进行的验收，坚持隐蔽验收制度是防止质量隐患，保证鲜明质量的重要措施。

（一）基坑（槽）、基础

项目部会同质监单位、建设单位、设计单位、监理单位检查基坑（槽）的土质，基底的处理，回填土料质量，填土的密实性，外形尺寸、标高及各种基础质量。认真做好土壤质量试验，打（试）记录，地基验槽记录等文字资料。

（二）钢筋工程

检查钢筋规格、形状、尺寸、数量、锚固长度，接头位置以及除锈、设计认可的代用变更、保护层控制等情况，认真做好钢筋隐检记录（含予应力张拉）。

（三）隐蔽工程

需由建设单位、监理单位及项目部专业质量员，技术负责人参加验收并办理签字盖章手续，特殊部位验收还应邀请相关人员参加，在隐检中发现不符合要求处，要认真进行处理，未经验收合格者不得进行下道工序施工。

十八、成品保护管理

为保证建筑产品的完善性，确保工程质量达到预期的目标，特制定以下制度。

（一）项目部在施工前必须编制防护措施。

（二）项目部与班组签订成品保护责任制，由班组把责任落实分解到每一作业岗位，同时加强员工的成品保护教育工作，提高岗位工人素质。

（三）项目部对已经验收的成品必须进行标志。

（四）项目部具体由质检员负责工程的成品保护检查工作。施工班组对前一班组作业完成的成品有责任进行保护。后作业班组不得对前施工班组完成的成品有污染或破坏。前施工班组如对成品保护不当，后施工班组在交接班时，必须共同检验后，告知项目负责人、专业质检员落实进行处理。

（五）不同材料的交接处，易碰撞受损部位，必须采用遮挡、隔离的防护措施，确保成品的完整性，对已完成的部位，必须达足够强度后，才能进行上部的施工。

（六）对进场的设备，半成品等应指定部位堆放，并有专人负责保护，避免在施工安装前损坏或缺少零部件。

（七）各分部分项工程进行定人负责，无项目施工令，不得进行施工。成品应及时采取护、盖等必要的保护手段，以免人为的破坏。

十九、工程质量验收评定核定管理

为认真搞好质量验收评定工作，现参照《公路工程质量检验评定标准 JTGF80/1—2004》《公路桥梁技术状况评定标准 JTG/TH21—2011》制定本制度：

（一）分项工程质量应在班组自检的基础上，由单位工程负责人组织有关人员检验评定，专职质量检查员核定。核定结果报监理（建设）单位审批。

（二）分部工程质量应由项目部经理、技术负责人组织验收，公司专职质量员核定。其中地基与基础、主体分部工程质量应由公司技术负责人和质量处组织核定。核定结果报监理（建设）单位审批。

（三）单位工程完工后，工程质量应由公司技术负责人、质安部进行验收，并向建设单位提交工程验收报告。

（四）建设单位收到工程验收报告后，应由建设单位（项目）负责人组织施工（含分包单位）、设计、监理等单位（项目）负责人进行单位（子单位）工程验收。

二十、不合格品控制

（一）不合格物资的控制

1. 不合格物资的标识与隔离按公司相关文件执行。

2. 不合格物资的评审与处置：

（1）由项目经理组织项目技术、质检、材料采购及保管等人员对不合格物资进行评审，提出处理意见，由材料员（保管员）负责做好记录并妥善保存，评审结果报公司分管领导批准。必要时，尚应邀请公司生产技术部相关人员参加评审。

（2）项目材料员（保管员）根据评审处理意见，及时通知原采购人员尽快与供应商取得联系，商定处理办法，处理后将处理结果填写在不合格物资处理记录中，并由执行人签字。

（3）不合格物资处理记录由项目材料员负责保存至工程交工，并报公司经营部备案。公司经营部及自行采购的项目部，应及时对不合格信息进行分析研究。当相同问题多次重复发生或一次发生较严重问题时，应采取纠正措施。

（二）过程不合格品的控制

1. 过程不合格品的标识与隔离按公司相关文件执行。

2. 不合格品的评审与处置：

不合格品的严重程度由检查人员作出判断，需要时项目技术负责人协助。发现严重不合格品时，应及时报告项目技术负责人。采取的处置措施应与不合格品的影响程度相适应：

（1）发现一般不合格品时，由检查人向项目部或施工班组下达整改通知单，写明存在的质量问题和具体部位，限定整改完成期限，并对整改情况进行验证；检查人对整改情况不能亲自验证时指定验证人。项目部或施工班组接到整改通知后，及时安排整改，整改完成后进行自检，并在整改通知单上填写处理情况和自检结果，通知验证人验证，由验证人做好验证记录。

（2）当发现严重不合格品时，由公司生产技术部组织有关人员对不合格情况进行评审，必要时会同设计、监理、业主共同评审。

（3）出现严重不合格品需进行返工处理时，由项目部技术负责人组织制定处理方案（必要时请公司工程管理部协助），经项目监理批准后组织实施。处理后应重新按产品监视和测量的规定进行检验和试验，并将处理结果填入不合格品处理记录。

（4）发生严重不合格品，或同类一般不合格品重复发生三次时，由项目技术负责人组织制定和实施纠正措施。

（5）当不合格品构成质量事故时，项目经理应及时报告公司工程管理部，共同协调处理。

（三）不合格品统计

1. 项目部应建立不合格品台账，每月进行一次统计分析，确定采取纠正措施的需求，并报公司生产技术部备案。不合格品的统计范围包括：

（1）强度达不到设计要求。

（2）尺寸偏差严重超过规范要求。

（3）影响使用功能。

（4）严重影响美观等其他情况。

2. 项目部应建立不合格品台账，每季进行一次统计分析，确定采取纠正措施的需求，并报公司工程管理部备案。

二十一、结构实体功能环境检验管理

为健全工程结构的安全、使用功能和环境的主力控制，根据国家施工质量验收规范的有关要求，结合本公司实际，特制定本制度。

（一）公路工程的结构安全、事业功能和环境的质量控制检验包括混凝土强度的检测、受力钢筋的分布、钢筋混凝土保护层厚度、现浇板的厚度、主要构件几何尺寸、砌体工程砌筑砂浆的强度、使用功能和环境等项目。

（二）混凝土结构强度的检验，必须按照规定要求制作同条件养护试块，并判定合格。

（三）基础结构、主体结构验收、竣工验收前必须提前15天通知公司质安部进行非破损或局部破损的检测方法进行检验。

（四）结构实体检验、功能和环境检测按照工程所属地的有关规定通知并接受检测部门的检测。

（五）抽检不合格项，项目部必须按照规定委托具有相应资质的检测机构进行复检，并将检测结果报公司质安部。复检仍不合格项，按照公司不合格品控制制度和有关规定进行处理。

二十二、质量例会

（一）班组质量警示会

每周举行一次，工、班长或质检员，对本周出现的质量问题进行警示，提出预防措施，防止类似问题重复出现。

（二）项目经理部技术质量分析会

经理部每半月召开一次技术质量分析会，由项目经理或技术负责人主持召开，工程、技术、质量、材料等相关人员参加。项目经理部质检员对在施工程质量情况进行总结，项目技术负责人、专业技术人员根据发生的质量问题，分析产生的原因和可能继续出现的潜在趋势，做出整改方案措施。质检员做好质量分析会记录。

（三）项目部生产技术科技术质安科系统分析会

每月召开一次，在项目部月度质量检查后进行，由生产技术科科长主持召开，项目部经理、项目部技术负责人、专业技术人员、质检员参加。项目部技术负责人如实汇报本月技术质量工作开展情况、工程中存在的质量问题和下一阶段的纠正和预防措施，上报质量报表；生产技术科科长通报本月项目公司技术质量检查情况，项目部技术负责人安排下一阶段的技术质量管理工作重点。生产技术科做好汇总，并做好本月的质量小结。

（四）项目经理部应及时收集质量信息

及时识别、发现施工现场工程质量保证体系运行过程和工程实物质量存在的问题，及时组织质量分析，实施有效的纠正措施和预防措施，持续改进施工现场工程质量保证体系的有效性、不断提高工程实物质量。

二十三、见证取样管理

（一）单位工程开工前，项目部应根据施工合同建立经上级主管部门审批合格的工地试验室承担有见证试验的检测项目。

（二）有见证取样项目和送检次数应符合国家和地方、行业有关标准、法规的规定。送检试样应在建设单位或监理人员的见证下，在材料验收、施工试验中随机抽取，不得另外进行。

（三）见证取样和送检时，取样人应在试样或其包装上做出标识、封志。标识和封志应标明样品名称和数量、工程名称、取样部位、取样日期，并应有取样人和见证人签字，见证记录列入工程技术档案。

（四）各种有见证取样和送检试验资料必须真实、完整，不得伪造、涂改、抽换或丢失。

第四节　施工项目合同管理

（一）项目与项目管理

项目是为创造独特的产品、服务或成果而进行的临时性工作（Project Management Body of Knowledge, PMBOK）。项目管理则是指在一定的约束条件下，为达到项目目标（在规定的时间和预算费用内，达到所要求的质量）而对项目所实施的计划、组织、指挥、协调和控制的过程。项目管理的对象是项目，由于项目具有单件性和一次性的特点，要求项目管理具有针对性、系统性、程序性和科学性。

（二）工程项目与工程项目管理

工程项目是以工程建设为载体的项目，是作为被管理对象的一次性工程建设任务。工程项目管理是项目管理的一个重要分支，它是指通过一定的组织形式，用系统工程的观点、理论和方法对工程建设项目生命周期内的所有工作，包括项目建议书、可行性研究、项目决策、设计、设备询价、施工、签证、验收等系统运动过程进行计划、组织、指挥、协调和控制，以达到保证工程质量、缩短工期、提高投资效益的目的。由此可见，工程项目管理是以工程项目目标控制（质量控制、进度控制和投资控制）为核心的管理活动。

工程项目的质量、进度和投资三大目标是一个相互关联的整体，三大目标之间既存在着矛盾的方面，又存在着统一的方面。进行工程项目管理，必须充分考虑工程项目三大目标之间的对立统一关系，注意统筹兼顾，合理确定三大目标，防止发生盲目追求单一目标而冲击或干扰其他目标的现象。

（三）合同与合同管理

合同是指当事人或当事双方之间设立、变更、终止民事关系的协议。通俗来说合同是指两人或几人之间、两方或多方当事人之间在办理某事时，为了确定各自的权利和义务而订立的各自遵守的条文。

根据《中华人民共和国民法通则》第85条规定：合同是当事人之间设立、变更、终止民事关系的协议。

根据《中华人民共和国合同法》第2条规定：合同是平等主体的自然人、法人、其他组织之间设立、变更、终止民事权利义务关系的协议。

《合同法》分则规定的15种有名合同：买卖合同、供用电、水、气、热力合同、赠予合同、借款合同、租赁合同、融资租赁合同、承揽合同、建设工程合同、运输合同、技术合同、保管合同、仓储合同、委托合同、行纪合同、居间合同。

合同管理是指对合同的签订和履行所进行的计划、组织、指导、监督和协调，顺利实现经济目的的一系列活动。合同管理的具体内容包含：合同管理制度、重大合同审查管理、履行监督和结算管理、违约纠纷管理等。

合同的全生命周期：起草→审批→签订→履行→（更改／续签）→归档。

（四）工程合同与工程合同管理

1. 建设工程合同

建设工程合同指在工程建设过程中发包人与承包人依法订立的、明确双方权利义务关系的协议，本质上是承揽合同的一种。在建设工程合同中，承包人的主要义务是进行工程建设，权利是得到工程价款；发包人的主要义务是支付工程价款，权利是得到完整、符合约定的建筑产品。

建设工程合同具有合同主体严格性（发包人一般是法人，承包人必须是法人）、合同标的特殊性（建筑物及相关）、合同履行的长期性、投资和程序的严格性、合同形式特殊（书面）等特征。按照不同的分类标准，工程合同可分为以下几种类型：

（1）按完成承包的内容分类

建设工程勘察合同、建设工程设计合同、建设工程施工合同。

（2）按工程承发包的范围和数量

建设工程总承包合同、建设工程承包合同、分包合同。对于全部的建设工程任务，总包人应当及时对发包人负责，对交由分包人完成的部分工程，总包人应当与分包人共同对发包人承担连带责任。

（3）从付款方式

总价合同，适用于工程量不太大且能精确计算、工期较短、技术不太复杂、风险不大的项目；单价合同，适用项目很广，大多用于工期长、技术复杂、大型复杂工程的施工，以及为了缩短建设周期，初步设计完成后就进行施工招标的工程；成本加酬金合同，适用需要立即开展工作，或新型工程项目，或工程内容及技术经济指标未确定的项目。

一、合同管理

项目建设过程中所有参与者相互之间通过合同对工程项目的管理，是项目管理的核心。按照合同的生命周期，建设工程合同管理的主要内容包括：合同订立前的管理，主要是工程的招投标管理；合同订立中的管理，主要是施工合同管理；合同履行中的管理，其他合同管理；合同发生纠纷时的管理，主要是工程索赔处理。这些过程都是建立在合同法律法规的基础之上的。

（一）工程项目中的合同管理

合同确定工程项目的价格（成本）、工期和质量（功能）等目标，规定着合同双方责权利关系。所以合同管理必然是工程项目管理的核心。广义地说，建筑工程项目的实施和管理全部工作都可以纳入合同管理的范围。合同管理贯穿于工程实施的全过程和工程实施的各个方面。它作为其他工作的指南，对整个项目的实施起总控制和总保证作用。在现代工程中，没有合同意识则项目整体目标不明；没有合同管理，则项目管理难以形成系统，难以有高效率，不可能实现项目的目标。

在项目管理中，合同管理是一个较新的管理职能。在国外，从 20 世纪 70 年代初开始，随着工程项目管理理论、管理理论研究和实际经验的积累，人们越来越重视对合同管理的研究。在发达国家，20 世纪 80 年代前人们较多地从法律方面研究合同；在 80 年代，人们较多地研究合同事务管理（Contract Administration）；从 80 年代中期以后，人们开始更多地从项目管理的角度研究合同管理问题。近十几年来，合同管理已成为工程项目管理的一个重要的分支领域和研究的热点。它将项目管理的理论研究和实际应用推向新阶段。

在现代建筑工程中不仅需要专职的合同管理人员和部门，而且要求参与建筑工程项目管理的其他各种人员（或部门）都必须精通合同，熟悉合同管理和索赔工作。所以合同管理在土木工程、工程管理以及相关专业的教学中具有十分重要的地位。为了分析土木工程类专业毕业生进入建筑施工企业后，需要哪些方面的管理知识，美国曾于1978年、1982年、1984年三次对400家大型建筑企业的中上层管理人员进行大规模调查。调查表列出当时建筑管理方向的28门课程（包括专题），由实际工作者按课程的重要性排序。从上面的调查结果可见，建设项目相关的法律和合同管理居于最重要的地位。

现在人们越来越清楚地认识到，合同管理在建筑工程项目管理中有着特殊的地位和作用。国外许多工程项目管理公司（咨询公司）和大的工程承包企业都十分重视合同管理工作，将它作为工程项目管理中与成本（投资）、工期、组织等管理并列的一大管理职能。

合同管理作为工程项目管理的一个重要的组成部分，它必须融合于整个工程项目管理中。要实现工程项目的目标，必须对全部项目、项目实施的全过程和各个环节、项目的所有工程活动实施有效的合同管理，形成健全有序的合同体系。合同管理与其他管理职能密切结合，共同构成工程项目管理系统。

（二）工程合同管理的目的

发展和完善建筑市场。建立社会主义市场经济，就是要建立、完善社会主义法制经济。作为国民经济支柱产业之一的建筑业，要想繁荣和发达，就必须加强建筑市场的法制建设，健全建筑市场的法规体系。

规范建筑市场主体、市场价格和市场交易。建立完善的建筑市场体系，是一项经济法制工程，它要求对建筑市场主体、市场价格和市场交易等方面加以法律调整。对于建筑市场主体，其进入市场交易，其目的就是为了开展和实现工程项目承发包活动。因此，有关主体必须具备合法的主体资格，才具有订立建设工程合同的权利能力和行为能力。建筑产品价格，是建筑市场中交换商品的价格。建筑市场主体必须依据有关规定，运用合同形式，调整彼此之间的建筑产品合同价格关系。建筑市场交易，是指对建筑产品通过工程项目招标投标的市场竞争活动进行的交易，最后采用订立建设工程合同的法定形式加以确定。在此过程中，建筑市场主体依据有关招标投标及合同法规行事，方能形成有效的建设工程合同关系。

加强管理，提高建设工程合同履约率。牢固树立合同的法制观念，加强建设工程项目的合同管理，合同双方当事人必须从自身做起，坚决执行建设工程合同法规和合同示范文本制度，严格按照法定程序签订建设工程项目合同，认真履行合同文本的各项条款。监理工程师通过谨慎而勤奋的工作，通过对建设工程合同的严格管理，力求在计划的投资、进度和质量目标内实现建设项目的目标，这样就可以大大提高建设工程合同的履约率。

进行工程合同管理不仅有利于提高我国建设水平，开放国际建筑市场，增加经济效益，而且有助于我国社会主义法治体系，尤其是项目法人责任制、招投标制度、合同法等的建设。

（三）合同管理的组织设置

合同管理的任务必须由一定的组织机构和人员来完成。要提高合同管理水平，必须使合同管理工作专门化和专业化，在承包企业和建筑工程项目组织中应设立专门的机构和人员负责合同管理工作。

对不同的企业组织和工程项目组织形式，合同管理组织的形式不一样，通常有如下几种情况：

1. 工程承包企业应设置合同管理部门（科室），专门负责企业所有工程合同的总体的管理工作，主要包括：参与投标报价，对招标文件，对合同条件进行审查和分析；收集市场和工程信息；对工程合同进行总体策划；参与合同谈判与合同的签订，为报价、合同谈判和签订提出意见、建议甚至警告；向工程项目派遣合同管理人员；对工程项目的合同履行情况进行汇总、分析，对工程项目的进度、成本和质量进行总体计划和控制；协调项目各个合同的实施；处理与业主，与其他方面重大的合同关系；具体地组织重大的索赔；对合同实施进行总的指导，分析和诊断。

2. 对于大型的工程项目，设立项目的合同管理小组，专门负责与该项目有关的合同管理工作。在美国凯撒公司的施工项目管理组织结构中，将合同管理小组纳入施工组织系统中，设立合同经理、合同工程师和合同管理员。

3. 对于一般的项目，较小的工程，可设合同管理员，他在项目经理领导下进行施工现场的合同管理工作。而对于处于分包地位，且承担的工作量不大，工程不复杂的承包商，工地上可不设专门的合同管理人员，而将合同管理的任务分解下达给各职能人员，由项目经理作总体协调。

4. 对一些特大型的，合同关系复杂、风险大、争执多的项目，在国际工程中，有些承包商聘请合同管理专家或将整个工程的合同管理工作（或索赔工作）委托给咨询公司或管理公司。这样会大大提高工程合同管理水平和工程经济效益，但花费也比较高。

（四）工程合同管理的主要内容

建设工程合同是建设单位作为出资人将工程建设委托给有资质的承包人承建，在合同中应明确双方各自的责任、权利、义务，从而实现工程预期的质量、进度、安全文明、造价方面的要求。建筑工程合同管理是建设单位工程项目管理的核心，工程建设项目立项批准后，建设单位依靠咨询单位对项目的可行性、必要性、科学性、经济性进行客观、细致、全面的分析，待工程项目可行性研究得到批复后，建设单位对工程建设开展的一系列活动，都需要工程合同管理确保合同目标的实现。建设工程合同管理的核心内容是：

1. 合同文本管理

合同文本中委托事项要明确，范围界定清晰，条文完整，双方合作遵守的法律法规要有明确的依据，对合同范围及内容清晰明白，对双方的责任、权利、义务明确具体全面，对合同风险有较好的分担与转移措施；同时对违约责任也要有明确的规定，工程参建方违约了，建设单位有权利中止合同或有对违约方进行经济处罚的权利，这样便于建设单位在合同管理过程中发现当合同执行偏离合同目标时，有明确的措施来确保合同进入正常的轨道上来。

2. 质量目标管理

建设工程合同中界定好质量目标、验收标准、验收规范，制定质量目标不能实现时，如何处置的措施。这样建设单位在合作过程中对质量目标进行管理时，有明确的质量目标、验收依据，对不合格的工程有明确的处置措施，从而确保工程质量目标的实现。

3. 工期目标管理

建设工程合同中要明确的总工期要求、分段工期要求及不能满足工期要求应受到的处罚等，这样建设单位在合作过程进行工期目标管理时，有明确的可操作性的管理方法，通过合同工期管理从而实现工程预期的进度要求。

4. 安全文明目标管理

建设工程由于施工时交叉作业多，安全风险大、受环境的影响大，所以施工过程中一定要确保安全文明施工，安全文明施工不光体现在施工过程中，在设计阶段、咨询阶段也要考虑设计方案便于安全文明施工，合同中均要有明确安全文明施工目标要求，施工过程中依照合同约定进行管理，确保安全文明施工目标的实现。

5. 投资效率的最大化

建设工程在建设过程中，是以建设单位出资为前提的，建设单位的投资最终结果是想实现投资效率的最大化。建设单位对工程合同进行管理为了实现投资效率的最大化这个终止目标，在工程建设的全寿命阶段，建设单位的管理无一不围绕这个终极目标来策划，建设单位对合同文本的管理、过程管理，风险管理、动态管理，其目的是为了实现投资效率的最大化。

（五）中国建设工程合同管理现状与问题

我国建设工程从计划经济到市场经济转型过程中，将过去的工程建设由计划分配制改为市场招投标制，建设工程实施靠合同内容来约束合作双方的责任、权利及义务，从而实现合同约定的目标。这在一定程度上改善了建筑行业无序竞争的状况，促进了建筑市场的有序发展。但由于我国法制的不健全、市场经济发展不够完善，建设交易行为尚不规范，我国建设工程合同管理的现状及问题是：

1. 工程建设招标投标的不规范

在工程建设招标投标过程中，尽管有《中华人民共和国招投法》作强有力的法制规定，但我国的建设市场还是存在一定的不规范行为，由于我国建筑市场准入门槛低，参建单位多。目前我国的建设市场是卖方市场，参建单位为了能承揽工程，总是想尽一切办法，通过围标、串标等手段来获得工程，或者通过恶性竞价、低于成本价格来获得工程，或者在投标时利用招标文件的不严密性编制投标文件，在投标文件中编制许多对投标单位有利的条款如故意漏项、不平衡报价、将招标文件中不准确部分的材料锁定为低品牌产品等。这些不规范行为都为后面合同履行过程中埋下高价索赔的突破口。

2. 建设工程合同签订的不平等

建筑工程合同中双方的管理人才队伍悬殊，建设单位由于工程建设的不连续性，一个工程建设完成了，有时几年后才有新的工程建设任务，这时管理人员有待分流，相对固定的管理人员少，他们对建设工程相关政策了解的系统性不强，管理水平明显存在局限性。而工程的参建单位，每年同时建设的工程不止一个，他们有健全的组织机构，管理人员都是专业技术人才，组织内部还有相互交流学习的机会，他们对工程建设的相关政策了解的系统性强，在一个又一个的工程实际中积累了丰富的建设工程合同管理经验。于是在合同签订过程中，参建单位总占有一定的优势，如合同条款的呼应性较好，低标中标时会有低品质的材料呼应，会有较多的索赔条件作支撑，这就是俗称的"低价中标，高价索赔"。参建单位总能很巧妙地将建设工程合同中的风险转给建设单位。

3. 建设工程合同履约不诚信

建设工程合同履行过程中，由于参建单位人才具有绝对的优势，他们在履行合同的过程中，首先考虑的是自身的成本与利润，不断寻求用最小的投入来完成合同规定的责任与义务，只要建设单位发现不了，他们就降低质量标准，减少服务内容；加上目前建筑市场材料档次高低范围宽，同是合格产品，材料价格档次相差大，有时参建单位以工程进度要求高为理由，多方位游说建设单位让步接收他们使用较低价位材料生产出来的产品或投入较少的服务到工程建设中，建设工程实施过程中"偷工减料"现象时有发生。

4. 建设工程合同监管市场不力

目前我国建设工程合同实行的是合同备案制，建设工程合同监督管理市场很少有主动到建筑现场去检查工作的，只要合同的双方能协调处理不到监管部门去投诉，监督管理部门是不会发现合同签订、履行过程中的不合理现象。目前建设市场相对准入要求低，有资质的参建单位多，而建筑市场工程项目少，形成了"僧多粥少"的建筑市场，参建单位一旦中标一个工程项目，他们往往是挂靠或分包来完成建设单位的委托工作，在层层的转包分包挂靠过程中，合理的利润被层层瓜分，实际承担工程建设任务的组织不能很好地履行合同内容，监督管理部门从未主动发现这样的市场行为。目前建设工程和监督管理基本上是一些建筑业的协会，这些协会都是相同性质的参建单位组成的，参建单位定期向协会交纳会费，合同履行过程中发生了建设单位与参建单位的合同纠纷与投诉时，协会自然会为参建单位服务。

5. 建设工程合同管理的相关法律法规不健全

目前我国建设工程领域，主要的法律法规依据是《中华人民共和国合同法》《中华人民共和国建筑法》《中华人民共和国招标投标管理办法》，这些法律只是对于签订合同双方的权利与义务及合同签订的政府主管部门进行了简单的说明，对于违反合同相关条款的规定是只有部分的说明。在这些法律中，都只是对合同管理进行了初步的说明，没有系统全面的阐述，而且涉及建设工程合同管理的法律更少，所以目前我国对建设工程领域的合同管理，高层次的建筑法规数量太少，而规章以下的低层次的规范性文件数量庞杂，其内容随意性强，彼此之间有矛盾之处。对于参建单位不严格履行合同规定的责任、义务没有相对应的法律法规制裁，工程建设单位也只能对其进行经济处罚或中止合同，但由于参建单位的不履行合同行为经建设单位带来的信誉、工期、市场机会等损失如何得到有效的补偿，目前没有相关法律法规来确保建设单位的权利。

6. 建设单位合同管理的协调复杂

建设单位对工程合同管理是全寿命周期内的，从立项的咨询合同开始、设计合同、地质勘查合同、工程造价咨询合同、招标代理咨询合同、施工合同、监理咨询合同、材料采购合同、竣工结算审计咨询合同等。建设单位涉及的工程合同范围广、时间长、专业多。建设单位在人员少的情况下，针对不同建设时段、不同合作对象提炼出相对系统的合同管理方法是有难度的，要实现工程合同管理的主动性是需要不断研究的。

7. 建设工程合同管理影响因素多、风险大

随着科学技术的不断进步，建筑业的新技术、新材料、新工艺不断涌现，建设工程的规模也不断扩大、使用功能也要求高且全、工程建设室外作业多、受自然环境影响大、受社会因素制约多、合同管理人员素质局限性等决定了建设工程合同具有风险性。建设工程的自然环境风险是不可抗的，而建设单位的管理风险、参建单位的诚信风险、社会影响风险可预防的。

8. 建设工程合同管理信息化程度低，管理手段落后

建设工程合同管理是一项技术与经济专业性强的工作，同时还要求管理人员具有一定的法律专业知识。合同管理由于建设工程建设周期长，随着时间的连续又是一项动态的管理工作，而目前我国的建设工程合同管理工作对信息的采集、存储、提炼、维护等管理意识淡薄，应用软件的开发和推广相对滞后，建设工程项目的信息化程度低。

归结起来主要是两方面的问题，体制不健全和专业人才缺失。

（六）完善建设工程合同管理的对策与建议

1. 宏观角度分析及对策建议

从宏观上分析建设工程合同管理的现状后，针对我国目前建设单位合同管理特点，结合我国建设工程管理体系，为建设单位的合同管理提出如下建议：

（1）建设单位加强工程建设合同管理离不开完善的社会体系

市场经济的建立需要公平、公正、完善的法律体系，诚实守信的社会秩序。工程建设

是需要建设单位与工程参建方共同合作完成，建设单位选择合适的参建方按国际上先进的管理理念是通过工程招投标来公开、公平、公正地进行选择。要进一步完善招标、投标管理方法，建立国内外建设工程参建单位准入制度，打破我国现行的体制下的利益格局，实现政企分开，减少行政干预；制预防围标、串标的措施，建议通过加大投标保证金的比例、增加通过资格审查单位的数量来提高围标成本，减少或防止围标现象的发生；通过建设单位对项目经理在工程现场的工作业绩证明来建立投标项目经理的诚信档案，预防或减少合作过程中偷工减料、转包分包；积极推行工程担保制度，履约保函与工程实施同步进行，加大违约的成本，促进工程参建单位行业自律、诚实守信，推动市场经济健康发展。

促进行业自律、诚实守信，离不开强有力的市场监管，建设工程行政管理部门应制定完善的监管体系，加强工程建设信息公开力度，行政管理部门在监管的同时加强服务指导，建立公众参与监管的平台；同时充分发挥建设工程行业的协会作用，行业协会是建设市场行为不能成为行政管理部门的附属单位，行业协会加强自身建设，提高行业协会的威信，有独立、科学、权威的话语权，行业协会成员要有强烈的社会责任感，自觉远离腐败。通过协会的专业性、客观公正性、技术权威性来制定建设工程合同管理细则。

（2）加强工程建设领域的人才队伍建设

社会的进步离不开人才的力量，工程建设领域的合同管理由于其专业性强、专业多、户外作业面广、技术与经济需同时考虑等决定了它需要高素质的人才队伍，人才的培养除需要高等学校进行专业的、系统的理论知识培养外，还需要社会、企业广泛的为人才提供实践机会，只在有不断的工程实践、系统理论学习、科学的提炼中，人才队伍才会得到充足的发展与锻炼。还可通过行业协会的专业技术能力来组织工程建设管理人员进行合同管理培训，提高他们的管理素质、职业道德情怀、专业技术能力，增加他们的责任感、使命感，促进他们忠诚于岗位，不断学习、勇于实践、总结、分析、创新，做好工程建设的合同管理。行业协会要不断地对影响大的、典型的合同管理案例进行分析总结，定期对建设工程合同管理人员进行培训，使得在建设工程合同管理队伍始终有一批了解熟悉国家政策、法规又精通建设工程领域专业技术知识的人才。让他们形成一个独立、权威、稳定的建设工程合同管理队伍体系。

（3）发挥建设工程行业协会的作用，尽快制定中国的土木工程合同条件标准

提高行业协会的入会门槛，要求在建设工程领域有专业技术知识、有一定的建设工程管理经验、能自觉维护协会声誉，较强的职业道德、能承担社会责任、远离腐败的工程师才能入会。充分发挥建设工程行业协会的作用能转换政府建设行政主管部门的职责，使他们依法管理为主，政策引导、市场调整为辅，依靠行业协会管理实现对工程建设过程的直接指导，发挥行业协会组织的专业人才作用。

让我国的建设工程行业协会能尽快制定出中国的土木工程合同管理标准。通过借鉴国外的先进管理理念，结合我国的法律体系，针对我国的工程建设工程的管理模式制定出具有可操作性、公平性的建设工程合同管理体系，维护合同责任双方的权益，同时对违约责

任也应结合我国的现状制定明确的处理措施。

（4）利用现代管理手段，加强合同管理信息化程度

随着建设工程数量增加，建设规模扩大，合同金额也不断增加，涉及合同的内容、合同的条款、合同对象也逐渐丰富，建设单位应运用现代的管理手段，借用计算机平台，录入本单位所有建设工程合同信息，对工程项目的数据进行收集、统计、分析、整理，实时地更新合同内容，从而提炼出系统的合同管理办法。还要利用社会管理机构、政府行政管理部门的合同管理平台，对比分析建设工程合同的特点，查询建设工程合同管理所需要的参建单位诚信资料、市场供求信息等，质量检验验收标准及政府行政管理部门对建设工程管理的强制性、指导性文件，为建设工程合同管理提供科学的依据。

2. 微观角度分析及对策建议

建设工程的具体实践是通过建设工程施工来实现的，随着工程项目的建设与装修，工程项目的实物逐渐清晰，这类建设工程的合同管理显得有形、实在、具体。建设工程施工类合同金额高，周期长，受自然环境、社会环境影响大，合同内容与自然人的接触多，这类建设工程合同管理方法具体、成熟。建设工程施工类合同管理的核心是工程质量、进度、造价及安全文明施工。

（1）施工合同签订前的策划管理

由于建设工程造价高，建设工程施工合同签订前应按《中华人民共和国招标投标法》进行公开的招标投标，通过招标投标来选择施工队伍。建设单位或其委托的招标代理单位在编制招标文件时就应将招标文件内容与施工合同内容结合起来考虑，招标文件中就应策划好工程的质量目标、工期要求、安全文明施工要求、施工内容，明确合同风险范围，材料、设备的供应方式，提出竣工工程结算方式及合同价款支付等具体要求，为施工合同签订做好前期准备。这个阶段的合同管理是对建设单位最有利的，建设单位是最主动的，只要招标文件的内容符合《中华人民共和国建筑法》《中华人民共和国招标投标法》及地方建设工程行政管理办法，建设单位尽可能地维护好自己的权利，充分考虑日后合同签订后合作中的不利因素，制定较好的应对措施。如在满足法律法规的前提下，结合自身的财务状况制定可行的、有利于财务成本的进度款支付方式，结合使用功能要求策划出施工用主材的采购方式及分包工程的内容。

（2）施工合同签订过程管理

施工合同签订尽量用规范的合同文体，合同内容协调一致，合同文字严谨，不要出现相互矛盾或前后不一致的表述；合同目标清晰，合同的管理目标的核心部分即工程质量、工期、安全文明施工目标明确，工程造价控制中的结算办法、工程签证等约定明确具体，工程进度款支付方式科学具体；合同条款完整，既要有明确的责任、义务、权利约定也要有违反合同约定的处理措施，既要有施工过程约定也要有竣工验收合的质量保修约定，既要有工程实体管理的约定又要有工程资料管理的约定；施工合同内容的科学性合理性，合

同内容既要体现合作双方的自愿、平等性，又要符合国家的法律法规要求；合同内容既要约定的合同内的风险范围也要约定合同风险外的风险共担的原则；合同内容既要有原则性又要有很强的可操作性。

（3）施工过程中的合同管理

建设工程的施工过程，是按经审查合格的设计图纸进行施工，施工合同中一般有对施工过程管理的约定，施工过程的合同管理就是建设单位按照施工合同的约定，对施工单位按设计图施工进行管理的过程。在施工过程中，建设工程外形一天一个样，随着时间的推移，建设工程项目外观越来越具体，工程的质量、进度、安全文明施工控制节点越来越明确，施工合同管理也越来越具体，施工单位在施工合同约定的工期内，按设计图施工，经分部分项验收合格后，建设单位按合同约定支付工程进度款，建设单位、施工单位自觉履行合同约定的责任、义务，享受合同赋予的权利，使得建设工程施工在合同中约定的质量目标、工期目标、安全生产文明施工目标能顺利完成。在施工过程中，施工合同管理的难点主要在以下几种情况：发生了工程变更；发生了合同约定外的风险；施工资料的真实性、全面性。

这三种情况是施工过程中合同管理的重点，对此，施工合同管理的主要措施及建议是：

1）一般的工程变更，当涉及的金额不大、施工不困难时、对工程建设总的目标影响不大时，只要经施工现场的管理人员、监理、设计人员、建设单位施工现场代表共同论证，认为该变更是必要的、可行的就可获得批准通过。

2）当工程变更涉及的金额较大、给施工增加困难、对建设工程影响较大的时，该变更将按工程建设前期论证的程序，组织相关咨询人员、专业技术人员进行论证，并报政府行政主管部门审批后方可通过。

3）当合同约定的风险范围外的风险因社会环境、自然环境、政策法规影响变化较大时，建设单位及施工单位需要在咨询单位、监理单位的共同参与下，结合招标文件、合同文件中对风险的约定原则，本着实事求是的精神，在政府行政文件的指导下及时、公平、公正地进行协商，达成一致意见后形成书面的合同的补充文件，及时完善施工过程中合同管理中的新问题，确保工程建设目标的顺利进行。

4）设置专人对施工过程资料进行收集、整理，及时归档。施工过程资料主要有建设行政主管部门发布的管理性文件、建设单位与参建单位往来函件、设计图纸及工程变更单、地质勘查技术资料、施工过程质量保证资料、施工管理性资料、施工合同及补充协议等，专职的资料管理人员应工作严谨、归档及时、必要进借用现代计算机管理平台对施工过程资料实现动态的管理，运用数码技术对施工过程进行影像记录归档。

（4）竣工验收时合同管理

施工单位在合同约定的管理的模式下，将合同约定的工作内容竣工后，向监理单位、建设单位提出验收申请，监理单位、建设单位审查合同内容已全部完成，具备验收条件时，由建设单位组织设计单位、地质勘查单位、咨询单位、监理单位、政府行政管理职能部门共同对竣工的工程项目进行质量验收，参与验收的专业人员按照国家对竣工工程验收的标准要求，通过查阅施工过程记录、查看建设工程外观、实测已完工程的分部分项检验值、现场检验试用材料设备等一系列的检验方法、手段，对竣工工程进行检验与验收。

验收结果一般有三种，合格、存在一些质量缺陷需整改复查后合格、不合格。这个验收主要是针对工程质量的验收，工程广义的验收还有节能验收、环境影响评价验收、规划验收、消防验收、无障碍设施验收、绿化验收、电梯验收（如有电梯时）、高压供电验收（如发生时）等。这些验收均要在施工合同约定的原则下进行，分清职责，验收时发生的各项专业检测费用按合同约定的支付规定进行支付。工程竣工验收合格后，交付建设单位使用时，建设单位按合同约定支付工程进度款，并办理竣工工程结算手续。这一切都是常规的竣工验收合同管理，竣工验收时合同管理的难点主要有两种情况：

1）到了合同约定工程竣工时间，由于施工单位的原因，工程竣工验收时，有质量缺陷或不合格导致不能使用，而建设单位又急需使用。

2）到了合同约定的工程竣工时间，由于施工单位的原因，工程没有竣工，不能交付使用。

针对竣工验收时合同管理的难点，建设单位应采取的主要控制措施是：

①启用合同约定中对工期、质量违约的条款，按此条款要求及时地对施工单位发出书面通知，要求施工单位承担由此产生的一切后果，并接受合同约定的处罚。

②敦促施工单位、监理单位制定出应对措施、整改措施，尽快地完成合同约定的内容，积极对质量缺陷进行整改，满足合同约定的质量目标，将各方的损失降低到最低。

③必要时采取中止合同的措施，将未完成的工作委托给有资质、信誉好的第三方施工单位来完成，确保工程能尽快竣工合格能投入使用，减少建设单位运行、生产、使用的工期压力。

（5）竣工验收合格后合同管理

工程竣工验收合格后，建设单位的施工合同管理分两个方面：

1）竣工工程质量保修期合同管理

工程竣工验收合格后，按合同约定可以正常生产使用，在使用过程中，建设工程不可避免地暴露出一些质量缺陷，影响工程的正常使用。这时按质量保修条款约定来管理，如果是施工单位的责任，施工单位责无旁贷地维护，根据对工程使用影响的程度来定维修时间，监理要对维修过程予以监督，维修完成后，经建设单位组织验收；当施工单位不配合，为了不影响正常生产使用，建设单位自行委托有资质、信誉良好的第三方施工单位来维修，维修费用从预留的质量保证金中支付。如果不是施工单位的责任，是建设单位使用不当造成的，可以委托原施工单位维修，但建设单位应将此作为工程变更增加，支付增加工程的工程款；此时如果建设单位因为原施工单位质量意识不强、维修部分的综合单价过高、原合作不愉快等原因，也可将此维修委托给第三方施工单位维修，但不得影响、破坏原工程的结构，否则以后有什么质量缺陷让原施工单位维修，就会产生维修费用的纠纷。

2）竣工工程验收后工程结算管理

建设单位、施工单位双方在施工合同约定下都能自觉地履行责任、义务，使得施工单位的施工内容圆满完成，建设工程竣工验收合格，建设单位可以正常投入生产使用。此时建设工程的质量、工期、安全文明施工目标都顺利实现，合作的双方开始对工程结算进行核对与审核了。施工单位提出完整的竣工资料及结算报告书报送建设单位，建设单位自己或委托有资质的中介单位对竣工结算报告书进行审核。结算审核的依据是施工合同及补充协议，如果施工合同签订、工程变更管理均是科学合理的，那么这个阶段合同管理的重点是：

①审核人员的素质

审核人员如果具有良好的工程造价管理知识、丰富的施工现场管理经验、高尚的职业道德意识，这样时审核人员在审核过程中能将工程量计算准确、综合单价测算科学、对合同及补充协议中相关结算条款理解深刻，同时不会被施工单位的各种经营手段所诱惑，这样的结算审核是公平、公正、科学、合理的。

②竣工资料的完整性、客观性

由于工程竣工后的结算审核，工程施工过程已经完成，审核人员只能从施工过程资料中查阅当时的施工情况，审核人员的审核结论是建立在竣工资料的完整性与客观性上，同时审核人员应善于从大量的竣工资料中找出资料中与客观实际不相符的地方，借用施工过程影像记录来还原施工过程，将施工单位高估冒算的地方剔除出来，将施工过程不满足合同要求的地方挑选出来，尽量找出挤干施工单位报送的结算报告书中的水分。使得竣工工程的结算价真实、科学、合理。

③注意索赔，争取反索赔

索赔是指在合同履行过程中，对于并非自己的过错，而是应由对方承担责任的情况造成的实际损失向对方提出经济补偿和（或）时间补偿的要求。工程建设过程中，由于工期长、金额大，建设单位由于地质条件的变化，或为完善使用功能，或由于内部管理需要等原因不可避免地对原工程设计内容进行变更与完善，同时由于建设管理市场环境的变化，行政主管部门会发布一些指导性调整建筑市场人工、材料、机械台班的单价，施工单位在竣工结算时会据此对建设单位进行索赔。建设单位专业合同管理人员或委托的结算审核人员应对索赔依据、内容进行系统的分析、整理、对比、运用，根据合同约定及行政主管部门发布文件的精神进行索赔计算，科学、合理地确定索赔内容。同时根据施工过程管理资料的收集、结合施工合同约定、行政主管部门发布的文件精神，建设单位还可以对施工单位进行反索赔。如施工单位拖延工期、降低施工过程中的质量标准，有证明其偷工减料的资料，结算审核时可据此扣减其结算价，实现反索赔。

如果施工合同签订、工程变更管理存在一定的不规范性，竣工结算审核时就会发生扯皮、纠纷现象，那么这个阶段合同管理的重点是：

a.收集好建设工程招投标文件、各项技术资料、施工合同及补充协议、施工过程资料、竣工验收资料、双方往来资料等。

b.充分借助监理单位、跟踪审计造价咨询单位的协调。

c.必要时准备起诉与应诉。

二、施工过程合同管理

（一）目的
为规范企业合同履行工作，提高企业合同管理水平，保护企业权益，特制定本规定。

（二）职责及含义
职责：对建设工程施工合同的订立和履行进行指导、监督、检查和管理。

含义：指项目发包方和承包方根据合同规定的时间、地点、方式、内容、标准等要求，各自完成合同义务。

（三）合同履约部管理制度
1. 依法成立合同具有法律约束力。一切与合同有关的部门、人员必须本着"重合同、守信誉"的原则，严格执行合同所规定的义务，确保每个项目合同的实际履行或全面履行。未经审批部门同意，任何个人或部门不得消极处理或擅自变更、中止、终止合同。

2. 合同履行过程中的具体负责人，按照企业审核规定执行，即由谁审核，就由谁负责合同的事前监督、事中处理和事后总结。

3. 合同履约部等有关部门负责人应随时了解、掌握合同的履行情况，发现问题及时处理或汇报。否则，造成合同不能履行、不能完全履行的，要追究有关人员的责任。

4. 因企业合同履行部门过错而导致企业利益受损的，相关责任人应当承担赔偿责任并应及时采取补救措施；因客户过错给企业带来损失的，应按《中华人民共和国合同法》提请对方承担损害赔偿责任；双方都有过错的，各自承担相应责任。

5. 合同履行部应当组织工作人员对合同履行情况进行全程监控，以确认合同履行情况符合合同要求。重大复杂的合同项目，由总经理同意后可外聘专家参加合同履行控制工作。

6. 合同履行部应制定合同履约流程，明确履约控制指标，明晰参加合同履行工作人员的岗位职责，编制合同履行岗位职责书，工作人员应在岗位职责书上签字，并承担相应的法律责任。

7. 合同履行岗位职责书由企业法律部门负责编制，应标注所履行合同的编号、客户名称、合同内容、开始履行时间、全员审核部门等基本情况。合同履行中发生的情况应建立合同履行执行情况台账。

8. 合同履行完毕前五天，履行部门应向总经理办公室发出通知；即时清结的合同，应在履行之初与总经理办公室协商处理验收事项；涉及货物交接的合同，在接收货物时，应通知验收人员到场。

9. 合同履行部门应督促客户全面履行合同义务，合同已有规定的，按照约定执行；没有约定或约定不明的，必须符合国家、行业、地方标准执行及企业履约目标。

10.重大、复杂合同的履行过程中，经办人员应定期与对方对账，确认双方债权债务。

11.客户发生兼（合）并、分立、改制或其他重大事项以及本公司或对方当事人的合同经办人员发生变动时，应及时对账，确认合同效力及双方债权债务。

12.客户未按合同约定的时间、地点或方式履约，继续交易将损害企业利益的，合同履行部门或验收人员应及时通知客户改正并向总经理报告，并提出中止履行、变更履行、不予履行等意见，总经理应将合同履行情立即转告合同审核部门及相关负责人。

13.合同负责人收到合同履行意外情形后，视具体情况做出继续履行、中止履行、变更履行、不予履行等意见。

14.合同执行中如因我方原因需要变更合同或有任何偏离时，合同履行部门应及时向客户进行通报，以保证能得到客户的理解或更改要求。

15.验收人员应具备与合同项目相关的专业知识和实践经验，本单位专业技术人员不足的，应邀请相关技术人员参加验收。

16.验收人员收到验收通知后，应做好组织接收和验收的准备，在到货、工程竣工或服务结束后的五个工作日内或合同约定的期限内提出验收意见；重大复杂的合同项目可以延迟，但最迟不得超过二十个工作日。验收人员无正当理由拖延或拒绝验收致使企业违约的，应承担相应责任。

17.合同履行完毕，应指定的专门验收人员对合同履行情况进行验收总结，填写合同履行情况总结书，向总经理呈报。合同履行情况总结书应标注履行合同的编号、客户名称、合同内容、合同履行的时间、企业收益、履行期间的困难、合同履行的启示等情况。

18.合同验收过程中发现有严重问题或重大可疑情况的，验收人员应及时书面向总经理反映。经确认属客户过错的，应及时与其交涉，追究其民事违约责任或向相关部门举报，依法追究其行政违法责任直至刑事责任。

19.合同履行完毕的标准，应以合同条款或法律规定为准。没有合同条款或法律规定的，一般应以物资交清、工程竣工并验收合格、价款结清无遗留交涉手续为准。

20.合同履行部工作人员和验收人员不得相互串通损害企业利益。合同履行部门工作人员与合同审核、验收人员的职责权限应当明确，并相互分离

21.合同履行部、验收等工作人员有下列情形之一的，构成犯罪的，依法追究刑事责任；尚不构成犯罪的，处以罚款；有违法所得的，并处没收违法所得，按照企业有关规定给予行政处分：

（1）与客户或其代理人恶意串通的。

（2）接受客户贿赂或者获取其他不正当利益的。

（3）关部门依法实施的监督检查中提供虚假情况的。

（4）其他损害企业利益的情形。

22.合同履行中的书面签证、来往信函、文书、电报等均为合同的组成部分，合同经办人员应及时整理、妥善保管。在合同履行过程中，对本企业的履行情况应及时做好记录

并经对方确认。向对方当事人交付重要资料、发票时应由对方当事人出具收条，履行合同付款时应由对方当事人出具收条。

（四）合同履约流程

合同签订→合同履约部→工程部→财务室

合同履约部→收集资料建立档案（班组合同、施工方案、施工人员档案、开工报告、）→编制合同跟踪记录表→依据合同节点→协助各部开展系统工作→收集施工资料→整理竣工资料→办理决算（甲方及班组）→款清归档。

（五）合同履约部各级岗位职责

1. 总经理岗位职责

（1）认真贯彻执行党和国家的各项路线、方针和政策；主持企业全面工作；负责处理企业的日常行政、人事、安全、生产管理等事务。

（2）严格执行国家政府职能部门制定的对建筑行业有关建筑施工工程作业方面的各项法规、决议和决定。

（3）加强对员工的安全、服务意识教育，牢固树立安全和文明生产观念。

（4）负责组织制定和审批公司各项管理制度、管理办法和各项作业流程，健全和完善企业各部门岗位职责。

（5）负责组织制定企业的发展规划、编报公司年度工作计划和工作总结，指挥、督促并检查下属各部门完成各项工作。

（6）负责确定企业部门的设置、定编、定员、定岗。

（7）对本企业各部门主管级（含）以上管理人员有任免权，并进行绩效考核，有权对考核结果进行处理。

（8）负责组织、领导本企业所有员工的业务、技能培训工作，提高员工的专业素质和工作绩效。

（9）负责贯彻实施质量管理体系文件内容，按要求做好相关工作的落实与检查工作。

（10）负责审核企业资金使用、费用开支、财务预算方案。

（11）负责对企业各种生产、生活物资采购计划进行审核。

（12）负责组织、参与项目竞标工作；负责与各项目经理签订相关经理责任合同，并督促检查合同执行情况和施工完成情况。

（13）了解和掌握国家对建筑业有关的新政策、新举措和行业动态，注重科学管理，抓好质量安全工作，实行"经理负责制"，不断提高企业的经理效益和社会效益，扩大企业知名度。

（14）定期组织召开企业部门负责人工作例会，总结、研究企业现阶段生产、经营及管理情况。

2. 合同履约部副部长、负责工程部领导工作

（2）负责工程进场前的施工准备工作

（3）负责审批落实项目各分承包合同的谈判和签订工作，对工程分承包方进行评价和选择，建立合格分承包方名册，并负责分承包队伍的管理。

（4）在总经理的领导下，负责施工过程中的过程控制，包括落实年、月生产计划，并负责考核计划的完成情况。

（5）随时掌握工程进展情况，惊醒综合平衡，统筹安排，以加快施工进度，缩短施工工期，并负责工程部阶段性和年度的工作总结。

（6）在总经理领导下对各施工的现场的监督管理，安全文明施工，以及环境职业健康安全运行管理涉及的其他方面的监督检查工作。

（7）负责工程施工的成品保护检查，以及项目工程产品保护措施执行情况的监督检查工作。

（8）对部门内所有上报的申请、报告、报表、工程进度等文件的质量负责。

（9）负责组织在施过程管理、搬运、储运、防护和交付管理，顾客、相关方满意度测评及服务管理，工程分承包管理，以及环境、职业健康安全运行的管理。

（10）在施工及交付的服务过程中，及时通过主动走访、电话、信件及交谈等方式收集顾客及相关方的满意信息并向项目分公司进行施工交底。

（11）对在施项目负责组织制订年度工程回访计划和进行顾客满意度调查，受理顾客投诉，组织回访、保修和服务工作，并将来自顾客的信息传递到相关部门。

（12）负责与部门内业务有关的环境因素、主要环境因素、危险源、主要危险源的测定和监督。

（13）定期召开部署会议，提出改进工作的目标和措施。

（14）完成总经理交付的其他工作。

3. 合同履约部副部长、总工程师岗位职责

（1）负责公司所有施工工程质量和技术工作的总体控制

1）监督、检查施工技术操作规程的执行。

2）监督、检查设备维护使用规程的执行。

3）监督、检查安全技术操作规程的执行。

4）监督、检查其他有关的生产管理制度的执行。

（2）积极开展合理化建议工作，大力提倡采用新技术、新材料应用。

（3）负责对工程项目《施工组织设计》的审批。

（4）负责施工安拆方案技术内容的修改和方案审批。

（5）负责对工程项目基础、主体分部和单位工程的质量验收。

（6）负责各个项目投标方案的编报、对工程技术文件的审核工作。

（7）负责审批针对产品中严重不合格项的纠正措施，并评审实施效果。

（8）参加各工程项目重要部位和施工工程竣工验收会议。

（9）负责对顾客投诉进行处理并及时反馈各相关方。

（10）负责组织对重大质量事故的鉴定和处理；不定期对施工现场进行检查，随时监控工程质量，发现问题及时召集项目部、生产技术处等相关部门负责人进行处理。

（11）完成上级领导安排的临时性、重要性工作。

4. 合同履约部副部长、材料部经理岗位职责

（1）认真贯彻、执行并遵守国家的法律法规和公司的各项规章制度；负责材料设备处日常事务和人员的管理，直接对总经理负责。

（2）加大对质量管理工作的学习、贯彻执行力度，确保工程材料及设备的质量符合国家行业标准，杜绝伪劣材料进入施工现场。

（3）负责公司施工材料需求，严把工程材料的验收和发放环节，按计划供应材料，保证及时供应；随时掌握工程进度与材料进场的时间关系与使用情况，负责对施工现场各种余料的管控和回收工作。

（4）负责与供应商建立长期、稳定的业务关系和情感维系工作，为资金的良性循环创造良好、宽松的运行环境。

（5）认真分析、熟悉和掌握市场行情，严把材料价格关，保证采购价格的合理性和一定的利润空间，控制好采购成本。

（6）负责监督和管理施工现场材料使用情况，如有不符，督促有关人员限期查清原因、制定措施并处理、汇报；对铺张浪费、管理和使用不当等原因造成的材料损失，有权追究和处理。

（7）保证报表的真实性、完整连续性，做好材料的统计和分析工作。

（8）完成公司领导交办的其他工作和任务。

5. 合同履约部组长

（1）负责工程项目资料、图纸等档案的收集、管理

负责工程项目的所有图纸的接收、清点、登记、发放、归档、管理工作。

（2）收集整理施工过程中所有技术变更、洽商记录、会议纪要等资料并归档

负责对每日收到的管理文件、技术文件进行分类、登录、归档。负责项目文件资料的登记、受控、分办、催办、签收、用印、传递、立卷、归档和销毁等工作。负责做好各类资料积累、整理、处理、保管和归档立卷等工作，注意保密的原则。来往文件资料收发应及时登记台账，视文件资料的内容和性质准确及时递交总经办批阅，并及时送有关部门办理。确保设计变更、洽商的完整性，要求各方严格执行接收手续，所接收到的设计变更、洽商，须经各方签字确认，并加盖公章。设计变更（包括图纸会审纪要）原件存档。所收存的技术资料须为原件，无法取得原件的，详细背书，并加盖公章。做好信息收集、汇编

工作，确保管理目标的全面实现。

（3）参加分部分项工程的验收工作

1）负责备案资料的填写、会签、整理、报送、归档

负责工程备案管理，实现对竣工验收相关指标作备案处理。对各工程项目备案资料进行核查。严格遵守资料整编要求，符合分类方案、编码规则，资料份数应满足资料存档的需要。

2）监督检查各项目施工进度

对施工单位形成的管理资料、技术资料、物资资料及验收资料，按施工顺序进行全程督查，保证施工资料的真实性、完整性、有效性。

3）在工程竣工后，负责将文件资料、工程资料立卷归档。

（4）负责计划、统计的管理工作

1）负责编制各项目当月进度统计报表和其他信息统计资料。编报的统计报表要按现场实际完成情况严格审查核对，不得多报，早报，重报，漏报。

2）负责与项目有关的各类合同的档案管理：负责对签订完成的合同进行收编归档，并开列编制目录。做好借阅登记，不得擅自抽取、复制、涂改，不得遗失，不得在案卷上随意画线、抽拆。

（5）负责工程项目的内业管理工作

1）协助项目经理做好对外协调、接待工作

协助项目经理对内协调公司、部门间，对外协调施工单位间的工作。做好与有关部门及外来人员的联络接待工作，树立企业形象。

2）负责工程项目的内业管理工作

汇总各种内业资料，及时准确统计，登记台账，报表按要求上报。通过实时跟踪、反馈监督、信息查询、经验积累等多种方式，保证汇总的内业资料反映施工过程中的各种状态和责任，能够真实地再现施工时的情况，从而找到施工过程中的问题所在。对产生的资料进行及时的收集和整理，确保工程项目的顺利进行。有效地利用内业资料记录、参考、积累，为企业发挥它们的潜在作用。

3）负责做好文件收发、归档工作

负责对竣工工程档案整理、归档、保管、便于有关部门查阅调用。

（6）完成项目经理交办的其他任务。

6. 合同履约部组员项目部岗位职责

（1）认真执行公司的质量方针及作业指导书，严格按照质量保证体系和质量管理体系实施贯彻，确保工期进度、质量、安全、创建文明工地目标的实现。

（2）负责工地施工进度计划的编制及施工方案和质量计划的实施。

（3）全面负责项目部各分部分项工程的施工，严格按照施工规范、操作规范进行施工，

合理安排工序，确保产品质量。

（4）负责劳动力、机械、材料等资源的调配与供应，有计划地安排施工机械和材料的进出场。

（5）负责按相关规定认真签写施工日志。

（6）全面负责项目部的安全生产活动，落实安全保证措施。

（7）协助项目经理做好与分包单位、建设单位、监理公司等单位的配合工作。

7. 合同履约部组员市场部岗位职责

（1）负责公司营销策略的制定、实施以及市场开拓。

（2）市场信息、行为的及时收集与反馈。

（3）各类项目的承接、合同签订和协助各工程项目款项回收。

（4）不断收集客户的需求信息，建立完善的客户资料管理体系；维护客户对公司服务的满意度和忠诚度。

（5）完成公司下达的年度考核指标。

8. 合同履约部组员、预算部岗位职责

（1）预算部门负责工程施工预算，竣工决算工作，成本核算等工作。并负责和分包队伍工程量的核算审核，按合同确定的单价进行核算。核算结果需要有项目经理，专职安全员，质检员的签字后生效。

（2）以施工方案管理措施为依据，消耗定额，作业效率等进行工料分析，根据市场价格信息，编制施工预算，开工前应完成预算编制。

（3）当某些环节或本部分项工程施工条件尚不明确时，可按照类似工程施工经验或招标文件所提供的计量依据计算暂结费用。

（4）成本分解

1）按工程部位进行成本分解，为分部分项工程成本核算提供依据。

2）按成本项目进行成本分解，确定项目的人工费，材料费，机械台班费，其他直接费和间接成本的构成。为施工生产要素的成本核算提供依据。

3）对项目成本进行预测预控。

（5）施工过程中项目成本的核算，每月为一核算期，在月末进行，单位工程为核算对象，并与施工项目管理责任目标成本的界定范围相一致。项目成本核算应以施工形象进度，施工产值统计，实际成本归集体"三同步"。

（6）施工产值和施工成本的归集。

1）应按统计人员提供的当月完成工程量的价值及有关规定，不包括各项上缴税费。作为当期工程结算收入。

2）人工费应按劳动管理人员提供的用工分析和受益对象进行账务处理，计入工程成本。

3）材料费应根据当月项目材料消耗和实际价格，计算当期消耗，计入工程成本；周转材料应实行内部租赁（调配制）按当月使用时间、数量、单价计算，计入工程成本。

4）机械使用费按照项目当月使用台班和单价计入工程成本。

5）其他直接费应根据有关核算资料进行账务处理，计入工程成本。

6）间接成本应根据现场发现的间接成本项目的有关资料进行账务处理，计入工程成本。

9. 合同履约部组员、财务部岗位职责

（1）在总经理领导下，依据《会计法》《企业会计准则》《企业会计制度》等相关法规，负责组织和实施公司的会计核算、会计监督、财务管理。

（2）根据《企业财务会计报告条例》要求，按期编制财务会计报表。

（3）建立健全公司内部财务管理的各种规章制度，并监督、检查其执行情况。

（4）核算公司内部各单位的收入和成本，分析、反映其完成情况，同时完成各种上交。

（5）积极配合有关部门的工作，促进公司取得较好的经济效益。

（6）负责清理公司债权，督促各项目工程欠款的催收。与法律顾问配合，积极采取措施防止公司债权超过法律诉讼时效。

（7）负责督促各工程项目及时办理竣工工程财务结算。

（8）完成领导交办其他工作。

三、施工索赔

（一）索赔分类

按照索赔的目的可以将工程索赔分为费用索赔和工期索赔。

费用索赔的目的是要求经济补偿。当施工的客观条件改变导致承包人增加开支，要求对超出计划成本的附加开支给予补偿，以挽回不应由承包人承担的经济损失。费用索赔的费用内容一般可以包括人工费、设备费、材料费、保函手续费、贷款利息费、保险费、利润及管理费等。在不同的索赔事件中可以索赔的费用是不同的。

工期索赔是由于非承包人责任的原因而导致施工进程延误，要求批准顺延合同工期的索赔。

（二）索赔的依据

索赔要有依据，证据是索赔报告的重要组成部分，证据不足或没有证据，索赔就不可能成立。提出索赔的依据主要有以下几方面：

1. 招标文件、施工合同文件及附件、补充协议，施工现场各类签认记录，经认可的工程施工进度计划、工程图纸及技术规范等。

2. 双方的往来信件及各种会议，会谈纪要。

3. 施工进度计划和实际施工进度记录、施工现场的有关文件及工程照片。

4. 气象资料、工程检查验收报告和各种技术鉴定报告，工程中送停电、送停水、管路开通和封闭的记录和证明。

5. 国家有关法律、法令、政策文件等。

（三）索赔证据应该具有真实性、及时性、全面性、关联性、有效性

（四）索赔成立的条件

1. 构成施工项目索赔条件的事件

索赔事件又称干扰事件，是指那些使实际情况与合同规定不符合，最终引起工期和费用变化的各类事件。通常，承包商可以提起索赔的事件有：

（1）发包方违反合同给承包方造成时间、费用的损失。

（2）因工程变更造成的时间、费用损失。

（3）由于监理工程师对合同文件的歧义解释、技术资料不确切，或由于不可抗力导致施工条件的改变，造成时间、费用的增加。

（4）发包方提出提前完成项目或缩短工期而造成承包方的费用增加。

（5）发包方延误支付期限造成承包人的损失。

（6）合同规定以外的项目检验，且检验合格，或非承包人的原因导致项目缺陷的修复所发生的损失或费用。

（7）非承包人的原因导致工程暂时停工。

（8）物价上涨、法规变化及其他。

2. 索赔成立的前提条件

索赔成立必须同时具备以下三个条件：

（1）与合同对照，事件已造成了承包人工程项目成本的额外支出，或直接工期损失。

（2）造成费用增加或工期损失的原因，按合同约定不属于承包人的行为责任或风险责任。

（3）承包人按合同规定的程序和时间提交索赔意向通知和索赔报告。

（五）索赔的程序

发包人未能按合同约定履行自己的各项义务或发生错误以及应由发包人承担责任的其他情况，造成工期延误或承包人不能及时得到合同价款及承包人的其他经济损失，承包人可按下列程序以书面形式向发包人索赔：

1. 索赔事件发生后 28 天内，向工程师发出索赔意向通知。

2. 发出索赔意向通知后 28 天内，向工程师提出延长工期和补偿经济损失的索赔报告及有关资料。

3. 工程师在收到承包人送交的索赔报告和有关资料后，于 28 天内给予答复，或要求承包人进一步补充索赔理由和依据。

4.工程师在收到承包人送交的索赔报告和有关资料后 28 天内未给予答复或未对承包人做进一步要求，视为该索赔已经认可。

5.当该索赔事件持续进行时，承包人应当阶段性向工程师发出索赔意向，在索赔事件终了后 28 天内，向工程师送交索赔的有关资料和最终索赔报告。

承包人为未能按合同约定履行自己的各项义务或发生错误，发包人可按以上索赔程序和时限向承包人提出索赔。

（六）索赔的计算

1. 工期索赔的计算方法

（1）网络分析法

网络分析法通过分析延误前后的施工网络计划，比较两种工期计算结果，计算出工期应顺延的工程工期。

（2）比例分析法

比例分析法通过分析增加或减少的单项工程量于合同总量的比值，推断出增加或减少的工程工期。

（3）其他方法

工程现场施工中，可以按照索赔事件实际增加的天数确定索赔的工期；通过发包方与承包方协议确定索赔的工期。

2. 费用索赔计算方法

（1）总费用法

又称总成办法，通过计算出某单项工程的总费用，减去单项工程的合同费用，剩余费用为索赔费用。

（2）分项法

按照工程造价的确定方法，逐项进行工程费用的索赔，可以分为人工费、机械费、管理费、利润等分别计算索赔费用。

（七）承包人提出索赔的期限

1.承包人按合同约定接受了竣工付款证书后，应被认为已无权再提出在合同工程接收证颁发前所发生的任何索赔。

2.承包人按合同约定提交的最终结清申请单中，只限于提出工程接收证书颁发后发生的索赔。提出索赔的期限自接受最终结清证书时终止。

六、合同管理办法实施

（一）总则

1. 为了加强对工程施工合同的管理，规范公司的经营行为，依据《中华人民共和国合同法》《中华人民共和国建设法》等有关法律、法规，依据山东地产旅游有限公司《施工合同管理办法》制定本实施细则。

2. 合同内容要遵循国家法律、法规和政策，不得损害国家、社会和公司的利益。

3. 签订合同要贯彻平等自愿、互惠互利和诚实信用的原则。

4. 依法订立的合同具有法律约束力，应按照合同的约定享受权利、履行义务，不得擅自变更或解除合同。

（二）适用范围

适用于公司所签订的涉及建筑、安装、装饰、市政、园林、房屋修缮及保养维修等工程合同与相配套的监理合同。

（三）施工合同的拟订及谈判

1. 施工合同的谈判工作需要在招标定标工作完成、中标公示期满无任何异议后，方可进行。

2. 公司收到合同签订依据（中标通知书）后，通知中标单位按照招标文件要求提交证明文件及各项材料作为合同的共存附件；同时，公司成本部负责拟稿，并分发给项目公司工程部等相关部门进行合同初审。各职能部门根据其职责范围和要求，对施工合同约定的内容进行相应的调整及补充。

3. 合同初审通过后，由成本部牵头，组织项目公司工程部等相关部门共同参与工程承包方谈判。谈判小组必须由两人以上组成，共同参与施工合同的谈判，对达成共识的内容要形成会议纪要，参会人员要签字认可，并存档备案。

4. 公司在组织合同谈判过程中，主要就合同专用条款和附加条款达成一致，对在洽谈过程中无法解决的问题，由成本部及时向公司分管领导、总部工程管理部沟通和汇报，以便于公司领导进行决策。

5. 合同双方就合同内容达成一致后，由公司成本部完成合同的完善和修改工作，进入合同审批阶段。

说明：施工合同根据工程类别优先使用行业主管部门颁布的示范文本，可在专用条款后添加补充条款，要求内容全部打印，不得手写，空白部分应画波浪线。

（四）施工合同的审批

根据合同价款的范围，施工合同的审批权限和流程：

1. 合同价款在 500 万元以下的施工合同

合同经办人→法律顾问→成本负责人→工程部经理→财务负责人→分管工程副经理→公司经理。

2. 合同价款在 500 万元～1000 万元的施工合同

合同经办人→法律顾问→成本负责人→工程部经理→财务负责人→分管工程副经理→公司经理→地产旅游公司工程管理部经理。

3. 合同价款在 1000 万元以上施工合同

合同经办人→法律顾问→成本负责人→工程部经理→财务负责人→总工程师→分管工程副经理→公司经理→地产旅游公司工程管理部经理→地产旅游公司总经理。

为了确保施工合同签订的合法性、有效性，在合同审批的过程中，成本部将合同文本提交给法律顾问签署《律师意见书》《律师意见书》在报项目公司分管工程经理签前提供。

（五）施工合同的签订

1. 结合施工合同审批权限的界定，将合同进行逐步审批通过后（审批单全部签字完毕），项目公司成本部可通知中标单位提供已签字盖章的定稿合同。

2. 项目公司成本部对定稿合同进行审核，并检验中标单位是否已按投标文件办理完相关承诺手续，如无异议，将合同原件提交项目公司经理签字后，由综合部加盖项目公司公章，合同签订完成。按照合同保管原则将正式合同文本存档备案。

说明：

1. 无特殊情况下，施工合同应按招标文件中规定的时间内签订完毕。

2. 合同双方法定代表人或其授权人（需出具法人代表授权委托书）在签订施工合同时，要注明合同签订日期，签字并加盖单位公章后，即产生法律效力。

3. 需要总部工程管理部审批的合同，成本部须在招标文件定稿前，将招标文件报总部工程管理部审核。

（六）施工合同的归档与保管

1. 在施工合同签订当日，成本部应将所签合同正本一份、合同审批单及相关证明文件原件（施工方营业执照、专业资质、资信证明、法人代表授权委托书等加盖公章的复印件）交综合部存档，合同副本交由财务部、工程部分别留存，成本部及综合部应保存好电子版。

2. 根据合同价款合同保存的程序

（1）施工合同价款在 500 万元以下的：一式捌份（其中正本贰份），合同甲方陆份、乙方贰份；施工合同签订后三日内，成本部将电子版报地产旅游公司工程管理部存档备案。

（2）施工合同价款在 500 万元以上的：一式拾份（其中正本贰份），合同甲乙双方各执伍份；施工合同签订后三日内，成本部将其电子版及原件一份报地产旅游公司工程管理部存档备案。

根据实际情况，经总部工程管理部或项目公司经理同意后，可增加或减少施工合同的份数。

3. 项目公司成本部应设专人负责合同的保管工作。合同管理人员对已生效的合同要及时编号登记，逐项建立档案，凡与合同有关的文书、信函、补充协议等都要附在合同卷内归档，不得出现缺损、遗失。

4. 成本部合同管理人员必须建立合同台账，注明合同名称、金额、付款方式等主要内容，并于每月的 20 号之前发给地产旅游公司工程管理部。

5. 所有施工合同均属企业机密。各使用单位或部门在使用合同的过程中，未经公司分管工程经理同意，不得将有关资料在任何商业或技术文献上刊登或披露，或转交、复印给其他无关人员，更不允许将电子版合同随意外传，否则由此造成的后果由责任人承担。

（七）施工合同的执行与监督

1. 自施工合同生效之日起，项目公司工程部应督促合同双方严格按照合同的约定，履行自己的权利和义务。

2. 地产旅游公司不定期地对项目公司合同的签订、审查、履行和归档情况进行检查，以便于施工合同、工程付款、工程结算的统一；地产旅游公司总部将结合施工合同、台账、结算书以及项目公司的工程形象进度审核工程资金计划。

3. 在施工合同的执行过程中，如需对合同内容进行变更，需严格按照施工合同变更程序执行，形成施工合同的补充协议。

4. 未签订施工合同的工程一律不予付款。

5. 合同在执行过程中出现纠纷时，项目公司工程部应及时将情况上报，项目公司成本部组织相关部门和分管工程经理进行处理，并把处理结果以报告形式存档，报地产公司工程管理部备案。

（八）施工合同的变更管理

1. 合同变更分项目公司提出的变更和乙方（承包方、被委托方）提出的变更两种。

2. 因项目公司需要提出变更的，可结合实际，按照以下程序办理：

由项目公司与乙方（承包方、被委托方）协调达成一致后，项目公司成本部向总部工程管理部提出变更合同的书面请示，请示应包括合同变更的原因、合同变更的内容、合同变更分析等项目，按审批程序报相关部门及人员批准后，依据原合同谈判、审批及签订程序办理合同变更事宜。

3. 一般情况下，不允许乙方（承包方、被委托方）提出合同变更，因特殊原因乙方（承包方、被委托方）提出合同变更的，结合实际情况，可以按照以下程序办理：

乙方（承包方、被委托方）向监理单位提出合同变更书面申请报告，须详细说明变更理由、内容、造价、结算办法等。监理单位审核申请报告，根据实际情况提出书面意见，报项目公司成本部。项目公司成本部和工程部对乙方（承包方、被委托方）申请报告及监理单位审核结果进行核查，与项目公司工程部研究确定变更合同的必要性，经研究确定不必办理合同变更的，项目公司成本部向提出合同变更的单位做出相应回复；对确定需要办理合同变更的，由项目公司成本部向总部工程管理部提出变更合同的书面请示，将监理审核意见及乙方（承包方、被委托方）书面申请作为请示附件，按审批程序报相关部门及人员审批。经具有相关审批权限的负责人批准同意后，依据原合同谈判、审批及签订程序办理合同变更事宜。

说明：

1. 合同变更审批权限与第四章施工合同审批权限相一致。

2. 合同变更中价款、工期增加的比例达到占原合同 20% 范围以外的情况，应重新办理合同变更事宜并签订补充协议；20% 范围内，经项目公司经理召开专题会议审查通过后，形成纪要的书面资料并上报总部工程管理部。

（九）惩罚与奖励

1. 项目公司把施工合同管理纳入企业管理的重要内容，并作为一项重要的评议指标，定期检查、考核。

2. 在合同签订、履行的过程中，成绩显著和为避免或挽回重大经济损失做出贡献的有关人员，应视情况给予精神和物质的奖励。

3. 有以下行为之一的，经查证属实，将追究相关责任人的行政、法律责任，并处以一定的经济处罚；情节严重构成犯罪的，移交司法机关追究刑事责任。

（1）违反本规定，未经公司法定代表人同意或超越代理权限，擅自对外签订合同，给单位造成经济损失的。

（2）与对方当事人恶意串通，为谋取个人利益而损害公司利益的。

（3）未对对方当事人严格审查，盲目签订合同，以致上当受骗，造成重大经济损失的。

4. 合同未按程序进行审批，条款不全，内容不清，引起经济纠纷并造成重大经济损失的。

5. 由于有关人员严重不负责任，致使合同不能履行，造成重大经济损失或故意隐瞒经济纠纷，使公司蒙受重大经济损失的。

6. 丢失或擅自销毁合同、合同附件和合同订立、履行、变更、终止等往来函件的。

7. 应当签订书面合同而没有签订，给公司造成经济损失的。

8. 在合同审查、签订、履行和管理的过程中，私自泄漏企业的商业秘密，给公司造成经济损失的。

9. 在合同签订、审查、履行过程中，玩忽职守、徇私舞弊，给公司造成损害的。

10. 其他依照法律、法规和有关规定需要追究其责任的。

第五节　施工项目的其他管理内容

一、生产要素管理

（一）定义

生产要素：生产力作用于施工项目的有关要素，也可以说是投入施工项目的劳动力、材料、机械设备、技术和资金等要素。

（二）管理目的

通过生产要素管理，实现生产要素的优化配置，做到动态管理，降低工程成本，提高经济效益，从而达到节约劳动和物化劳动。

（三）内容

1. 劳动力的管理

劳动力的管理，关键在于使用，如何提高效率，就和职工劳动的积极性密切相关，只有加强思想政治工作和利用行为科学，从劳动力个人的需要和行为关系出发，进行恰当的激励机制，才能达到管理的效果。

（1）项目经理部应根据施工进度计划和作业特点优化配置人力资源，制定劳动力需求计划，特殊作业人员数量、普工数量、技能等级、身体状况，报工程管理部批准，并筛选合格施工队与之签订劳务合同。

（2）劳务分包合同的内容包括：作业任务、应提供的劳动力人数；进度要求及进场、退场时间；双方的管理责任；劳务费计取及结算方式；奖励与处罚条款。

（3）工程开工前一周，施工队应根据劳动力需求计划调配作业人员，经项目经理审核符合标准后，方可进入工地施工。

（4）项目经理部应对劳动力进行动态管理。劳动力动态管理应包括下列内容：

1）对施工现场的劳动力进行跟踪平衡，及时要求施工队进行劳动力补充或减员，必要时向工程部提出申请计划。

2）向进入施工现场的作业班组下达施工任务书，进行考核并兑现费用的支付和奖惩。

（5）项目经理部应加强对人力资源的教育培训和思想管理；加强对劳务人员作业质量和效率的检查。

（6）项目经理在施工过程中应对人力资源的技能进行培训，对劳动力进行恰当的激励和惩罚，调动其积极性。

（7）项目经理应在工程结束后对施工队进行评价，并注重骨干队员的培养，为公司发展做好人才储备工作。

2. 项目材料管理

（1）材料部按材料需要计划保质、保量、及时、供应材料。

（2）材料需求量计划应包括材料需求总计划、月计划、周计划。

（3）材料仓库的选址应有利于材料的进出和存放，符合防火、防盗、防风、防雨、防变质的要求。

（4）进场的材料应进行数量验收和质量认证，做好相应的验收记录和标识。不合格的材料应更换、退货或让步接收（降级使用），严禁使用不合格的材料。

（5）材料的计量设备必须经具有资格的机构定期检验，确保计量所需要的精确度。检验不合格的设备不允许使用。

（6）进入现场的材料应有生产厂家的材质证明（厂名、品种、出厂日期、出厂编号、实验数据）和出厂合格证。要求复验的材料要有取样送检证明报告。新材料未经实验鉴定，不得用于工程中。现场配制的材料应经试配，使用前应经认证。

（7）材料储存应满足下列要求

1）入库的材料应按型号、品种分区堆放，并分别编号、标识。

2）易燃易爆的材料应专门存放、专人负责保管，并有严格的防火、防爆措施。

3）有防湿、防潮要求的材料，应采取防湿、防潮措施，并做好标识。

4）有保质期的库存材料应定期检查，防止过期，并做好标识。

5）易损坏的材料应保护好外包装，防止损坏。

（8）建立材料使用台账，记录使用和节超状况。

（9）应实施材料使用监督制度。材料管理人员应对材料使用情况进行监督；做到工完、料净、场清；建立监督记录；对存在的问题应及时分析和处理。

（10）班组应办理剩余材料退料手续。设施用料、包装物应回收，并建立回收台账。

（11）制定周转材料保管、使用制度。

3. 项目机械设备管理

程序是：选择→使用→保养→维修→改造→更新。

（1）项目所需要的机械设备可从工程部自有机械设备调配，或租赁，或购买，提供给项目经理部使用。远离公司的项目经理部，可有企业法定代表人授权，就地解决机械设备来源。

（2）项目经理部应编制机械设备使用计划报工程部审批。对进场的机械设备必须进行安装验收，并做到资料齐全准确。进入现场的机械设备在使用中应做好维护和管理。（应有技术交验文件）

（3）项目经理部应采取技术、经济、组织、合同措施保证施工机械设备合理使用，提高施工机械设备的使用效率，用养结合，降低项目的机械使用成本。

（4）机械设备操作人员应持证上岗、实行岗位责任制，严格按照操作规范作业，搞好班组核算，加强考核和激励。

（5）项目工程结束后，施工机械应清理维修完好办理退库手续，损坏的照价赔偿。（内部施工方法）

4. 项目资金管理

程序：编制资金计划→投入资金→资金使用→资金核算与分析。

（1）工程部应在财务部门设立项目专用账号进行项目资金的收支预测、统一对外收支与结算。项目经理部负责项目资金的使用管理。（建立台账）

（2）项目经理部应编制资金收支计划，上报财务部门审批后实施。

（3）项目经理部应配合财务部门及时进行资金计收。资金计收应符合下列要求：

1）新开工项目按工程合同收取预付款或开办费。（项目周转金定一下）

2）根据合同编制"工程进度款结算单"，在规定日期内报监理工程师审批、结算。如发包人不能按期支付工程进度款且超过合同支付的最后期限，项目经理部应向发包人出具付款违约通知书，并按银行的同期贷款利率计息。

3）根据工程变更记录和证明发包人违约的材料，及时计算索赔计金额，列入工程进度款结算单。

4）发包人委托代购的工程设备或材料，必须签订代购合同，收取设备预付款或代购款。

5）工程材料价差应按规定计算，发包人应及时确认，并与进度款一起收取。

6）工期奖、质量奖、措施奖、不可预见费及索赔款应根据施工合同规定与工程进度款一起收取。

7）工程尾款应根据发包人认可的工程结算金额及时回收。

5. 工程项目现场管理

（1）现场管理的定义

施工项目现场管理是对施工现场的质量、安全防护、安全用电、机械设备、技术、消防保卫、场容卫生、环保材料等各方面的管理。

（2）现场管理的目的

通过严密的管理组织，严格的要求，标准化的管理，科学的施工方案和职工较高的素质，实现工程项目优质、高效、低耗的目的，使其有良好经济效益和社会效益。有利于培养一支懂科学，善管理、讲文明的施工队伍。

（3）现场管理的一般规定

1）项目经理部应认真做好现场管理，做到文明施工、安全有序、整洁卫生，不扰民、不损害公众利益。

2）现场项目经理部应根据工程的总体规划和部署，搞好承包施工区域的场容文明形象管理。严格执行并纳入总承包人或甲方的现场管理范畴，接受监督、管理与协调。

3）项目经理部应在现场入口处的醒目位置公示以下内容（五牌二图）：

①工程概况牌（工程规模、性质、用途、发包单位、施工单位、设计单位、监理单位、施工开、竣工日期）

②安全纪律牌。

③防火须知牌。

④安全无重大事故记时牌。

⑤安全生产、文明施工牌。

⑥施工总平面图。

⑦项目经理部组织框架及主要管理人员名单图。

4）项目经理部应把施工现场管理列入经常性的巡视检查内容，与日常管理有机结合。认真听取总包、甲方、监理、邻近单位及社会公众的意见和反映，及时抓好整改。

（4）规范施工现场场容

施工现场场容应规范化、合理化、标准化施工现场布置合理，物料堆放有序，便于施工操作

1）项目经理部必须结合现场施工条件，按施工方案和进度计划的要求，认真进行施工平面图规划、设计布置、使用和管理。

2）项目经理部应严格按照已审批的施工平面图和相关单位划定的位置进行以下内容的规划布置：

①布置：施工主要机械设备、脚手架、安全网和围挡。

②规划：临路、水、电、暖、线路。

③规划：现场办公、食宿、仓库。

④布置：材料的码放整齐，挂标识牌（产品名称、规格、数量、产地）。

3）按施工平面布置图设置各项临时设施，堆放大宗材料、成品、半成品和机具设备，不得侵占场内道路及安全设施。

4）施工机械应该按照施工平面布置图规定位置和线路设置，不得任意侵占场内道路及安全设施。施工机械进场必须经过安全检查，合格后方可使用，施工机械操作人员必须建立机组责任制，并依据有关规定持证上岗，禁止无证人员操作。

5）严格按要求架设施工现场用电线路，严禁任意拉接电线，用电设施的安装必须符合安装规范和安全操作规程。

6）设置夜间施工照明设施，必须符合施工安全的要求，危险潮湿场所的照明以及手持照明灯具应符合安全的电压。

经常清理建筑垃圾，每周举行依次清扫和整理施工现场活动，以保持场容整洁。把不需要的人、事、物分开。再将不需要的人、事、物加以处理，对施工现场现实摆放和停滞

各种物料进行分类，对于不需要的剩料，多余的半成品、料头、片屑、垃圾废品、多余的工具、报废的设备要坚决清理出场。以增大施工操作面积。保证现场整洁，行道通畅提高工作效率，减少磕碰机会保证安全和质量，消除管理上的混放、混料等差错事故，节约资金减少库存。另一方面改变人的拖拉习惯，振奋人的精神，提高工作情绪。

7）确定废品、料头、切头的集散地，并设置标志，做到人人皆知。物料摆放要科学合理，经常使用的应放近一些，偶尔使用的应放远一些。

8）施工现场道路保持畅通，必要时现场应设置畅通的排水沟，不能积水，保持施工道路干燥坚实。

（5）环境保护

1）项目经理部应根据《环保管理系列标准》（GB/T2400-ISO14000），建立相应的管理体系，不断反馈监控信息，采取整改措施。

2）不准在现场熔化沥青和油漆，不得焚烧可产生有毒有害的废弃物。

3）施工垃圾应在指定的地点堆放，每日进行清理。应采取有效措施控制施工过程中的扬尘，飞沫，生活垃圾场和零星建筑垃圾实行袋装化。

4）施工中需要停水、停电、封路而影响环境时，必须经有关单位批准，事先告示。

5）在行人、车辆通行的地方施工，应当设置相应的标志。

6）施工噪音大时，应错开居民或人员休息时间，夜间施工时不得超过规定休息时间。

（6）防火保安

1）单位工程现场（钢结构一家），应设门卫、警卫负责现场保卫工作，要有防盗措施。

2）施工现场管理人员，应当佩戴证明其身份的胸卡，其他施工人员宜有标识。

3）现场建立健全消防、安全制度及措施，配置消防灭火器材，如灭火器、消防桶等。

4）现场严禁吸烟，用火要开动火证并设专人看火，备有水源及灭火器材。

5）电焊作业是应注意电焊火星落如木脚手板缝中或其他易燃品上，应派专人看火。配备消防设施。

（7）卫生防疫及其他事项

1）施工现场不宜设置职工宿舍，需设置的尽量和施工现场分开。

2）根据需要，宿舍应采取防暑降温、防寒保温和消毒防毒措施。

3）项目经理部应进行现场节能管理，有条件应下达节能措施。

4）现场的食堂、厕所应符合卫生要求，食堂工作人员必须有健康证，体检合格方可上岗。炊具应严格消毒，生熟食品应分开。

5）由于工地现场难点是厕所问题，应考虑施工人员人数设置厕所，要求通风良好，封闭严密，定期清楚粪便。现场随地大小便问题只有在解决相关设施后方能彻底解决。

6）施工现场食堂严禁出售酒精饮料，现场施工人员在工作期间严禁饮用酒精饮料，现场应设饮水设备，炎热季节应供应清凉饮料。

二、施工现场管理

（一）技术管理基础工作

1. 建立健全施工项目技术管理制度

技术管理制度主要有：技术责任制度、图纸会审制度、施工组织设计管理制度、技术交底制度、材料设备检验制度、工程质量检查验收制度、技术组织措施计划制度、工程施工技术资料管理制度以及工程测量、计量管理办法、环境保护工作办法、工程质量奖罚办法、技术革新和合理化建议管理办法等。

2. 技术责任制度

首先建立以项目技术负责人为首的技术业务统一领导和分级管理的技术管理工作系统，并配备相应的职能人员，然后按技术职责和业务范围建立各级技术人员的责任制。

3. 贯彻技术标准和技术规程

项目经理部在施工过程中，严格贯彻执行国家和上级颁布的技术标准和技术规程及各种建筑材料、半成品、成品的技术标准及相应的检验标准。

4. 建立施工技术日志

施工技术日志是施工中有关技术方面的原始记录。内容有设计变更或施工图修改记录；质量、安全、机械事故的分析和处理记录；紧急情况下采取的措施；有关领导部门对工程所做的技术方面的建议或决定等。

5. 建立工程技术档案

施工项目技术档案是施工活动中积累形成的、具有保存价值并按照一定的立卷归档制度集中保管的技术文件和资料，如图纸、照片、报表、文件等。工程技术档案是工程交工验收的必备技术资料；同时也是评定工程质量、交工后对工程进行维护的技术依据之一；还能在发生工程索赔时提供重要的技术证据资料。

6. 做好技术情报工作

项目经理部在施工中应注意收集、索取技术信息、情报资料，通过学习、交流，采用先进技术、设备，采用新工艺、新材料，不断提高施工技术水平。

7. 做好职工技术教育与培训

通过对职工的技术教育、技术培训，提高职工的技术素质，使职工自觉遵守技术规程，执行技术标准，开展群众性的技术改造、技术革新活动。

（二）施工项目的主要技术管理工作

1. 设计文件的学习和图纸会审

图纸会审是施工单位熟悉、审查设计图纸，了解工程特点、设计意图和关键部位的工程质量要求，帮助设计单位减少差错的重要手段。它是项目组织在学习和审查图纸的基础上，进行质量控制的一种重要而有效的方法，图纸审查的内容包括：

（1）是否是无证设计或越级设计，图纸是否经设计单位正式签署。

（2）地质勘探资料是否齐全。如果没有工程地质资料或无其他地基资料，应与设计单位商讨。

（3）设计图纸与说明是否齐全，有无分期供图的时间表。

（4）设计地震烈度是否符合当地要求。

（5）几个单位共同设计的，相互之间有无矛盾；专业之间平、立、剖面图之间是否有矛盾；标高是否有遗漏。

（6）总平面与施工图的几何尺寸、平面位置、标高等是否一致。

（7）防火要求是否满足。

（8）建筑结构与各专业图纸是否有差错及矛盾；结构图与建筑图的平面尺寸及标高是否一致；建筑图与结构图的表示方法是否清楚，是否符合制图标准；预埋件是否表示清楚；是否有钢筋明细，如无，则钢筋混凝土中钢筋构造要求在图中是否说明清楚，如钢筋锚固长度与抗震要求是否相符等。

（9）施工图中所列各种标准图册施工单位是否具备，如无，如何取得。

（10）建筑材料来源是否有保证。图中所要求条件，企业的条件和能力是否有保证。

（11）地基处理方法是否合理。建筑与结构构造是否存在不能施工、不便于施工，容易导致质量、安全或经费等方面的问题。

（12）工艺管道、电气线路、运输道路与建筑物之间有无矛盾，管线之间的关系是否合理。

（13）施工安全是否有保证。

（14）图纸是否符合监理规划中提出的设计目标描述。

2. 施工项目技术交底

建立技术交底责任制，并加强施工质量检验、监督和管理，从而提高质量。

（1）技术交底的要求

所有的技术交底资料，都是施工中的技术资料，要列入工程技术档案。技术交底必须以书面形式进行，经过检查与审核，有签发人、审核人、接受人的签字。整个工程施工、各分部分项工程，均须作技术交底。特殊和隐蔽工程，更应认真作技术交底。在交底时应着重强调易发生质量事故与工伤事故工程部位，防止各种事故的发生。

（2）施工项目技术负责人对工长、班组长进行技术交底。

应按工程分部、分项进行交底，内容包括：设计图纸具体要求；施工方案实施的具体技术措施及施工方法；设计要求；规范、规程、工艺标准；施工质量标准及检验方法；隐蔽工程记录、验收时间及标准；成品保护项目、办法与制度；施工安全技术措施。

（3）工长向班组长交底

主要利用下达施工任务书的时候进行分项工程操作交底。

3. 隐蔽工程检查与验收

隐蔽工程是指完工后将被下一道工序所掩盖的工程。隐蔽工程项目在隐蔽前应进行严密检查，做出记录，签署意见，办理验收手续，不得后补。有问题需复验的，须办理复验手续，并由复验人做出结论，填写复验日期。建筑工程隐蔽工程验收项目如下：

（1）地基验槽。包括土质情况、标高、地基处理。

（2）基础、主体结构各部位的钢筋均须办理隐检。内容包括：钢筋的品种、规格、数量、位置锚固或接头位置长度及除锈、代用变更情况，板缝及楼板分布筋处理情况，保护层情况等。

（3）现场结构焊接。钢筋焊接。钢筋焊接包括焊接型式及焊接种类；焊条、焊剂牌号（型号）；焊口规格；焊缝质量检查等级要求；焊缝不合格率统计、分析及保证质量措施、返修措施、返修复查记录等。

（4）高强螺栓施工检验记录。

（5）屋面、厕浴间防水层下的各层细部做法，地下室施工缝、变形缝、止水带、过墙管做法等，外墙板空腔立缝、平缝、十字缝接头、阳台雨罩接头等。

4. 施工的预检

预检是该工程项目或分项工程在未施工前所进行的预先检查。预检是保证工程质量、防止可能发生差错造成质量事故的重要措施。预检时要做出记录。预检项目如下：

（1）建筑物位置线，现场标准水准点，坐标点（包括标准轴线桩、平面示意图），重点工程应有测量记录。

（2）基槽验线，包括：轴线、放坡边线、断面尺寸、标高（槽底标高、垫层标高）、坡度等。

（3）模板，包括：几何尺寸、轴线、标高、预埋件和预留孔位置、模板牢固性、清扫口留置、施工缝留置、模板清理、脱模剂涂刷、止水要求等。

（4）楼层放线，包括：各层墙柱轴线、边线和皮数杆。

（5）翻样检查，包括几何尺寸、节点做法等。

（6）楼层 50cm 水平线检查。

（7）预制构件吊装，包括：轴线位置、构件型号、构件支点的搭接长度、堵孔、清理、锚固、标高、垂直偏差以及构件裂缝、损伤处理等。

（8）设备基础，包括：位置、标高、几何尺寸、预留孔、预埋件等。

（9）混凝土施工缝留置的方法和位置，接槎的处理（包括接槎处浮动石子清理等）。

（10）各层间地面基层处理，屋面找坡，保温，找平层质量，各阴阳角处理。

5. 技术措施计划的编制

技术措施是为了克服生产中的薄弱环节，挖掘生产潜力，保证完成生产任务，获得良好的经济效果，在提高技术水平方面采取的各种手段或办法。要做好技术措施工作，必须编制、执行技术措施计划。

（1）技术措施计划的主要内容

1）加快施工进度方面的技术措施。

2）保证和提高工程质量的技术措施。

3）节约劳动力、原材料、动力、燃料的措施。

4）推广新技术、新工艺、新结构、新材料的措施。

5）提高机械化水平、改进机械设备的管理以提高完好率和利用率的措施。

6）改进施工工艺和操作技术以提高劳动生产率的措施。

7）保证安全施工的措施。

（2）施工技术措施计划的编制

1）施工技术措施计划应同生产计划一样，按年、季、月分级编制，并以生产计划要求的进度与指标为依据。

2）编制施工技术措施计划应依据施工组织设计和施工方案。

3）编制施工技术措施计划时，应结合施工实际，公司编制年度技术措施纲要；分公司编制年度和季度技术措施计划；项目经理部编制月度技术措施计划。

4）项目经理部编制的技术措施计划是作业性的，因此，在编制时既要贯彻上级编制的技术措施计划，又要充分发动施工员、班组长及工人提合理化建议，使计划有群众基础。

5）编制技术措施计划应计算其经济效果。

（3）技术措施计划的贯彻执行

1）在下达施工计划的同时，下达到栋号长、工长及有关班组长。

2）对技术措施计划的执行情况应认真检查，发现问题及时处理，督促执行。如果无法执行，应查明原因，进行分析。

3）每月底施工项目技术负责人应汇总当月的技术措施计划执行情况，填写报表上报、总结、公布成果。

6. 施工组织设计工作

施工组织设计工作是一项重要的技术管理工作，是指导工程从施工准备到施工完成的组织、技术、经济的一个综合性的设计文件，对施工的全过程起指导作用。

（1）编制施工组织设计应遵循的原则：

1）认真贯彻基本建设工作中的各项有关方针、政策，严格执行基本建设程序和施工程序的要求。

2）施工、建设、设计单位及其他各有关单位应密切配合，了解工程建设的性质和目的，明确上级要求，做好调查研究，充分掌握总设计的资料和依据。

3）结合实际情况，统筹规划全局，做好施工部署，分期分批、配套组织施工，缩短工期，为早日发挥投资的经济效益创造条件。

4）在做好技术经济分析和多方案比较的基础上，选择最优施工方案和先进施工机具。

5）积极采用新技术、新工艺，努力提高机械化程度、工厂化生产程度；采用有效办法和措施，节约劳动力，提高劳动生产率。

6）分析生产工艺，合理安排施工项目的顺序；应用网络计划方法，分析主要矛盾；合理调配力量，组织流水施工和立体交叉施工；做好冬、雨季施工安排，力争全年均衡有计划施工。

7）坚持质量第一，重视施工安全，切实拟订保证质量和安全的有效措施。

8）贯彻勤俭节约的原则，因地制宜，就地取材；制定节约能源和材料措施；尽量减少运输量；合理安排人力、物力，搞好综合平衡调度。

9）节约用地，少占农田好地；搞好施工总平面规划和管理，做到文明施工；

10）土建、安装、机械化等各专业施工的总包、分包单位，要互相配合，协调施工顺序，互相创造条件，保证施工顺序进行。

（2）施工组织设计的贯彻执行

施工组织设计是指导施工的设计。其经批准后，在施工现场各项准备工作和施工活动开始前，各级技术负责人要根据施工组织设计的有关规定，向执行工程项目施工的有关施工人员交底，使他们了解其内容和要求及有关事项，交底时应做记录，不能走过场。各级生产和技术领导人是实现和贯彻施工组织设计的组织者，各施工计划、技术物资供应、劳动及加工单位或部门，都应按施工组织设计的有关要求，安排各自的工作。

在施工过程中如果施工条件发生变化、施工方案有重大变更、设计图纸有很大变动等情况，应对施工组织设计及时修改或补充，经原审批单位批准之后，按修改的方案执行。

在执行过程中，应当随时检查，发现问题，及时解决。施工组织设计作一些必要的、局部的调整也是经常可能发生的；但总的原则、方案、工期都不能随意变动；或者编制以后，不去执行，从而造成严重事故者，应当追究执行者的事故责任。

同时，施工组织设计在执行中，要做好执行记录，总结经验，积累资料，以便不断提高施工组织设计的编制水平。

（三）施工质量保证措施

1. 制订科学周密的质量计划（或施工组织设计），内容包括：

（1）工程特点及施工条件分析。

（2）履行施工承包合同所必须达到的工程质量总目标及其分解目标。

（3）质量管理组织机构人员及资源配置计划。

（4）为确保工程质量所采取的施工技术方案和施工程序。

（5）材料、设备质量管理及控制措施。

（6）工程检测项目计划及方法等。

2. 设置质量控制点

凡属关键技术、重要部位、控制难度大、影响大、经验欠缺的施工内容以及新材料、新技术、新工艺、新设备等均可列为质量控制点，实施重点控制。

3. 加强对施工生产五大要素的质量控制

（1）劳动主体——人员素质，即作业者、管理者的素质及其组织效果。

（2）劳动对象——材料、半成品、工程用品、设备等的质量。

（3）劳动方法——采取的施工工艺及技术措施的水平。

（4）劳动手段——工具、模具、施工机械、设备等条件。

（5）施工环境——现场水文、地质、气象等自然环境，通风照明安全等作业环境以及协调配合的管理环境。

4. 对施工作业过程的质量进行控制

（1）过程控制的基本程序

1）进行作业技术交底。

2）检查施工工序、程序的合理性、科学性，防止工序流程错误，导致工序质量失控。

3）检查工序施工条件是否符合施工组织设计的要求。

4）检查工序施工中人员操作程序、操作质量是否符合质量规程要求。

5）检查工序施工中间产品的质量即工序质量、分项工程质量。

6）对工序质量符合要求的中间产品（分项工程）及时进行工序验收或隐蔽工程验收。

7）质量合格的工序经验收后可进入下道工序施工。未经验收合格的工序，不得进入下道工序施工。

（2）施工工序质量控制要求

工序质量是施工质量的基础，工序质量也是施工顺利进行的关键。为达到对工序质量控制的效果，在工序管理方面做到以下几点：

1）贯彻预防为主的基本要求，设置工序质量检查点。对材料质量状况、工具设备状况、施工程序、关键操作、安全条件、新材料新工艺应用、常见质量通病，甚至包括操作者的行为等影响因素列为控制点作为重点检查项目进行预控。

2）落实工序操作质量巡查、抽查及重要部位跟踪检查等方法，及时掌握施工质量总体状况。

3）对工序产品、分项工程的检查应按标准要求进行目测、实测及抽样试验的程序，做好原始记录，经数据分析后，及时做出合格及不合格的判断。

4）对合格工序产品应及时提交监理进行隐蔽工程验收。

5）完善管理过程的各项检查记录，检测资料及验收资料，作为工程质量验收的依据，并为工程质量分析提供可追溯的依据。

（四）安全生产措施

1. 认真进行施工现场危险源的辨识与评价，制定有针对性的控制措施。

2. 编制切实可行的施工安全技术措施计划。其主要内容包括：工程概况、控制目标、控制程序、组织机构、职责权限、规章制度、资源配置、安全措施、检查评价、奖惩制度等。

3. 保证安全技术措施计划的实施

（1）建立安全生产责任制，保证施工安全技术措施计划的实施。

（2）加强安全教育。

1）广泛开展安全生产宣传教育，使全体员工真正认识到安全生产的重要性和必要性，懂得安全生产和文明施工的科学知识，牢固树立安全第一的思想，自觉遵守各项安全生产法律法规和规章制度。

2）把安全知识、安全技能、设备性能、操作规程、安全法规等作为安全教育的主要内容。

3）对新入场的工人进行"三级"安全教育。

4）电工、电焊工、架子工、机操工、起重工、机械司机等特殊工种工人，除一般教育外，还要经过专业安全技能培训，经考试合格后方可独立操作。

5）采用新技术、新工艺、新设备施工和调换工作岗位时也要进行安全教育，未经安全教育培训的人员不得上岗作业。

（3）认真进行安全技术交底

1）项目经理部实行逐级安全技术底制度，纵向延伸到班组全体作业人员。

2）技术交底做到具体、明确、针对性强。

3）技术交底的内容应针对分部分项工程施工中给作业人员带来的潜在危害和存在的问题。

4）技术交底应优先采用新的安全技术措施。

5）必须将工程概况、施工方法、施工程序、安全技术措施等向工长、班组长进行详细的交底。

6）定期向由两个以上作业队和多工种进行交叉施工的作业队伍进行书面交底。

7）安全技术交底必须以书面形式并履行签字手续。

（4）积极开展各种安全检查。

1）安全检查的类型

日常性检查、专业性检查、季节性检查、节假日前后的检查和不定期检查。

2）安全检查的主要内容

查思想；查管理；查隐患；查整改；查事故处理。

安全检查的重点是违章指挥和违章作业。

第六章　工程检测

第一节　组织计划

一、交工验收前检测

采用分阶段的检测方法，对路基工程、路面工程、桥梁工程和交通安全设施分三个阶段进行逐阶段检测，动态地、真实地反映工程质量状况，为工程质量评定提供准确、完整的数据。为了圆满完成××公路项目的质量检测工作，某检测中心各阶段检测安排如下：

第一阶段：对已完成的路基工程包括土石方、排水、小桥、涵洞、支挡工程以及桥梁工程下部构造，按规定频率和抽查项目进行检测。将检测结果及时反馈××省交通建设质量监督站××监督组和业主，为桥梁下部构造和路基工程的评定收集准确的资料。

第二阶段：对完成的路基土石方、桥梁工程上部构造进行检测，同时对前阶段需整改的分部工程抽查项目进行复查，并提交路基土石方工程检测报告及相关的原始检测数据。

第三阶段：路面面层交工验收前的检测，采集准确、完整的资料，同时对交通安全设施进行检测，并提交路基、路面、桥梁及交通安全设施单位工程的交工验收前检测报告及相关的原始检测数据。

为了使检测工作对质量控制起到真正的积极作用，检测工作必须按下列程序进行：施工单位按交通部制定的《公路工程质量检验评定标准》（JTGF80/1－2004）及相关规定的要求对工程质量自检合格，监理工程师对工程质量的评定合格后，再申请某检测中心按交通部规定的《公路工程质量鉴定办法》对工程质量进行检测。

每次的检测结果及时通知××省交通建设质量监督站××监督组和业主。如无特殊情况，在检测结束后3天内以书面形式上报检测结果，必要时附相关影像资料。

每季度向××省交通建设质量监督站××监督组、业主上报一份检测季报。重大质量问题随时上报。

二、竣工验收前检测

检测中心按交通部规定的《公路工程质量鉴定办法》对工程质量进行交工验收前检测

合格后的工程，竣工验收前再对工程外观和《公路工程质量鉴定办法》中带"×"的抽查项目进行复测，其检测结果汇同交工验收前检测的结果，作为竣工验收质量评定的依据。

第二节　检测内容

一、单位工程和分部工程的划分

（一）单位工程

每个合同段范围内的路基工程、路面工程、交通安全设施分别作为一个单位工程；特大桥、大桥、中桥以每座作为一个单位工程（特大桥、大桥分为多个合同段施工时，以每个合同段作为一个单位工程）；互通式立体交叉的路基、路面、交通安全设施按合同段纳入相应单位工程，桥梁工程按特大桥、大桥、中桥分别作为一个单位工程。

（二）分部工程

每个合同段的路基土石方、排水、小桥、涵洞、支挡、路面面层、标志、防护栏等分别作为一个分部工程；桥梁上部、下部各作为一个分部工程。

二、鉴定方法

（一）分部工程质量鉴定方法

工程实体检测以本办法规定的抽查项目及频率为基础，按抽查项目的合格率加权平均计算分部工程的合格率，乘 100 作为分部工程实测得分；外观检查存在的缺陷，在分部工程实测得分的基础上采用扣分制，扣分累计不得超过 15 分；内业资料审查时资料中存在的问题，在合同段工程质量得分的基础上采用扣分制，扣分累计不得超过 5 分。

$$分部工程实测得分 = \frac{\sum\left[抽查项目合格率 \times 权值\right]}{\sum\ 权值} \times 100$$

$$分部工程得分 = 分部工程实测得分 - 外观扣分$$

（二）单位工程、合同段、建设项目工程质量鉴定方法

根据分部工程得分采用加权平均值计算单位工程得分，再逐级加权计算合同段工程质量得分。合同段工程质量得分减去内业资料扣分为该合同段工程质量鉴定得分，采用加权平均值计算建设项目工程质量鉴定得分。

$$单位工程得分 = \frac{\Sigma[抽查项目合格率 \times 权值]}{\Sigma \ 权值} \times 100$$

$$合同段工程质量得分 = \frac{\Sigma[单位工程得分 \times 单位工程投资额]}{\Sigma \ 单位工程投资额}$$

$$合同段工程质量鉴定得分 = 合同段工程质量得分 - 内业资料扣分$$

$$建设项目工程质量鉴定得分 = \frac{\Sigma[合同段工程质量鉴定得分 \times 合同段工程投资额]}{\Sigma \ 合同段工程投资额}$$

三、工程质量等级鉴定

（一）总体要求

构造物混凝土强度、路面面层厚度的代表值、路面弯沉代表值等按《公路工程质量检验评定标准》（JTGF80/1 — 2004）评定均合格；桩基的无破损检测、预应力构件的张拉应力、桥梁荷载试验等均符合设计要求，桥梁主要受力部位无超过规范要求的裂缝，桥梁通航净空尺度满足设计要求；重要支挡工程无严重变形、高填方无严重沉陷变形、高边坡无失稳等现象。只有上述要求得到满足后，方可对工程质量进行鉴定。

（二）工程质量等级划分

工程质量等级应按分部工程、单位工程、合同段、建设项目逐级进行评定，分部工程质量等级分为合格、不合格两个等级；单位工程、合同段、建设项目工程质量等级分为优良、合格、不合格三个等级。

分部工程得分大于或等于 75 分，则分部工程质量为合格，否则为不合格。

单位工程所含各分部工程均合格，且单位工程得分大于或等于 90 分，质量等级为优良；所含各分部工程均合格且得分大于或等于 75 分，小于 90 分，质量等级为合格；否则为不合格。

合同段（建设项目）所含单位工程（合同段）均合格，且工程质量鉴定得分大于或等于 90 分，工程质量鉴定等级为优良；所含单位工程均合格，且得分大于或等于 75 分、小于 90 分，工程质量鉴定等级为合格；否则为不合格。

不合格分部工程经整修、加固、补强或返工后可重新进行鉴定。但出现过重大质量事故，造成大面积返工或经加固、补强后造成历史性缺陷的工程，其相应的单位工程、合同段工程质量不得评为优良，并视其对建设项目的影响，由竣工验收委员会决定建设项目工程质量是否可评为优良。

四、工程实体检测

（一）验收检测频率

1.路基工程压实度、边坡双车道每千米抽查不少于1处。路基弯沉以每千米为评定单元。

2.排水工程的断面尺寸每千米抽查2～3处，铺砌厚度按合同段抽查，每合同段抽查不少于3处。

3.小桥抽查不少于总数的20%且每种类型抽查不少于1座。

4.支挡工程查不少于总数的20%且每种类型抽查不少于1处。

5.支挡工程抽查不少于总数的10%且每种类型抽查不少于1处。

6.路面工程的弯沉、平整度检测，高速、一级公路以每半幅每千米为评定单元，其他等级公路以每千米为评定单元。其他抽查项目每千米不少于1处。

7.特大桥、大桥逐座检查；中桥抽查不少于总数的30%且每种桥型抽查不少于1座。

8.桥梁下部工程抽查不少于墩台总数的20%且不少于5个，墩台数量少于5个时全部检测。每种结构型式抽查不少于1个。桥梁上部工程抽查不少于总孔数的20%且不少于5个，孔数少于5个时全部检测。每种结构型式抽查不少于1个。

9.隧道逐座检查

交通安全设施中防护栏、标线每千米抽查不少于1处；标志抽查不少于总数的10%。

注：各项目检查频率可根据工程实际情况，在满足上述频率要求的前提下，按业主的要求进行调整。

（二）抽查项目

根据《公路工程质量鉴定办法》，工程实体抽查项目见表6-2-1。

工程实体检测抽查项目一

单位工程	分部工程类别	抽查项目	权值	备注	权值
路基工程	路基土石方	压实度	3	双车道每千米1处，每处1点	3
		弯沉	3	双车道每千米40点，各车道交替检测	
		边坡 ×	1	每处两侧各测两个坡面	
	排水工程	断面尺寸	1	每处抽两个断面	1
		铺砌厚度	3	每处开挖检查不少于1个断面	
	小桥	砼强度	3	每座用回弹仪或超声波测上、下部结构 不少于10个测区	2
		主要结构尺寸	1	每座抽10个	
	涵洞	砼强度	3	每处用回弹仪或超声波测10个测区	1
		结构尺寸	2	每道5点	
	支挡工程	砼强度	3	每处用回弹仪、超声波测10个测区	2
		断面尺寸	3	每道5点	
路面工程	路面面层	沥青路面压实度	3	每千米1处，每处1点	3
		沥青路面弯沉 ×	3	每评定单元检测不少于40点，各车道交替检测	
		沥青路面车辙 ×	1	允许偏差：10mm；每处每车道各测1个断面	
		平整度 ×	2	每车道连续检测	
		抗滑 ×	2	每千米2处，每处测摩擦系数、构造深度	
		厚度	3	双车道每千米1点	
		宽度、横坡	1	每处1个断面	
		沥青路面渗水系数	2	每处1个点	

单位工程	分部工程类别	抽查项目	权值	备注	权值
桥梁工程	下部	墩台砼强度	3	每墩台用回弹仪、超声波测不少于2个测区	2
		主要结构尺寸	1	每个墩台测2点	
		墩台垂直度	1	每个墩台测两个方向	
	上部	砼强度	3	抽查主要承重构件，每座桥用回弹仪、超声波测不少于10个测区	3
		主要结构尺寸	2	每座桥测10～20点	
		伸缩缝与桥面高差 ×	1	逐条缝检测	
		桥面铺装平整度 ×	1	每联大于100m时用连续式平整度仪分车道检测，不足100m时每联用三米直尺测3处，每处3尺，最大间隙 h：高速、一级公路允许偏差3mm，其他公路允许偏差5mm	
		桥面宽度、厚度、横坡	1	每100m测3个断面	
		桥面抗滑 ×	2	每200m测3处	

单位工程	分部工程类别	抽查项目	权值	备注	权值
交通安全设施	标志	立柱竖直度	1	每柱测两个方向	1
		标志板净空	2	取不利点	
		标志板尺寸	1	每块测 2 点	
		标志板厚度	1	每块测 2 点	
	防护栏	波形板厚度	1	每处 5 点	1
		立柱壁厚度	1	每处 5 点	
		横梁中心高度	1	每处 5 点	
		砼护栏强度	1	用回弹仪或超声波每处不少于 2 个测区，测区总数不少于 10 个.	
		砼护栏断面尺寸	1	每处 5 点	

（三）抽查项目的规定值或允许偏差

除《公路工程竣（交）工验收办法》中已明确了规定值或允许偏差的抽查项目外，其余抽查项目的规定值或允许偏差按照《公路工程质量检验评定标准》执行。

五、外观检查

（一）基本要求

1. 在交工验收前和竣工验收前对工程外观进行全面检查。

2. 工程外观存在严重缺陷和安全隐患或已降低服务水平的建设项目不予验收，经整修达到设计要求后方可组织验收。

3. 项目交工验收前应对桥梁、重点支挡工程、高边坡等涉及安全运营的重要工程部位进行详细检查。

（二）检查内容及扣分标准

工程外观检查内容及扣分标准见表6-2-3。

单位工程	分部工程类别	检查内容及扣分标准	备注
路基工程	路基土石方	1.路基边坡坡面平顺、稳定，曲线圆滑，不得亏坡，不符合要求时，单向累计长度每50米扣1～2分 2.路基沉陷、开裂，每处扣2～5分	按每千米累计扣分的平均值扣分
	排水工程	1.排水沟内侧及沟底应平顺，无阻水现象，外侧无脱空，不符合要求时，每处扣1～2分 2.砌体坚实、勾缝牢固，不符合要求时，每5m扣1分	按每千米累计扣分的平均值扣分
路基工程	小桥	1.混凝土表面粗糙，模板接缝处不平顺.有漏浆现象，扣1～3分 2.梁板及接缝渗、漏水，每处缝扣1分 3.混凝土表面蜂窝麻面面积不得超过该部位面积的0.5%，不符合要求时，每超过0.5%扣3分 4.生桥梁的内外轮廓线条应顺滑清晰，栏杆、护栏应牢固、直顺、美观，不符合要求时扣1～3分 5.桥头路面平顺，无跳车现象，不符合要求时扣2～4分 6.桥下施工弃料应清理干净，不符合要求时扣1～3分	按每座累计扣分的平均值扣分
	涵洞	1.涵洞进出口不顺适，洞身不直顺，帽石、八字墙、一字墙不平直，存在翘曲现象，洞内有杂物、淤泥、阻水现象时，每种病害扣1～3分 2.台身、涵底铺砌、拱圈、盖板有裂缝时，每道裂缝扣1～3分 3.涵洞处路面有跳车现象时，每处扣2～4分	按每道累计扣分的平均值扣分
	支挡工程	1.砌体表面平整，砌缝完好、无开裂现象，勾缝平顺、无脱落现象，不符合要求时扣1～3分 2.沉降缝垂直、整齐，上下贯通，不符合要求时，扣1～3分 3.泄水孔坡度向外，无阻塞现象，不符合要求时，扣1～3分 4.混凝土表面的蜂窝麻面不得超该部位面积的0.5%，不符合要求时，每超过0.5%扣3分 5.墙身要缝，局部破相，每处扣3分	按每处累计扣分值的平均值扣分

单位工程	分部工程 类别	检查内容及扣分标准	备注
路面工程	面层	水泥混凝土路面 1. 混凝土板的断裂块数，公路和一级公路不得超过 0.2%；其他公路不得超过 0.4%，每超过 0.1% 扣 2 分 2. 混凝土板表面的脱皮、印痕、裂纹、石子外落和缺边掉角等病害现象，公路和一级公路不得超过受检面积的 0.2%；其他公路不得超过 0.3% 不符合要求时，每超过 0.1% 扣 2 分。对于连续配筋的混凝土路面和钢筋混凝土路面，因干缩、温缩产生的裂缝，可不扣分 3. 路面侧石应直顺、曲线圆滑，越位 20mm 以上者，每处扣 1～2 分 4. 接缝填筑应饱渝密实，不污染路面。不符合要求时，累计长度每 100m 扣 2 分 5. 胀缝有明显缺陷时，每条扣 1～2 分 沥青混凝土面层、沥青碎石面层 1. 面层有修补现象，每处扣 1～3 分 2. 表面应平整密实，不应有泛油、松散、裂缝和明显离析等现象，对于公路和一级公路，有上述缺陷的面积（凡属单条的裂缝，则按其实际长度乘以 0.2m 宽度，折算成面积）之和不得超过受检面积的 0.03%，其他公路不得超过 0.05%。不符合要求时每超过 0.03% 或 0.05% 扣 2 分；半刚性基层的反射裂缝可不计作施工缺陷，但应及时进行灌缝处理 3. 搭接处应紧密、平顺，烫缝不应枯焦，不符合要求时，累计每 10m 长扣 1 分 4. 面层与路缘石及其他构筑物应密贴接顺，不得有积水或漏水现象，不符合要求时，每处扣 1～2 分 沥青表面处治 1. 表面应平整密实，不应有松散、油包、波浪、泛油、封面料明显散失等现象，有上述缺陷的面积之和不得超过受检面积的 0.2%，不符合要求时每超过 0.2% 扣 2 分 2. 无明显碾压轨迹。不符合要求时，每处扣 1 分 3. 面层与路缘石及其他构筑物应密贴接顺，不得有积水现象。不符合要求时，每处扣 1～2 分	按每千米累计扣分的平均值扣分

单位工程	分部工程类别	检查内容及扣分标准	备注
桥梁工程（不含小桥）	下部工程、上部工程及桥面系	**基本要求** 1.混凝土表面平滑，模板接缝处平顺，无漏浆现象，不符合要求时扣1～3分 2.混凝土表面蜂窝麻面面积不得超过该部位面积的0.5%，不符合要求时，每超过0.5%扣3分 3.混凝土表面出现非受力裂缝，减1～3分；结构出现受力裂缝宽度超过设计规定或设计未规定时，超过0.15mm，每条扣2～3分，项目法人应对其是否影响结构承载力组织分析论证 4.混凝土结构有空洞或钢筋外露，每处扣2～5分，并应进行处理 5.施工临时预埋件、设施及建筑垃圾、杂物等未清除处理时扣1～2分 **下部结构要求** 1.支座位置应准确，不得有偏歪、不均匀受力、脱空及非正常变形现象，不符合要求时每个扣1分 2.锥、护坡按路基工程的支挡工程标准检查扣分，若沉陷，每处扣1～3分，并进行处理 **上部结构要求** 1.预制构件安装应平整，不符合要求时每处扣1分 2.悬臂浇筑的各梁段之间应接缝平顺，色泽一致，无明显错台，不符合要求时每处扣2～5分 3.主体钢结构外露部分的涂装和钢缆的防护防蚀层必须保护完好，不符合要求时扣1～2分，并应及时处理 4.拱桥主拱圈线形圆滑无局部凹凸，不符合要求时扣2～5分，拱圈无裂缝，不符合要求时扣2～5分，并对其是否影响结构承载力进行分析论证 5.梁板及接缝渗、漏水，每处扣1分	基本要求同时适用于下部结构、上部结构和桥面系

单位工程	分部工程类别	检查内容及扣分标准	备注
		桥面系要求： 1. 桥梁的内外轮廓线应顺滑清晰，不符合要求时，扣 1 ~ 3 分 2. 栏杆、护栏应牢固、直顺、美观，不符合要求时，扣 1 ~ 2 分 3. 桥面铺装沥青混凝土表面应平整密实，不应有泛油、松散、裂缝、明显离析等现象，有上述缺陷的面积（凡属单条的裂缝，则按其实际长度乘以 0.2m 宽度，折算成面积）之和不得超过受检面积的 0.03%，不符合要求时每超过 0.03% 扣 1 分 4. 伸缩缝无阻塞、变形、开裂现象，不符合要求时减 1 ~ 3 分；桥头有跳车现象，每处扣 2 ~ 4 分 5. 泄水管安装不阻水，桥面无低凹，排水良好，不符合要求时扣 3 ~ 5 分	
隧道工程	衬砌	1. 混凝土衬砌表面密实，任一延米的隧道面积中，蜂窝麻面和气泡面积不超过 0.5%，不符合要求时，每超过 0.5% 扣 0.5 ~ 1 分；蜂窝麻面深度超过 5mm 时不论面积大小，每处扣 1 分 2. 施工缝平顺无错台，不符合要求时每处扣 1 ~ 2 分 3. 隧道衬砌混凝土表面出现裂缝，每条裂缝扣 0.5 ~ 2 分；出现受力裂缝时，钢筋混凝土结构裂缝宽度大于 0.2mm 的或混凝土结构裂缝宽度大于 0.4mm 的，每条扣 2 ~ 5 分，项目法人应对其是否影响结构安全组织分析论证	
	总体	1. 洞内没有渗漏水现象，不符合要求时，公路、一级公路扣 5 ~ 10 分，其他公路隧道扣 1 ~ 5 分。冻融地区存在渗漏现象时扣分取高限 2. 洞内排水系统应畅通、无阻塞，不符合要求时扣 2 ~ 5 分，并应查明原因进行处理 3. 隧道洞门按支挡工程的要求检查扣分	
	隧道路面	按路面工程的扣分标准检查扣分	
交通安全设施	标志	1. 金属构件镀锌面不得有划痕、擦伤等损伤，不符合要求时，每一构件扣 2 分 2. 标志板面不得有划痕、较大气泡和颜色不均匀等表面缺陷，不符合要求时，每块板扣 2 分	标志按每块累计扣分的平均值扣分

单位工程	分部工程类别	检查内容及扣分标准	备注
	标线	1. 标线施工污染路面应及时清理，每处污染面积不超过 10cm²，不符合要求时，每处减 1 分 2. 标线线形应流畅，与道路线形相协调，曲线圆滑，不允许出现折线，不符合要求时，每处扣 2 分 3. 反光标线玻璃珠应撒布均匀，附着牢固，反光均匀，不符合要求时，每处扣 2 分 4. 标线表面不应出现网状裂缝、断裂裂缝、起泡现象，不符合要求时，每处扣 1 分	按每千米累计扣分的平均值扣分
	防护栏	1. 波形梁线形顺适，色泽一致，不符合要求时，每处扣 1～2 分 2. 立柱顶部应无明显塌边、变形、开裂等现象，不符合要求时，每处扣 2 分 3. 混凝土护栏预制块不得有断裂现象，不符合要求时每处扣 1 分；掉边、掉角长度每处不得超过 2cm，否则每块混凝土构件扣 1 分；混凝土表面蜂窝、麻面、裂缝、脱皮等缺陷面积不超过该构件面积的 0.5%，不符合要求时，每超过 0.5% 扣 2 分	按每千米累计扣分的平均值扣分
机电工程	监控、通信、收费系统	1. 各系统基本功能齐全、运行稳定，满足设计和管理要求，每一个系统不符合要求时扣 2～4 分 2. 机电设施布置安装合理，方便操作、维护；各设备表面光泽一致，保护措施得当，无明显划伤、剥落、锈蚀、积水现象；部件排列整齐、有序，牢固可靠，标识正确、清楚；不符合要求时每处扣 0.5～1 分	按每系统累计扣分
桥梁工程（不含小桥）	下部工程及上部工程	基本要求 1. 混凝土表面平滑，模板接缝处平顺，无漏浆现象，不符合要求时扣 2～5 分 2. 混凝土表面蜂窝麻面面积不得超过该部位面积的 0.5%，不符合要求时，扣 2～5 分 3. 混凝土表面出现非受力裂缝，减 1～2 分；结构出现受力裂缝宽度超过 0.15mm 每条扣 2～3 分，并对其是否影响结构承载力进行分析论证 4. 结构钢筋外露每处扣 1～5 分，并应进行处理	下部工程按基本要求和支座要求累计扣分；上部工程按基本要求、上部结构要求和桥面系要求累计扣分
		支座要求 支座位置应准确，无脱空及非正常变形，不符合要求时每个扣除 1 分	

单位工程	分部工程类别	检查内容及扣分标准	备注
		上部结构要求 1. 预制构件安装应平整，不符合要求时每处扣 1 分 2. 悬臂浇筑的各梁段之间应接缝平顺，色泽一致，无明显错台，不符合要求时每处扣 2 ~ 5 分 3. 主体钢结构外露部分的涂装和钢缆的防护防蚀层必须保护完好，不符合要求时扣 1 ~ 2 分，并应及时处理 4. 拱桥主拱圈线形圆滑无局部凹凸，不符合要求时扣 2 ~ 5 分，拱圈无裂缝，不符合要求时扣 2 ~ 5 分，并对其是否影响结构承载力进行分析论证 桥面系要求 1. 桥梁的内外轮廓线应顺滑清晰，不符合要求时，扣 1 ~ 3 分 2. 栏杆、护栏应牢固、直顺、美观，不符合要求时，扣 1 ~ 2 分 3. 桥面铺装沥青混凝土表面应平整密实，不应有泛油、松散、裂缝、粗细料明显离析等现象，有上述缺陷的面积（凡属单条的裂缝，则按其实际长度乘以 0.2m 宽度，折算成面积）之和不得超过受检面积的 0.03%，不符合要求时每超过 0.03% 扣 1 分 4. 伸缩缝无阻塞、变形、开裂现象，不符合要求时减 1 ~ 2 分；桥头有跳车现象，每处扣 1 ~ 2 分 5. 泄水管安装不阻水，桥面无低凹，排水良好，不符合要求时扣 1 ~ 2 分	
交通安全设施	标志	1. 金属构件镀锌面不得有划痕、擦伤等损伤，不符合要求时，每一构件扣 2 分 2. 标志板面不得有划痕、较大气泡和颜色不均匀等表面缺陷，不符合要求时，每块板扣 2 分	标志按每块累计扣分的平均值扣分
	防护栏	1. 波形梁线形顺适，色泽一致，不符合要求时，每处扣 1 ~ 2 分 2. 立柱顶部应无明显塌边、变形、开裂等现象，不符合要求时，每处扣 2 分 3. 混凝土护栏预制块不得有断裂现象，不符合要求时每处扣 1 分；掉边、掉角长度每处不得超过 2cm，否则每块混凝土构件扣 1 分；混凝土表面蜂窝、麻面、裂缝、脱皮等缺陷面积不超过该构件面积的 0.5%，不符合要求时，每超过 0.5% 扣 2 分	按每千米累计扣分的平均值扣分

六、内业资料审查

检测中心应按公路工程竣工档案管理的有关规定，对施工资料、监理资料、科研和新技术应用资料进行审查，主要要求如下：

（一）内业资料主要审查以下质量保证资料

1. 所用原材料、半成品和成品质量检验结果。

2. 材料配比、拌合加工控制检验和试验数据。

3. 地基处理、隐蔽工程施工记录和大桥、隧道施工监控资料。

4. 各项质量控制指标的试验记录和质量检验汇总图表。

5. 施工过程中遇到的非正常情况记录及其对工程质量影响分析。

6. 施工过程中如发生质量事故，经处理补救后，达到设计要求的认可证明文件。

7. 中间交工验收资料。

8. 施工过程各方指出较大质量问题、交工验收遗留问题及试运营期出现的质量问题处理情况资料。

（二）内业资料要求及扣分标准如下

1. 质量保证资料及最基本的数据、资料齐全后方可组织鉴定。

2. 资料应真实、可靠，应有施工过程中的原始记录、原始资料（原件），不应有伪造涂改现象，有欠缺时扣 2 ~ 4 分。

3. 资料应齐全、完整，有欠缺时扣 1 ~ 3 分。

4. 资料应系统、客观，反映出检查项目、频率、质量指标满足有关标准、规范要求，有欠缺时扣 1 ~ 3 分。

5. 资料记录应字迹清晰、内容详细、计算准确，整理应分类编排、装订整齐，有欠缺时扣 1 ~ 2 分。

6. 基本数据（原材料、标准试验、工艺试验等）、检验评定数据有严重不真实或伪造现象的，在合同段扣 5 分。

七、检测项目、方法及数量

（一）路基工程

按《公路工程质量鉴定办法》和《公路工程质量检测评定标准》（JTG F80/1 —2004）对路基土石方、排水工程、小桥、通涵、支挡工程等分部工程进行检测，检查方法及频率见表 6-2-4。

路基工程抽查项目及方法 表 6-2-4

单位工程	分部工程	抽查项目	规定值或允许偏差	检查方法和频率	备注
路基工程	路基土石方	压实度（%）	≥95	灌砂法：每千米1处每处1点	土方
		弯沉（0.01mm）	不大于设计要求值	贝克曼梁法：双车道每千米40点，各车道交替检测	
		边坡 ×	符合设计要求	坡度尺量：每处两侧各测两个坡面	
	小桥	砼强度（MPa）	在合格标准内	每座用回弹仪或超声波测上、下部结构不少于10个测区	
		主要结构尺寸（mm）	+300、-100	每座抽10个	
	涵洞	砼强度（MPa）	+100，-50	每处用回弹仪或超声波测10个测区	
		主要结构尺寸（mm）	±20	每道5点	
	支挡工程	砼强度（MPa）	在合格标准内	每处用回弹仪、超声波测10个测区	
		断面尺寸（mm）	不小于设计	每道5点	

（二）桥梁工程

按《公路工程质量鉴定办法》和《公路工程质量检测评定标准》对桥梁工程上部和下部工程进行检测，检查方法及频率见表6-2-5。

桥梁工程检查项目及方法 表 6-2-5

单位工程	分部工程	抽查项目	规定值或允许偏差	检查方法和频率	备注
桥梁工程	下部	墩台砼度（MPa）	在合格标准内	回弹法：每墩台用回弹仪测不少于 2 个测区	墩、台身和盖梁
		主要结构尺寸（mm）	见 JTG F80 表 8.6	尺量：每个墩台测 2 ~ 4 点	
		墩台垂直度（mm）	0.3%H 且不大于 20	垂线或全站仪：每个墩台测两个方向	
	上部	砼强度（MPa）	在合格标准内	回弹法：抽查主要承重构件，每座桥用回弹仪测不少于 10 个测区	梁桥
		主要结构尺寸（mm）	见 JTG F80 表 8.7	尺量：每座桥测 10 ~ 20 点	
		伸缩缝与桥面高差 ×（mm）	2	尺量：逐条缝检测	
		桥面铺装平整度 × σ（mm）	沥青砼 1.5	每联＞ 100m 时用连续式平整度仪分车道检测，不足 100m 时每联用三米直尺测 3 处，每处 3 尺，最大间隙 h：高速、一级公路允许偏差 3mm，其他公路允许偏差 5mm	
			水泥砼 1.8		
		桥面宽度（mm）、厚度（mm）、横坡（%）	± 10、+10，-5、± 0.15（0.3）	尺量、钻孔、水准仪：每 100m 测 3 个断面	括号内为沥青面层
		桥面抗滑 ×	符合设计要求	摆式仪、砂铺法：每 200m 测 3 处	

245

（三）路面工程

按《公路工程质量鉴定办法》《公路工程质量检测评定标准》（JTG F80/1 — 2004）和质监站要求对路面面层进行检测，同时增加对路面底基层、基层每层进行一次材料抽检，并检测压实度、厚度和强度。抽查项目及方法见表6-2-6

路面工程检查项目及方法表6-2-6

单位工程	分部工程	抽查项目	规定值或允许偏差		检查方法和频率	备注
	路面面层	沥青路面压实度（%）	试验室标准密度的96%		钻芯法：双车道每千米1点	
		沥青路面弯沉 ×（0.01mm）	符合设计要求		贝克曼梁：每评定单元检测不少于40点，各车道交替检测	
		沥青路面车辙 ×（mm）	10		路面横断面仪：允许偏差：10mm；每处每车道各测1个断面	
		平整度 ×	σ（mm）	1.2	连续式平整度仪：全线每车道连续检测	沥青路面
			IRI（m/km）	2.0		
		抗滑 ×	符合设计要求		摆式仪、砂铺法：每处测摩擦系数、构造深度，每千米2处	
		厚度（mm）	代表值	-5	钻芯法：每千米2处，每处1点	
			合格值	-10		
		宽度(有侧石)（mm）	±20		尺量：每处1个断面	沥青路面
		横坡（%）	±0.3		水准仪：每处1个断面	

（四）交通安全设施

按《公路工程质量鉴定办法》对标志、防护栏分部工程进行检测，交通安全设施抽查项目及方法见表6-2-7。

交通安全设施抽查项目及方法　表6-2-7

单位工程	分部工程	抽查项目	规定值或允许偏差	检查方法和频率	备注
交通安全设施	标志	立柱竖直度（mm/m）	±3	垂线、直尺：每柱测两个方向	
		标志板净空（mm）	+100，0	直尺：取不利点	
		标志板尺寸（mm）	±5。当边长尺寸大于1.2m时允许偏差为边长的0.5%；三角形内角为60。±5。	直尺：每块测2点	
交通安全设施	标志	标志板厚度（mm）	不小于设计	卡尺：每块测2点	
	防护栏	波形板厚度（mm）	±0.16	卡尺：每处5点	
		立柱壁厚度（mm）	4.5±0.25	直尺：每处5点	
		横梁中心高度（mm）	±20	直尺：每处5点	
		砼护栏强度（MPa）	在合格标准内	回弹法：用回弹仪或超声波每处不少于2个测区，测区总数不少于10个	
		砼护栏断面尺寸（mm）	高度	±10	尺量：每处5点
			顶宽	±5	
			底宽	±5	

八、提交资料

对所抽查的数据资料进行整理并分两次编写检测报告：交工验收前报告和竣工验收前报告，报告内容包括：

路基土石方、排水、涵洞、挡土墙及防护、桥梁及路面等工程的实测项目的检测结果表。

排水、小桥、涵洞、支挡工程等工程质量检测报告。

路基土石方工程质量检测报告。

路面工程质量检测报告（基层、面层）。

路基、路面、桥梁及交通安全设施工程项目的交工验收前检测报告。

路基、路面、桥梁及交通安全设施工程项目的竣工验收前检测报告。

根据现场检测的结果，指出存在的工程质量问题，并提出切实可行的处理意见。

第七章 公路桥梁养护

第一节 路基的维修保养

路基路面是公路最重要的组成部分，是公路养护的重点内容和部位。由于其病害的发生，直接影响公路的使用功能，备受公路界的重视。公路路基路面病害的处置约占养护费用的80%以上，处置效果除施工质量等因素外，往往因垂直方案失当而效果甚微，得不偿失。随着道路路基研究的成果的增加，公路养护的水平不断提高。

一、常见的路基病害

（一）路基沉陷

路基沉陷是指路基在垂直方向产生较大不均匀下陷的现象，造成局部路段破坏，影响正常交通。常见的路基沉陷有两种情况：

1. 路基的沉落

由于填料选择不当，填筑方法不合理，压实不足，在重载和水温作用下，造成堤身向下沉陷。

2. 地基的沉陷

原地面若为软弱土层，例如泥沼、流沙或垃圾堆积等，填筑前未经换土或压实，造成承载力不足，发生侧面剪裂凸起，地基发生下沉，引起路堤堤身下陷。

（二）路基边坡的坍方

路基边坡的坍方是最常见的路基病害，按其破坏规模与原因的不同，路基边坡坍方可分为剥落、碎落、滑坍、崩坍等。

（三）路基沿山坡滑动

在较陡的山坡填筑路基，如果原地面较光滑，未经凿毛或人工挖筑台阶，或丛草未清除，坡底线又未进行必要的支撑，特别是在受到水的浸润后，填方路基与原地面之间摩阻力减小，在荷载及自重作用下，有可能使路基整体或局部沿地面向下移动，使路基失去整体稳定性。

（四）不良地质水文条件造成的路基破坏

1. 不良的工程地质与水文条件，如地质构造复杂，岩层走向及倾角不利，岩性松散，风化严重，土质较差，地下水位较高以及其他特殊不良地质灾害等。

2. 不利的水文与气候因素，如降雨量大、洪水、干旱、冰冻、积雪或温差过大等。

3. 设计不合理，如断面尺寸不合要求，其中包括边坡值不当，边坡过高，挖填布置不符合要求，路基处于满湿或过湿状态，排水不良，防护与加固不妥等。

4. 施工不符合有关规定，如填筑顺序不当，土基压实不足，盲目采用大型爆破，以及不按设计要求和操作规程进行施工，工程质量没有达到应有的标准。

（五）路基翻浆

路基翻浆是指路基经过秋季雨水的冲击，冬季降雪造成路面冻结，春融时路基或路面基层含水率过大，强度急剧降低，在行车作用下造成路基湿软弹簧、路面破裂、冒出泥浆的现象。造成翻浆的因素为：地面排水困难，路基填土高度不足，路基水分积聚较多，加速了路基的水损坏；若是粉性土质路基，毛细上升速度快，作用强，为水分向上积聚创造了条件；春融期降雨加剧湿度积聚和翻浆；设计不当、施工质量问题、养护管理不到位、交通量过大等人为因素。

二、日常维护内容

维修、加固路肩、边坡；疏通、改善排水设施；维护、修理各种防护构造物；清除坍方、积雪，处理塌陷，检查险情，防治水毁；观察和预防、处理翻浆、滑坡、泥石流等病害；有计划、有针对性地对局部路基进行加宽、加高，改善急弯、陡坡和视距不良路段，使之逐步达到所要求的技术标准。

三、路基的维护要求

（一）路基各部分经常保持完整，各部尺寸保持规定的标准要求，不损坏变形，经常处于完好状态。

（二）路肩无车辙、坑洼、隆起、沉陷、缺口，横坡适度，边缘顺适，表面平整坚实、整洁，与路面接茬平顺。

（三）边坡稳定、坚固，平顺无冲沟、松散，坡度符合规定。

（四）边沟、排水沟、截水沟等排水设施无淤塞、无高草，纵坡符合要求，排水畅通，进出口维护完好，保证路基、路面及边沟内不积水。

（五）挡土墙、护坡及防雪、防沙等设施保持完好无损坏，泄水孔无堵塞。

（六）做好翻浆、坍方、山体滑坡、泥石流等病害的预防、治理和抢修，尽力缩短阻车时间。

四、路基养护、维修方案

（一）路肩的养护

路肩的作用是保护路基稳定和路面完整，对边坡进行防护和加固，保护路肩的稳定，可以有效防止水侵蚀路基。养护要求为碾压密实，横坡适度，边缘顺直平整，不允许出现积水、沉陷和堆积物等问题，重点是减少或消除水对路肩的危害。具体养护时，不同类型的路肩养护措施不同：

1. 对于土路肩易出现车辙、坑洼、积水或与路面产生错台的现象，必须及时整修，并用与原路基相同的土填平夯实，土路肩过高则妨碍路面排水，应及时整平；土路肩横坡度过大，宜用良好的砂土以及其他合适的材料填补压实，不得用清沟挖出的淤泥或含有草根的土壤填补；土路肩横坡过小时，应削高补低整修至规定坡度。

2. 对于陡坡路段（纵坡大于 5%）的路肩，易被暴雨冲成纵横沟槽，甚至冲坏路堤边坡，根据路基排水系统的情况与需要，综合改善，在每条截水明槽处，留一淌水口，其下面的边坡用草皮或砌石加固，使水集中由槽内流出。

（二）边坡的养护

对不设防护的边坡，经常保持边坡适宜的坡度，边坡上除个别高出的部分应予铲平维修外，不准随便挖动，更不能在坡底线处垂直挖坑取土，确保边坡的坡度稳定一致。当发现路堤边坡有坍塌时，应自上而下先挖成台阶，再分层填土夯实，夯实后宽度要稍超出原来坡面，以便最后整修切平，不能在边坡上贴土修补。

对于已设防护的边坡养护，如植被护坡、砌石护坡、抛石加固边坡、石笼加固边坡，需要经常检查边坡的防护情况，结合护坡的类型和特点，如植被护坡主要是对植被的种植、定期浇灌等。

（三）路基排水设施的养护

路基排水系统具有拦截、汇集、排除地面和地下水，降低地下水位的功能，使路基免受水的侵害，保证路基的强度和稳定性的功能。地面排水设施一般应包括边沟、截水沟、排水沟、跌水、急流槽、倒虹吸管、渡槽等，地下排水设施有暗沟、渗沟和渗井。

1. 地面排水设施的养护与维修

为了保证沟渠迅速排水，应经常疏通，使沟底保持不小于 0.5% 的纵坡；除坚持日常检查外，应加强汛前、雨中、暴雨后的检查，及时发现问题加以清除，保证路基各排水设施的正常工作；维修时排水沟的断面形状和尺寸应满足排水需求，还应保持沟外边坡度，防止坍堤，阻塞边道。

2. 地下排水设施的养护和维修

应经常注意地下排水设施的排水能力，防止排水口堵塞，若地下排水设施的破坏，则应维修或重修地下排水设施。路基两侧边沟下均设盲沟，用以降低地下水位，防止毛细水上升至路基，形成水分积聚而造成冻胀翻浆，或土基过湿而降低路基强度。

（四）挡土墙的养护

挡土墙是用来支撑天然边坡或人工填土边坡，以保持土体稳定的建筑物，发现挡土墙有裂缝或断裂时，先将缝隙凿毛，清除碎碴和杂物，然后用水泥砂浆填塞。挡土墙发生倾斜、鼓肚、滑动或下沉时，采用锚固法、套墙加固法或增建支撑墙加固法对其进行加固。挡土墙的日常养护除经常检查其有否损坏外，每年应在春秋两季进行定期检查。

（五）透水路堤的养护

透水层一般设有泄水管，应经常清除泄水管的淤泥和杂物，确保良好的泄水性能。此外经常检查透水路堤顶面与路基之间的隔离层，是否存在毛细水通过隔离层上升而软化上部路基，如上部路基发软变形，说明隔离层失去隔水作用，应及时进行修理。

（六）翻浆路段的养护

由于翻浆受气候影响较大，不同的季节采取不同的养护措施，秋季防水，冬季防冻，春节抢防，夏季修复翻浆破坏的路基、路面，采取根治翻浆的措施。具体防护措施为：设置盲沟和渗沟，做好排水工作；铺设隔离层；铺设隔温层防止水的冻结和土的膨胀，除此之外加大对春季的防翻浆措施。

第二节　路面的维修保养

一、概述

（一）水泥路面

水泥混凝土路面，是指以水泥混凝土为主要材料做面层的路面，简称混凝土路面。亦称刚性路面，俗称白色路面，它是一种高级路面。水泥混凝土路面有素混凝土、钢筋混凝土、连续配筋混凝土、预应力混凝土、钢纤维混凝土和装配式混凝土等各种路面。我国的水泥路面很多，城市道路、机场道路、低等级道路等，有大量的水泥路面，我国水泥路面大量发展的原因主要是材料的供应、经济效益、能源消耗、科技进步、使用特性、社会效益等，我国的水泥十分丰富，各个地方都有水泥厂，取材方便，而且水泥很便宜，我国对水泥的特性也研究很成熟。

但是，近些年来，发现了许多水泥路面的病害，病害种类十分多，形成原因也各不相同，这些病害会带来危险和损失，为此，人们付出了很多物力和人力对其病害做了许多调查和研究。

（二）沥青路面

在矿质材料中掺入路用沥青材料铺筑的各种类型的路面。沥青结合料提高了铺路用粒料抵抗行车和自然因素对路面损害的能力，使路面平整少尘、不透水、经久耐用。因此，沥青路面是道路建设中一种被最广泛采用的高级路面。随着我国经济的迅速发展，公路的里程不断增加。沥青混凝土路面由于它平整性好，行车平稳舒适，噪音低，许多国家在建设公路时都优先采用。而半刚性基层具有强度大，稳定性好及刚度大等特点，被广泛用于修建高等级公路沥青路面的基层或底基层。在我国已建成的公路路面，90%以上是半刚性基层沥青路面，在今后的国道主干线建设中，半刚性基层沥青路面仍将是主要的路面结构形式。

虽然公路大量的在用沥青路面，但是沥青路面在使用过程中逐渐地呈现出许多问题，越来越多的路面病害相继出现，对行车的舒适、人身安全、经济等造很大影响，所以对沥青的特性研究、路面病害机理研究和养护维修研究十分的重要。

二、病害机理

（一）水泥路面病害机理

1. 裂缝

（1）横向裂缝

由于水泥混凝土失水干缩、冷缩、切缝不及时等原因导致水泥混凝土路面产生垂直于路线方向的有规则的裂缝。

（2）纵向裂缝

由于路基体填料、施工方法不当等，导致路基不均匀沉降，使路面板在自重和行车压力作用下产生跟路线走向平行或基本平行的裂缝。

（3）交叉裂缝

由于水泥混凝土路面自身强度不足、路基和路面基层的强度和水稳定性差或是使用性能不稳定的水泥导致水泥混凝土路面板产生两条或两条以上相互交叉的裂缝。

（4）板角断裂

由于板角处受连续荷载作用、基础支撑强度不足及翘曲应力等因素综合作用而产生与板角两边接缝相等的贯穿水泥混凝土路面板全厚度的裂缝。

2. 表面损坏

（1）纹裂、网裂、板面起皮和剥落

由于施工时过度抹面、养护不及时等原因导致路面板表层出现的浅而细或发丝状的表面裂纹和网状裂纹。

（2）麻面、露骨

由于混凝土离析导致路面板表面结合料磨失，成片或成段路面板呈现过度的粗糙表面或者骨料裸露。

（3）磨光

由于集料耐磨性差导致水泥混凝土路面板在车轮荷载作用的重复辗磨后，表明磨光，抗滑性能下降。

（4）坑槽、孔洞

由于集料含泥量过大等原因导致面层骨料局部脱落孔洞、坑槽。

3. 接缝损坏

（1）填缝料损坏、接缝碎裂

使用中，气温上升时填缝料被挤出，气温下降时填缝料不能恢复使缝中形成空隙，泥、砂、石屑等杂物侵入，成为再次胀伸时的障碍，造成路面板接缝处的变形和破损。

（2）唧泥

填缝料破坏，雨水下渗导致唧泥。

4. 变形损坏

（1）错台

由于基层或路基体压实不均匀，致使相邻水泥混凝土路面板在车辆的重复荷载作用下，产生不均匀沉降，导致相邻水泥混凝土路面板在接缝处产生的垂直高差。

（2）拱起和沉陷

胀缝被硬物阻塞，或胀缝设置过少，使路面板受热时不能自由伸张导致横缝两侧的混凝土路面板板体发生明显抬高；填缝料损坏导致雨水从接缝处下渗，软化基层，甚至软化路基体，使路面板接缝下方的基层和路基体承载力下降，路面板跟着下沉，两侧的混凝土路面板板体发生明显下沉。

（二）水泥混凝土路面病害防治方法

1. 严格基层和路基施工质量，确保达到规范要求。
2. 优选公路水泥混凝土路面原材料。
3. 严格施工过程控制，保证施工质量。
4. 发现公路水泥混凝土出现损坏，及时进行修补。

（三）沥青路面常见的病害及机理

1. 变形类

车辙属变形类，是指路面上沿行车轨迹产生的纵向带状凹槽，深度 1.5cm 以上。车辙是在行车荷载重复作用下，路面产生永久性变形积累形成的带状凹槽。车辙降低了路面平整度，当车辙达到一定深度时，由于辙槽内积水，极易发生汽车飘滑而导致交通事故。产生车辙的原因主要是由于设计不合理以及车辆严重超载导致的。影响沥青路面车辙深度的主要因素是沥青路面结构和沥青混凝土本身的内在因素，以及气候和交通量及交通组成等的外界因素。

车辙产生的主要原因有：

（1）沥青混合料油石比过大。

（2）表面磨损过度。

（3）雨水侵入沥青混凝土内部。

（4）由于基层含不稳定夹层而导致路面横向推挤形成波形车辙。

2. 裂缝类

裂缝主要有三种形式：纵向裂缝，横向裂缝和网裂。沥青路面建成后，都会产生各种形式的裂缝。初期产生的裂缝对沥青路面的使用性能基本上没有影响，但随着表面雨水的侵入，导致路面强度下降，在大量行车荷载作用下，使沥青路面产生结构性破坏。沥青路面裂缝的形式是多种多样的，裂缝从表现形式可分为横向裂缝、纵向裂缝和网状裂缝三种。影响裂缝的主要因素有：沥青的品种和等级、沥青混合料的组成、面层的厚度、基层材料的收缩性、土基和气候条件等。

坑槽（裂缝类）是常见的沥青路面早期病害，指路面破坏成坑注深度大于 2cm，面积在 0.04m^2 以上。形成坑槽主要是车辆修理或机动车用油渗入路面，污染使沥青混合料松散，经行车碾压逐步形成坑槽。

3. 松散类

沥青路面的松散是指路面结合料失去黏结力、集料松动，面积 0.1m^2 以上。松散是直接影响行车安全的路面病害，松散可能出现在整个路面表面。也可能在局部区域出现，但由于行车作用，一般在轨迹带比较严重。

其产生的主要原因有：

（1）局部路基和基层不均匀沉降引起路面破坏。

（2）碎石中含有风化颗粒，水侵入后引起沥青剥离。

（3）随着使用时间的增多，沥青结合料本身的黏结性能降低，促使面层与轮胎接触部分的沥青磨耗，造成沥青含量减少，细骨料散失。

（4）机械损害或油污染。

脱皮（松散类）沥青路面脱皮是指路面面层层状脱落，面积 0.1m^2 以上。导致沥青路面脱皮主要是因为水损害。

4. 其他类

修补损坏面积：因破损或病害而采取修复措施进行治理，路表外观上已修补的部分与未修补的部分明显不同。

三、整治措施

1. 沥青路面车辙的治理措施

（1）如果车道表面因车辆行驶推移面产生的车辙。应将出现车辙的面层切削或铣刨清除，然后重铺沥青面层。然后采用沥青玛蹄脂碎石混合料（SMA）或 SBS 改性沥青单混合料或聚乙烯改性沥青混合料来修补车辙。

（2）如果路面受横向推挤形成的横向波形车辙，如果已经稳定，可将凸出的部分削除，在波谷部分喷洒或涂刷黏结沥青并填补沥青混合料并找平、压实。

（3）如果由于基层强度不足、水稳性能不好，使基层局部下沉而造成的车辙，应先处治基层。将面层和基层完全挖除。

2. 沥青路面裂缝及坑槽的治理措施

（1）沥青路面裂缝产生后，如果在高温季节全部或大部分可愈合的轻微裂缝，可不加处理。如果在高温季节肯定是不能愈合的轻微裂缝，要及时进行维修，控制裂缝的进一步扩大，防止导致路面早期破坏，提高公路使用效率。同样在沥青路面裂缝的维修时，要严格工艺操作和规范要求。

（2）灌油修补法。在冬季节，将纵横裂缝处清扫干净，用液化气将缝壁加热至黏性状态后，再把沥青或沥青砂浆（在低温潮湿季节宜喷洒乳化沥青），喷抹到缝中，再匀撒一层 2～5mm 的干燥洁净石屑或粗砂加以保护，最后用轻型压路机将矿料碾压。如果是细小的裂缝，则要预先用盘式铣刀进行扩宽，再按上述方法做处理，沿裂缝涂刷少量稠度较低的沥青。

（3）对开裂的沥青路面进行修补。施工时，先把裂缝的旧迹凿掉，形成 V 形槽；再用空压机吹除 V 形槽中及其周围的松动部分和尘土等杂物，然后通过挤压枪把已经拌合均匀的修补材料灌入裂缝中，使之饱满。待修补材料凝固后，约一天左右即可开放交通。此外，如果由于土基、基层强度不足或路基翻浆等引起严重龟裂，应先处治好基层再重作面层。

（4）路面的基层完好，仅面层有坑槽时的护理方法。按"圆洞方补"的原则，划出与路中心线平行或垂直的坑槽修补轮廓线，按长方形或正方形来进行，凿开坑槽到稳定部分，用空压机将槽底，槽壁的尘土和松动部分清除干净，然后在干净的槽底；槽壁喷洒薄层黏结沥青，随即填铺备好的沥青混合料。然后手压路机碾压，压时要确保压实力直接作用在摊铺后的沥青混合料上。采用这种方法，不会发生裂缝、裂纹等现象。

（5）热补法修补。采用热修补养护车，将加热板加热坑槽处路面，翻松被加热软化铺装层，喷洒乳化沥青，加入新的沥青混合料，然后搅拌摊铺，压路机压实成型。

（6）若因基层局部强度不足等使基层破坏而形成坑槽，应将面层和基层完全挖除。

3. 沥青路面松散的治理措施

（1）因嵌缝料散失出现轻微麻面，在沥青面层不贫油时，可在高温季节撒适当的嵌缝料，并用扫帚扫匀，使嵌缝料填充到石料的空隙中。

（2）大面积麻面就喷洒稠度较高的沥青，并撒适当粒径的嵌缝料，应使麻面部分中部的嵌缝料稍厚，周围与原路面接口要稍薄定型要整齐，并碾压成型。

（3）因沥青与酸性石料间的黏附性不良而造成路面松散。应将松散部分全部挖除后，重作面层的矿料不应再使用酸性石料。

4. 砼路面坑洞修补

（1）适用范围：适用于在 0.01 ~ 0.5m² 以上路面、桥面坑洞或坑槽。

（2）材料要求：采用改性环氧树脂类材料、沥青砂、坑洞灵等材料，所有原材料的各项技术指标应满足规范指标的要求。

（3）施工工艺

1）按坑洞破损面的大小切割成规则的方形或矩形形状，切割深度不少于 2cm。凿除坑洞破损、松散部分，坑槽壁需凿成粗糙的垂直面。

2）清除混凝土碎屑，用吹风机吹净坑槽内灰尘；如坑槽壁有黏附性强的污染物，先用钢丝刷清理干净，再用吹风机吹净沟槽内灰尘。

3）清理后，将坑洞修补材料直接填入坑槽内（沥青砂需先涂刷沥青黏结层）。环氧树脂类材料需保持与路面板齐平，待材料固化后，达到通车强度，即可开放交通。沥青砂、坑洞灵类材料需分层填入、分层夯实，每层铺填厚度不能超过 3cm，每 0.01m² 范围需用铁锤人工捶击不少于 10 锤，直至夯实为止。对于修补面积大于 0.5m² 的坑槽，需用小型打夯机进行夯实。沥青砂、坑洞灵类材料修补坑洞需平整、密实，顶面高于砼路面板 2 ~ 3mm。修补完毕后，沥青砂材料面上需洒一层细沙，防止车轮碾压时沾染沥青，污染路面，也防止沥青损失，影响沥青砂材料的黏结性。修补后的坑洞表面平整、密实，无脱落、开裂，不得污染路面。

5. 路面保洁的范围和要求

（1）路面（含主线车道、中央分隔带内、匝道等）

1）不得有影响行车安全和影响路容、路貌的杂物、泥沙、碎石、纸屑及其他可见垃圾。

2）中央分隔带不得有泥沙、木屑堆积。

路面保洁人员每天必须巡视辖区路段 2 ~ 3 次，发现路面障碍物要及时清理，不能清理的要及时汇报现场管理人员。

3）路面上不得有粒径大于 5cm 的可见垃圾物或一处有 1m² 以上的可见垃圾物。

4）不得有严重污染（主要指车辆流至路面的汽、柴、机油等）路面。

5）路肩、边坡和平台在整个保洁作业面（指路肩 1.5m 范围及整个平台）内不得有对直径 15cm 以上的杂物须。

6）护栏上不得挂有任何废弃物，不得有明显油污及其他污迹。

7）全线标线、标志要随时保持良好的反光效果，对因受污染而反光效果差的标线应立即进行清洗。

（2）路基构造物（含砼路肩、沥青路肩、路肩、边沟、平台）

1）硬路肩、拦水带

清理清除硬路肩与拦水带的木屑、细沙、泥石及接缝处的杂草，拦水带外1.5m范围内无超过15cm高的杂草及可见垃圾。

2）路肩、边坡、平台

清理清除路肩、边坡坡面、平台上的明显杂物（如垃圾袋、一次性饭盒等），保证无任何直径15cm以上的杂物。

3）排水系统

及时清理边沟、截水沟、急流槽等排水系统内的杂物、浮土及淤泥，保证排水系统通畅。沟（槽）内无超过10cm高的杂草，积泥不超过10cm厚或沟深的1/3。有石块、土块等严重阻水的固体须立即清除外弃，不得随意处理。定期割除急流槽两侧杂草，保证无杂草覆盖。

4）中央分隔带

中央分隔带内无超过15cm高杂草，左侧路缘带与中央分隔带接缝处无杂草。

5）其他

如发现有崩（塌）方和水毁要及时报告。

（3）沿线设施

砍除遮挡标志牌（km牌、限速牌及车距确认牌）及伸出波形护栏外的路树、刺篱，保证标志牌清晰。

（4）绿化

1）清除上、下边坡第一排花灌木树盘40～50cm内的杂草。

2）清除上边坡平台砂浆抹面范围杂草。

3）清除波形护栏至第一排花树范围内的杂草。

4）清除中分带及路面接缝缘杂草。

（5）其他

1）按时、按质、按量的完成业主安排布置的工作任务。

2）如遇交通事故，须在事故处理完毕后及时清理事故现场（如任务量较大的则要在现场配合其他人员进行清理）。

3）雨后路面保洁人员必须上路巡视，清扫和清捡影响行车安全的杂物，发现水毁和险情要及时报告。

第三节 桥梁检查

一、经常检查

（一）准备工作

桥梁养护工程师及其他检查人员上路前要做好准备工作，确定检查重点，带齐检查工具、器材（照相机、卷尺、粉笔、绳子、碳素笔、手电筒、观测仪器等）及所需表格；检查车司机检查车辆，保证安全。

（二）桥梁的经常检查

检查周期根据桥梁技术状况而定，每月不得少于一次，涵洞经常检查每月对重要构件至少进行两次全面检查，并填写经常性检查记录表；在洪水、冰雪前后及行洪期间应加强检查；对于三类以上的病害桥梁，增加检查次数，每月不少于 2 次；重点桥、特殊结构桥梁视病害严重程度增加检查频次。

（三）检查人员上路应着安全标志服禁止随意穿行公路，检查车一般以 60km/h 的速度靠慢车道行驶。车上人员禁止与司机打闹、嬉笑，以确保行车安全。检查停车时，司机需在车后 50m 摆放锥形交通标志，并开启警示灯。

（四）桥梁经常检查的内容

1. 外观是否整洁，有无杂物堆积，杂草蔓生。构件表面的涂装层是否完好，有无损坏、老化变色、开裂、起皮、剥落、锈迹。

2. 桥面铺装是否平整，有无裂缝、局部坑槽、积水、沉陷、波浪、碎边；混凝土桥面是否有剥离、渗漏，钢筋是否露筋、锈蚀、缝料是否老化、损坏、桥头有无跳车。

3. 排水设施是否良好，桥面泄水管是否堵塞和破损。

4. 伸缩缝是否堵塞卡死，连接部件有无松动、脱落、局部破损。

5. 扶手、防撞护栏和引道护栏（柱）有无撞坏、断裂、松动、错位、缺件、剥落、锈蚀等。

6. 观察桥梁结构有无异常变形，异常的竖向振动、横向摆动等情况，然后检查各部件的技术状况，查找异常原因。

7. 支座是否有明显缺陷，活动支座是否灵活，位移量是否正常。支座的经常检查一般可以每季度一次。

8. 桥位区段河床冲淤变化情况。

9. 基础是否受到冲刷损坏、外露、悬空、下沉，墩台及基础是否受到生物腐蚀。

10. 墩台是否受到船只或漂浮物撞击而受损。

11. 翼墙（侧墙、翼墙）有无开裂、倾斜、滑移、沉降、风化剥落和异常变形。

12. 锥坡、护坡、调治构造物有无塌陷、铺砌面有无缺损、勾缝脱落、灌木杂草丛生。

13. 交通信号、标志、标线、照明设施以及桥梁其他附属设施是否完好。

14. 其他显而易见的损坏或病害。

（五）涵洞经常检查内容

包括进水口是否堵塞、沉砂井有无淤泥、洞内有无淤塞及排水不畅；洞口周围是否有杂物堆积、涵洞是否清洁、漏水；周围路基填土是否稳定和完整；涵洞结构是否有损坏。

（六）检查人员若发现病害，视病害严重情况，采取相应处理措施，同时向上级领导汇报，核实责任人后即刻下发《养护任务通知单》通知责任单位进行修复整改。

（七）检查过程中要做到"观察细致，不留死角，判断准确，记录翔实，措施到位，报告及时"。检查中发现的病害及施工现场发现的问题要认真记录到《公路桥梁检查日志》上。

（八）检查过程中，发现重要部件存在明显缺损或严重病害时，应对其进行拍照并妥善保存。

（九）发现四类及以上的桥梁，检查人员要及时向上级领导汇报；在加固维修前要设专人值守，看护人保持 24h 通行畅通，密切观察病害的发展变化情况。

（十）检查时若发现桥梁出现结构性破坏等突发事件，对安全行车造成严重影响的，检查人员应停止检查，按照相关流程，立即报告上级领导，同时使用安全标志进行封闭，保证通行安全。

（十一）检查结束后，桥梁养护工程师负责汇总填写《公路桥梁检查日志》

填写记录内容应注明检查的起始时间，检查路段应以大桥、互通立交桥为控制观察点，以各控制观察点为分界点，注明到达控制点的时间，且内容填写齐全完整，记录真实准确、清楚、及时，签字齐全。每月月末，把填写完整的《公路桥梁检查日志》进行归档。

二、定期检查

（一）定期检查周期根据技术状况确定，最长不得超过三年。新建桥梁交付使用一年后，进行第一次全面检查。

（二）在经常检查中发现重要部（构）件的缺损明显达到三、四、五类技术状况时，应立即安排一次定期检查。

（三）按照《公路桥梁养护规程》（JTGH11—2004）的要求，定期检查以目测观察结合仪器观测进行，要求检查主要工作内容：

1. 现场校核该桥基本数据。

2. 当场填写《桥梁定期检查记录表》，记录各部件缺损状况并做出技术状况评分。

3. 实地判断缺损原因，确定维修范围及方式。

4. 对难以判断损坏原因和程度的部件，提出特殊检查要求。

5. 对损坏严重、危及安全运行的危桥，提出限制交通或改建的建议。

6. 根据桥梁的技术状况，确定下次检查的时间。

（四）桥梁检查内容

1. 特大、大型桥梁的控制检测

应在墩台、桥面设立永久性观测点，定期进行控制检测。观测点的相关资料应归档到竣工档案内。

2. 桥面系构造的检查

（1）桥面铺装层纵、横坡是否顺适，有无严重裂缝、坑槽、波浪、桥头跳车、防水层漏水。

（2）伸缩缝是否有异常变形、破损、脱落、漏水，是否造成明显跳车。

（3）人行道构件、栏杆护栏有无撞坏、断裂、错位、缺件、剥落、锈蚀等。

（4）桥面排水是否顺畅，泄水管是否完好、畅通，桥头排水沟功能是否完好，锥坡有无冲蚀、塌陷。

（5）桥上交通信号、标志、标线、照明设施是否损坏、老化、失效，是否需要更换。

（6）桥上避雷装置是否完善，避雷系统性能是否良好。

（7）桥上的路用通信、供电线路及设备是否完好。

3. 钢筋混凝土和预应力混凝土桥梁的检查

（1）梁端头、底面是否损坏、箱型梁内是否有积水，通风是否良好。

（2）混凝土有无裂缝、渗水、表面风化、剥落、露筋和钢筋锈蚀，有无碱集料反应引起的整体龟裂现象。混凝土表面有无严重碳化。

（3）预应力钢束锚固区段混凝土有无开裂，沿预应力筋的混凝土表面有无纵向裂缝。

（4）梁（板）式结构的跨中、支点及变截面处，悬臂端牛腿或中间铰部位，刚构的固结处和桁架节点部位，混凝土是否开裂、缺损和出现钢筋锈蚀。

4. 支座的检查

（1）支座组件是否完好、清洁，有无断裂、错位、脱空。

（2）活动支座是否灵活，实际位移量是否正常，固定支座的锚销是否完好。

（3）支承垫石是否有裂缝。

（4）简易支座的油毡是否老化、破裂或失效。

（5）橡胶支座是否老化、开裂，有无过大的剪切变形或压缩变形，各夹层钢板之间的橡胶层外凸是否均匀。

（6）盆式橡胶支座的固定螺栓是否剪断，螺母是否松动，钢盆外露部分是否锈蚀，防尘罩是否完好。

（7）四氟滑板支座是否脏污，老化，四氟乙烯板是否完好，橡胶块是否滑出钢板。

5. 墩台与基础的检查

（1）墩台及基础有无滑动、倾斜、下沉。

（2）台背填土有无沉降或挤压隆起。

（3）混凝土墩台及帽梁有无风化、开裂、剥落、露筋等。

（4）基础下是否发生不许可的冲刷或掏空现象，扩大基础的地基有无侵蚀。桩基顶段在水位涨落、干湿交替变化处有无冲刷磨损、紧缩、露筋，是否收到污水、咸水或生物的腐蚀。

（五）桥梁定期检查应提交的资料

1. 桥梁定期检查数据表。

2. 典型缺损和病害的照片及说明。

3. 两张总体照片（一张桥面正面，一张桥梁上游侧立面）。

4. 桥梁清单。

5. 桥梁基本状况卡片。

6. 定期检查报告。

（六）涵洞检查内容

1. 涵洞定期检查每年至少进行一次，在接到较大损坏情况的报告后应增加检查。

2. 涵洞定期检查内容包括

（1）检查涵洞过水能力，包括位置是否适当，孔径是否足够，涵底纵坡是否合适。若过水能力明显不足，经常造成内涝及路基损毁的，应考虑改造。

（2）进出水口铺砌、翼墙、护坡、挡水墙、沉砂井、护坡等是否完整，洞口连接是否平整顺适，排水是否顺畅。

（3）涵体侧墙是否渗漏水、开裂、变形或倾斜，墙身砌体砂浆是否脱落、石块是否松动，基础是否冲刷掏空。

（4）涵身顶部盖板或拱顶是否开裂、漏水、变形下挠，拱顶砌块是否松动脱落。

（5）涵底是否淤塞阻水，涵底铺砌是否完整。

（6）洞口附近填土是否有渗水、冲刷、空洞，填土是否稳定。

（7）涵洞顶路面是否开裂、下沉。行车是否安全。

三、特殊检查

（一）根据桥梁定期检查结果，桥梁定期检查单位提出桥梁特殊检查意见，桥梁出现以下情况需进行特殊检查：

1. 定期检查中难以判明损坏原因及程度的桥梁。

2. 桥梁技术状况为四、五类者。

3. 拟通过加固手段提高荷载等级的桥梁。

4. 条件许可时，特殊重要的桥梁在正常使用期间可周期性进行荷载试验。

5. 桥梁遭受洪水、流水、滑坡、地震、风灾、漂流物或船舶撞击，因超重车辆通过或其他异常情况影响造成损害的，应进行应急检查。

（二）桥梁特殊检查应根据需要对以下三个方面问题作出鉴定

1. 桥梁结构材料缺损状况，包括对材料物理、化学性能退化程度及原因的测试鉴定；结构或构件开裂状态的检测及评定。

2. 桥梁结构承载能力，包括对结构强度、稳定性和刚度的检算、试验和鉴定。

3. 桥梁防灾能力，包括对桥梁抵抗洪水、流水、风、地震及其他地质灾害等能力的检测鉴定。

（三）桥梁特殊检查报告应包括下列主要内容

1. 概述检查的一般情况，包括桥梁的基本情、检查组织、时间、背景和工作过程等。

2. 描述目前的桥梁技术状况，包括现场调查、试验与检测的目的及方法、检测数据与分析结果和桥梁技术状况评价等。

3. 详细叙述检查部位的损坏程度及原因，并提出结构部件和总体的维修、加固或改建的建议方案。

四、应急处置

（一）桥梁突发事件的定义

1. 桥梁突发结构性破坏，发生突然坍毁的。

2. 人为对桥梁造成破坏、影响桥梁安全、车辆通行安全的。

3. 在桥梁范围内发生交通事故，影响桥梁安全的。

4. 发生自然灾害，影响桥梁安全的。

5. 大件运输、超限、超载车辆通过桥梁、对桥梁造成损害、影响车辆通行安全的。

6. 在桥梁养护、施工时，发生安全生产事故，影响车辆通行安全的。

7. 由于其他不可预见因素造成桥梁破坏、影响桥梁安全、车辆通行安全的。

（二）现场应急处理

1. 现场巡查发现人员

（1）在保证自身安全的前提下，立即采取一切可能手段提示过往车辆绕行或停止通行，避免事件影响和损失进一步扩大。

（2）对现场受伤人员进行现场救助，并通知120等医疗机构进行紧急救护。

（3）通知辖段养护负责人（或当日值班领导）和监控中心。

（4）向交警、路政等相关部门通报情况（如可能），以便及早采取相应措施。

2. 辖段养护负责人（或当日值班领导）接报后，应立即做好以下安排，并尽快赶赴现场

（1）安排时间地点就近养护人员赶赴现场，同现场发现人员一同处理未完事宜，并做到向交警、路政等相关部门的情况通报。

（2）进一步判别现场情况，判断事态发展，根据本预案的现场处理程序组织现场的

交通控制，如有必要，可向相邻收费站请求支援。

（3）将现场初步情况和事态发展情况向领导口头报告。

3. 监控中心接报

（1）立即向领导汇报掌握的情况。

（2）通知相邻收费站做好应急支援准备。

（3）接收领导指令，随时准备好利用可变情报板发布信息。

（4）搜集文件处理和发展情况的有关信息，按照"重大信息上报制度"做好信息上报工作。

4. 领导接到求援

组织力量参加事故发生后的应急检修、抢险、排险、快速修复和恢复重建工作，竭尽全力提供必要的人员、物力、财力和技术支撑。

（三）桥梁突发事件应急交通组织预案

1. 在桥梁出现突发事件或接到桥梁突发事件通知后，养护人员到达桥梁突发事件现场后，应首先对桥梁安全状况进行判别，根据现场实际情况，采取应急措施。

2. 桥面系出现局部突然沉陷、塌陷、宽度小于1车道，桥梁底板、下部结构未发生变形的，应：

（1）立即隔离病害位置车道，实行1车道断交施工，另外2车道维持通行。

（2）按照《公路养护安全作业规程》规定摆放施工安全交通标志，辖段养护负责人（或当日值班领导）协助相关部门组织交通疏导。

（3）养护部门主管领导通知监控中心，在相应可变情报板发布桥梁维修信息。

3. 单幅桥梁下部结构发生倾斜、明显沉陷，结构受力状态明显异常；上部结构桥面系破损宽度大于1（含等于）车道，发生严重变形的；单幅桥梁发生全部或部分坍塌的，应：

（1）立即采取一切可能手段封闭单幅公路，禁止车辆通行，实行单幅断交。

（2）按照《公路养护安全作业规程》规定摆放施工交通安全标志，辖段养护负责人（或当日值班领导）协助相关部门组织交通疏导。

（3）养护部门主管领导立即口头请示领导同意后，由监控中心在相应可变情报板发布绕行信息，通知各相关站口发布绕行信息（绕行信息应标明可选择的绕行线路），必要情况下，应封闭有关站口，协调交警部门，禁止全部或部分车型通行。

4. 双幅桥梁同时发生下部结构倾斜、明显沉陷，结构受力状态明显异常；上部结构桥面系破损宽度大于1（含等于）车道，发生严重变形的；桥梁发生全部或部分坍塌的，应：

（1）立即采取一切可能手段封闭双幅公路，禁止车辆通行，实行双幅断交。

（2）按照《公路养护安全作业规程》规定摆放施工交通安全标志，辖段养护负责人（或当日值班领导）协助相关部门组织交通疏导。

（3）养护部门主管领导立即口头请示领导同意后，由监控中心在全线可变情报板发布绕行信息，通知所有站口发布绕行信息（绕行信息应标明可选择的绕行线路）。

（4）由监控中心通知封闭发生突发事件区段两端收费站上口，两端站口应将入口全部改成出口，保证车辆快速通过。期间，发生车辆长期滞留主线，无法下路情况的，启动延伸服务实施方案。

5. 在桥梁维修施工期间，如发生施工点半幅交通堵塞达 5km 以上，由辖段养护负责人（或当日值班领导）落实情况，在请示领导同意后，可以采取分流方案：

（1）首先通知监控中心，在沿线可变情报板上发布信息，及时告知沿线司乘人员，以便提前选择绕行路线或减速慢行为分流做好准备；同时通知所要分流的收费站，做好配合工作，如增加收费车道、疏导人员等。

（2）通知沿线辖段高速交警、路政部门，在发生交通堵塞路段的前方路口进行分流，在站口进行车辆的疏导工作。

（3）如车流量较大，采用一个路口分流，时间长、压力大时，可及时与监控中心、收费站、交警、路政部门及时沟通，采取多个站口同时分流的方案。

（4）在分流的同时，收费站口遇有疑问的司机要耐心进行解答，并向其提供可行的绕行路线。

6. 各收费站、养护工程部应对二绕高速周边路网变化及时进行了解，及时对绕行路线进行优化、调整。

7. 在桥梁检查过程中发现四类桥梁的，应按照重大事件上报制度进行上报，对病害位置进行隔离，立即组织专业设计单位对桥梁技术状况进行评价，按照评价结果采用隔离车道、单幅断交、全幅断交的交通组织形式。

（四）壁可注修补桥涵构筑物裂缝

1. 施工方法

（1）表面处理

用砂轮机、钢丝刷打磨混凝土表面沿裂缝走向宽约 5 cm 范围，清除水泥翻沫、灰尘及疏松的混凝土块和砂粒，油污要用布蘸稀料擦净，如果潮湿要用喷灯吹干。

（2）注入座的黏结

将 101# 封口胶的两种成分混合搅拌均匀，抹少许在注入座底面四边，将注入孔对正裂缝中心稍加力按压，使其从底面的四个小孔中挤出，注意不要堵塞注入孔，粘好后避免错动注入座。混凝土基底状况不好时可适当扩展座周围的黏结面积并对座进行包覆。根据裂缝的宽度和深度，沿缝的走向按 30 ~ 40cm 间距布置，裂缝分岔处应有注入座。

（3）裂缝密封

用 101# 封口胶沿裂缝走向密封 5 cm 宽的范围，厚度应为 1.5mm 以上，尽量一次完成，避免反复涂抹。

（4）密封材料的固化

让其自行硬化（在不同温度下需 4 ~ 10h）。

（5）注入

1）对 BL 注入器

将注入器的连接端（蓝色）牢固地安装在注入座上，安装时用力不要过猛，以免损坏座的颈部。将 BL-GROUT 的主剂和硬化剂混合搅拌均匀，用黄油枪或其他小型泵类工具通过过滤头连接注入器的注入端（白色），开始注入，当橡胶管膨胀充满限制套时停止注入。如注入器膨胀后收缩较快，说明该处裂缝深，缝内空间大，要补灌。

2）对 DD 注入器

先将注入器注满后，将其安装到注入座上。

（6）用稀料清洗注入工具。

（7）注入材料的固化

让注入材料自行固化（一般需 10 ~ 24h），可用手捏注入管随时了解固化情况。固化后敲掉注入器和注入座，如有必要，用砂轮机把密封胶打磨平整。

（8）后期处理

固化后敲掉注入器和注入座，如有必要，用砂轮机把封口胶打磨平整。

2. 各工序检验标准

（1）表面处理

沿裂缝走向宽 5cm 的范围内无水泥翻沫、灰尘、油污、疏松的混凝土块、不牢固的砂粒，混凝土表面和缝内干燥。

（2）注入座的黏结

注入座布置正确。封口胶呈均匀一致的灰色。底板的四个小孔中均有胶挤出，底板下无空洞、蜂窝等缺陷。注入孔畅通，注入座颈部的小突起和橡胶圈上没有附着的胶。

（3）裂缝密封

密封的宽度、厚度大致均匀，无空洞、蜂窝。

（4）注入

各注入座不残不断，黄油枪及管路密封良好。注入过程中封口胶密封的部分不渗漏，各注入器均能保持膨胀状态。

（5）清洗工具

清洗后的黄油枪活塞、阀门运转灵活，螺纹配合良好，管路通畅。

3. 注意事项

（1）当施工温度在 5 ~ 15℃时，密封胶 #101 及注入胶 BL-GROUT 应选用 W 型（冬季用）。原则上应在 5℃以上施工。如遇特殊情况需在 0 ~ 5℃施工时，应采取保温措施，比如：在工点搭设施工棚，取暖保温。

（2）在 0℃ 以下，不能施工。

（3）本细则按照修补干燥裂缝的情况编写，对潮湿、渗水或处于静止水中的裂缝，只需将下述的 #101 封口胶和 BL-GROUT 注入胶分别替换为 WB-SEAL 封口胶和 WB-GROUT 注入胶即可，如果裂缝是在发展中或可能发展，灌注胶要使用 BL-GROUT100。

第四节 桥梁养护方案

一、总则

（一）养护管理的目的和原则

为保证道路的畅通无阻，必须加强对已建成使用的桥梁及构造物进行检查、保养和维修，使其经常处于良好的技术状态，确保其使用寿命。因此，保证已有公路的正常运营，桥梁的养护与维修工作十分重要。

（二）养护管理的原则

1. 认真开展路况桥况调查，分析桥梁的技术状况，针对病害产生的原因和后果，采取有效、先进、经济的技术措施。

2. 在工程实施中所采用的材料、设备与工艺，应符合本规范及本规范引用的其他标准与规范的相应要求，加强养护工作的各种材料试验及施工质量检验，确保工程质量。

3. 推广路面、桥梁管理系统，逐步建立道路数据库，实行病害控制，实现决策科学化，使现有的资金发挥最大的经济效益。

4. 推广数字某，实施道路桥梁科学养护与规范化管理，改变现有道桥面貌，提高路桥的整体服务水平。

5. 认真做好交通情况调查工作，积极开发，采用自动化观测和计算机处理技术，为道路规划、设计、养护、管理、科研及社会各方面提供全面、连续、可靠的交通情况信息资料。

6. 改革养护生产组织形式，管好、用好现有的养护机具设备，积极引进、改造、研制养护机械，逐步实现养护机械装备标准化、系列化，以保障养护工作质量，提高养护生产效率，降低劳动强度，改善劳动环境。

7. 加强对交通工程设施（包括标志、标线、通信、监控等）、收费设施、服务管理设施等的维修、更新工作，保障道路应有的服务水平。

（三）养护工程分类与管理

桥梁的养护按其工程性质、规模大小、技术性繁简划分为小修保养、中修、大修和改善四类。具体划分为：

1. 小修保养工程

对公路桥梁及其一切工程设施进行预防保养和修补其轻微损坏部分，使之经常保持完好状态。它通常是按月（旬）安排计划，每日进行的工作。

2. 中修工程

对公路桥梁工程设施的一般性磨损和局部损坏进行定期的修理加固，以恢复原状的小型工程项目。它通常按年（季）安排计划并组织实施。大修工程对公路桥梁设施的较大损坏进行周期性的综合修理，以全面恢复到原设计标准，或在原技术等级范围内进行局部改善和个别增建以逐步提高其通行能力的工程项目。它通常是根据批准的年度计划的工程预算来组织实施。

3. 改善工程

对公路桥梁及其工程设施因不适应交通量和载重需要而分期逐段提高技术等级，或通过改善显著提高通行能力的较大工程项目。它通常由地区园林机构或省级园林机构根据批准的计划和设计预算来组织实施或招标完成。

二、一般规定

常规定期检测应包括下列范围：桥面系：桥面铺装、桥头搭板、伸缩装置、排水系统、人行道、护栏等。

上部结构：主梁、主桁梁、主拱圈、横梁、横向联系、主节点、挂梁、联结件等。

下部结构：支座、盖梁、墩身、台帽、台身、翼墙、锥坡及河床冲刷情况。

（一）桥梁检查

日常检查主要指对桥面设施及附属构造物的技术状况进行的检查。检查周期根据桥梁技术状况而定。据《桥梁检测和养护维修办法》及以某路桥梁养护要求的日常检查周期为每天一次。日常检查采用目测方法，配以照相机、望远镜等简单工具量测，当场填写《桥梁日常巡查日报表》，现场要登记所检查项目的缺损类型，估计缺损范围及养护工作量，提出相应的小修保养措施，为编制《桥梁养护（小修保养）计划》提供依据。

（二）桥梁检测

1. 定期检测

定期检测为评定桥梁使用功能，制定管理养护计划提供基本数据，对桥梁主体结构及附属构造物的技术状况进行全面检测，为桥梁养护管理系统搜集结构技术状态的动态数据。检测周期根据桥梁技术状况而定，规范要求的定期检测周期为每年一次。定期检测配以照相机、望远镜、游标卡尺、刻度放大镜、敲击小锤等简单工具观测进行，必须接近各部件仔细检测其缺损情况，提交定期检查报告。

2. 特殊检测

桥梁特殊检测应委托有相应资质和能力的单位承担。目前某路还没有一座桥梁需要进行特殊检测。

（三）桥梁评定

桥梁检查和评定的主要内容和基本要求对桥梁进行检查，系统地掌握其技术状况，及时发现缺损和相关环境的变化。根据桥梁检查结果，对桥梁技术状况进行分类评定，制定相应的养护对策。建立桥梁管理系统和桥梁数据库，健全桥梁养护技术档案，实施病害监控，实行科学决策。

1. 桥梁一般评定

一般评定是依据桥梁定期检查资料，通过对桥梁各部件技术状况的综合评定，确定桥梁的技术状况等级，提出各类桥梁的养护措施。

2. 桥梁适应性评定

适应性评定包括以下内容：依据桥梁定期以及特殊检查资料，结合试验与结构受力分析，评定桥梁的实际承载能力、通行能力、抗洪能力，提出桥梁养护、改造方案。适应性评定应由市级公路桥梁管理机构委托有相应资质及能力的单位进行。

3. 桥梁技术状况等级评定

桥梁的定期检查结束后，应对桥梁的技术状况等级进行评定，以一般评定方法为主，评定和分类标准如下：

Ⅱ～Ⅴ类养护的桥梁技术状况的评估包括：桥面系、上部结构、下部结构和全桥评估。应采用先分部分再综合的方法评估。

Ⅱ～Ⅴ类养护的桥梁的完好程度，应以桥梁状况指数 BCI 确定桥梁技术状况的评估指标，并应符合下列规定：

三、技术管理

（一）一般规定

桥梁的养护应包括桥梁及其附属设施的检测评估、养护工程及建立档案背资料。

（二）桥梁应根据类别、等级和技术级别进行养护。

（三）根据桥梁在道路系统中的地位，桥梁养护类别宜分为以下五类：

Ⅰ类养护的桥梁——特大桥梁及特殊结构的桥梁。

Ⅱ类养护的桥梁——城市快速路网上的桥梁。

Ⅲ类养护的桥梁——城市主干路上的桥梁。

Ⅳ类养护的桥梁——城市次干路上的桥梁。

Ⅴ类养护的桥梁——城市支路和街坊路上的桥梁。

根据各类桥梁在城市中的重要性，本着"保证重点，养好一般"的原则，桥梁养护等级宜分为Ⅰ等、Ⅱ等、Ⅲ等。养护等级及养护、巡检要求应符合下列规定：

1.Ⅰ等养护的桥梁应为Ⅰ～Ⅲ类养护的桥梁及Ⅳ、Ⅴ类养护的桥梁中得集会中心、繁华地区、重要生产科研区及游览地区附近的桥梁。应重点养护，巡检周期不应超过1d。

2.Ⅱ等养护的桥梁应为Ⅳ、Ⅴ类养护的桥梁中区域集会点、商业区及旅游路线或市区之间的联络线、主要地区或重点企业所在地附近的桥梁，应有计划地进行养护，巡检周期不宜超过3d。

3.Ⅲ等养护的桥梁应为Ⅴ类养护的桥梁及居民区、工业区的主要道路上的桥梁。可一般养护，巡检周期可在7d之间。

根据桥梁技术状况、完好程度，对不同养护类别，其完好状态等级划分及养护要求应符合下列规定：

Ⅰ类养护的桥梁完好状态宜分为两个等级：

合格级——桥梁结构完好或结构构件有损伤，但不影响桥梁安全。应进行保养、小修。

不合格级——桥梁结构构件损伤，影响结构安全。应立即修复。

Ⅱ～Ⅴ类桥梁完好状态宜分为五个等级：

A级——完好状态，BCI达到90～100，应进行日常保养。

B级——良好状态，BCI达到80～89，应进行日常保养和小修。

C级——合格状态，BCI达到66～79，应进行专项检测后保养、小修。

D级——不合格状态，BCI达到50～65，应检测后进行中修或大修工程。

E级——危险状态，BCI小于50，应检测评估后进行大修、加固或改扩建工程。

（四）桥梁的养护工程宜分为保养、小修；中修工程、大修工程、加固、改扩建工程。

1.保养、小修——对管辖范围内的桥梁进行日常维护和小修作业。

2.中修工程——对桥梁的一般性损坏进行修理，恢复桥梁原有的技术水平和标准的工程。

3.大修工程——对桥梁的较大的损坏进行综合治理，全面恢复到原有技术水平和标准的工程及对桥梁结构维修改造的工程。

4.加固、改扩建工程——对桥梁因不适应现有的交通量、载重量增长的需要及桥梁结构严重损坏，需恢复和提高技术等级标准，显著提高其运行能力的工程。

桥梁养护部门应建立养护档案，并应符合下列规定：

1.桥梁养护档案应以一座桥梁为单位建档。

2.养护档案应包括下列内容：桥梁主要技术资料，施工竣工资料、养护技术文件，巡检、检测、测试资料、桥梁自振频率、桥上架设管线等技术文件及相关资料。

3.养护档案管理工作宜逐步实行电子化、数据化、利用多媒体技术，有条件的城市可建立信息管理系统、数据库。

4.桥梁应安全、完好、整洁；夜间照明应符合有关标准的要求；各种指示标志应齐全、清晰。人行天桥、立交、高架路、隧道、通航河道上的桥梁必须设桥下限高的交通标志；立交、跨河桥应设限载牌。

隧道的防水、排水、通风、照明、防火和防汛等设施，必须齐全有效。

Ⅰ类养护的桥梁，必须设专人负责日常巡检，每季定期检测有条件的城市可采用自动化监测系统设点测控，应随时掌握桥梁技术状况和中长期发展趋势。

桥梁粉饰、灯光装饰和绿化应同一安排、整体规划，不得影响检修保养和影响桥梁耐久性；不得危及桥梁、车辆、行人的安全。

在桥梁上增加静荷载（构筑物、风雨篷、广告牌、管线等）必须满足桥梁安全技术要求。

第八章　公路桥梁管理系统

管理模块主要包括 10 个子模块：桥梁综合处理、涵洞综合处理、桥梁综合查询、涵洞综合查询、经常性检查、特殊检查、桥上事故、重车过桥、地理信息采集和批量导入。

第一节　桥梁综合处理

桥梁综合处理子模块是桥梁信息管理的基础，在此模块中可以实现对桥梁信息的管理，包括新建桥梁、删除桥梁、编辑、保存、复制并新建、查找、选择列。

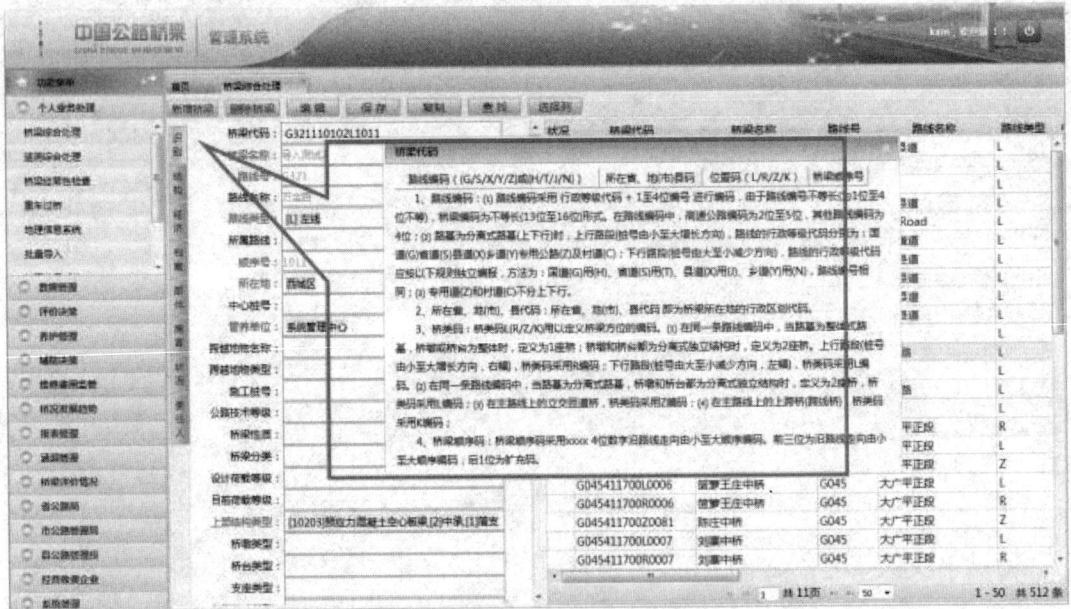

数据浏览：点击进入桥梁综合处理默认页面，可对管理的桥梁数据列表进行浏览、查看，在显示区域底部显示数据条目情况，通过底部按钮设置，可选择每页显示数据条目数量；双击桥梁数据显示区域列信息，即可按此列进行排序。

新建桥梁：点击"新建桥梁"，在桥梁数据显示区域自动添加一张空白表，在各数据项中填入相应的桥梁真实数据，保存后即可在系统内新建一条桥梁信息。

其中：

红色字体：表示该条信息为必填项；

⊕：该按键表示该条信息需通过此下拉菜单进行选择。

⊕：该按键表示该条信息需通过此下拉菜单进行选择，可复选。

帮助信息：双击任意一条数据项名称，即可出现该条数据项的帮助信息，有助于桥梁养护工程师在建立桥梁信息时快速了解该条信息的定义。

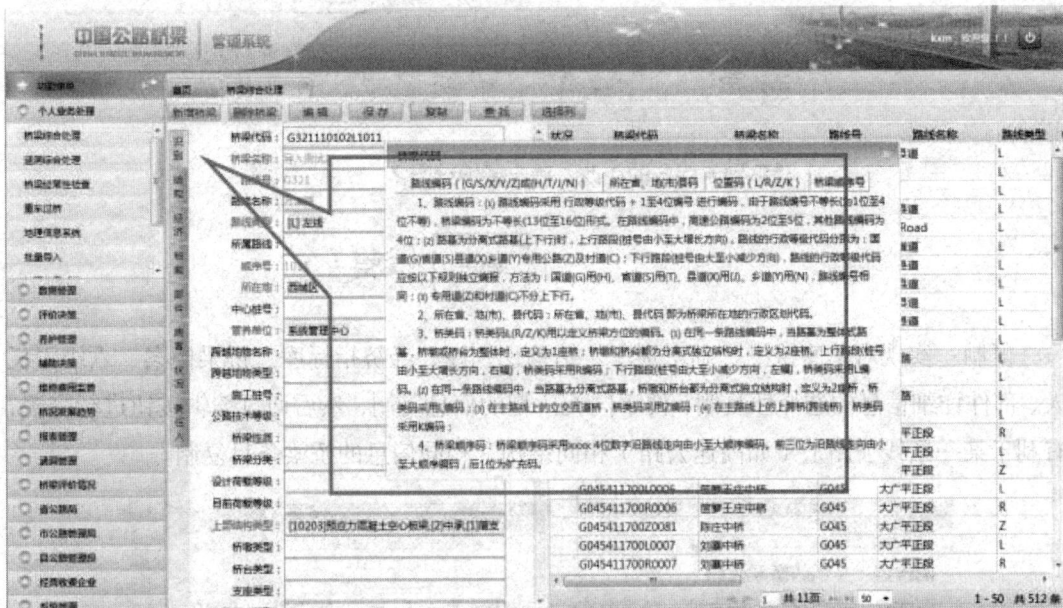

删除桥梁：选择桥梁数据显示区域中需要删除的桥梁，点击删除桥梁功能操作按钮，即可对该桥梁的信息进行删除操作（系统会进行确认提示，一旦删除，数据是不可再恢复的，除非进行重新录入）。

编辑与保存：点击桥梁数据显示区域中的任意一座桥梁，即可查看该桥的全部信息，点击编辑即可对桥梁信息进行修改，点击保存后修改数据上传至服务器，并弹出保存成功提示框，1秒后自动关闭，如图所示。

系统检测到用户进行编辑操作后未保存，鼠标指向另一条数据时，系统将提示"检测到未保存的修改，确定要继续吗？"。

提示

保存成功。

1秒钟后自动关闭　　　　　确定

请确定

检测到未保存的更改，确定要继续吗？

确定　取消

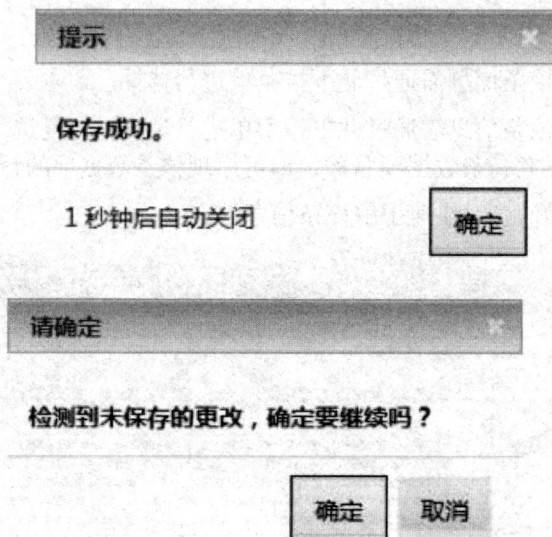

复制：实现对单座桥梁基础识别库、结构识别库、经济指标库、桥梁档案、六级责任人、部件详细信息的选择性复制，便于同类桥型的信息复制，然后通过编辑按钮进行完善，有利于某一条线公路上（如高速公路）相同结构、相同信息的桥梁条目复制。

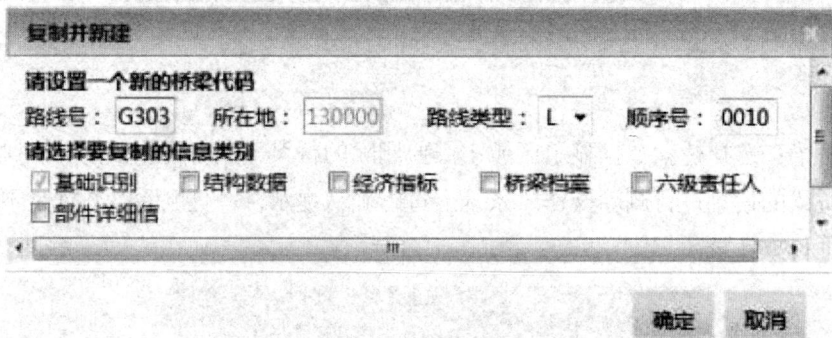

复制并新建

请设置一个新的桥梁代码
路线号：G303　所在地：130000　路线类型：L　顺序号：0010
请选择要复制的信息类别
☑基础识别　☐结构数据　☐经济指标　☐桥梁档案　☐六级责任人
☐部件详细信

确定　取消

查找：可通过查找功能筛选桥梁信息，点击"查找"——选择"字段列表"——输入"关键字"——确定，即可查找到符合条件的桥梁信息。

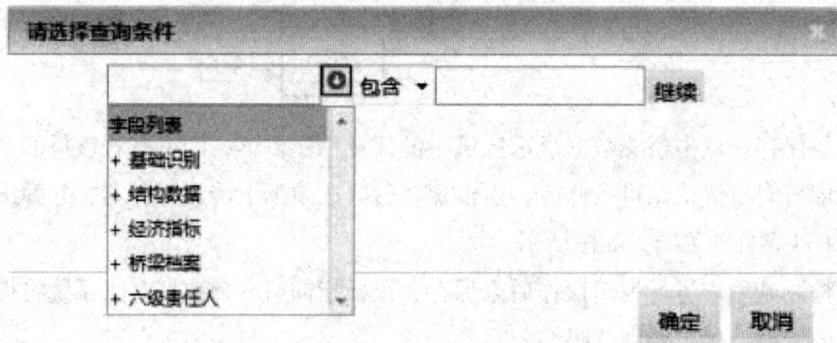

请选择查询条件

〇　包含▼　　　　　　继续
字段列表
+ 基础识别
+ 结构数据
+ 经济指标
+ 桥梁档案
+ 六级责任人

确定　取消

选择列：通过"选择列"可对需要显示的桥梁信息列进行设置，如下图：

请选择要显示的列　　　　　　　　　　　　✕

基础识别

☑ 状况	☑ 桥梁代码	☑ 桥梁名称	☑ 路线号	☑ 路线名称
☑ 路线类型	☐ 所属路线	☐ 顺序号	☑ 所在地	☑ 桥型
☑ 中心桩号	☑ 管养单位	☐ 跨越地物名称	☐ 跨越地物类型	☐ 施工桩号
				☑ 公路技术等级
☐ 桥梁性质	☑ 桥梁分类	☑ 设计荷载等级	☐ 目前荷载	☐ 上部结构类型
☐ 桥墩类型	☐ 桥台类型	☐ 支座类型	☐ 桥墩基础类型	☐ 桥台基础类型

确定　取消

一、识别数据库

识别数据库共包括33个数据项：桥梁代码、桥梁名称、路线号、路线名称、路线类型、所属路线、顺序号、所在地、中心桩号、管养单位、跨越地物名称、跨越地物类型、施工桩号、公路技术等级、桥梁性质、桥梁分类、设计荷载等级、目前荷载等级、上部结构类型、桥墩类型、桥台类型、支座类型、桥墩基础类型、桥台基础类型、桥面铺装类型、伸缩缝类型、桥梁用途、桥梁状态、多媒体资料、行政等级、所属乡镇、母桥代码、管理形式码。

（一）桥梁名称、路线号、路线类型、顺序号、所在地、管养单位、上部结构类型为必填项，保存后桥梁代码自动生成。

（二）上部结构类型共分三个部分

桥型、桥面板位、受力形式，为树状模型选择方式。按照《公路桥梁技术状况评定标准》（JTG/T H21—2011）将桥型划分为4大类、36小类；桥面板位分为：上承、中承、下承；受力形式分为：简支、连续、悬臂、无铰、二铰。

（三）多媒体资料

需安装系统插件"Microsoft Silverlight"，点击 上传... 按钮，可通过两种方式进行多媒体资料的批量上传：拖拽式（将图片拖拽至上传窗口中）、普通上传方式（通过文件夹目录选择上传），通过网络上传至服务器数据库中；为了更好的展示桥梁的全貌，通常需上传桥梁正面照、立面照，在生成桥梁卡片及桥梁定期检查报告的时默认获取该桥的正面照、立面照各一张。

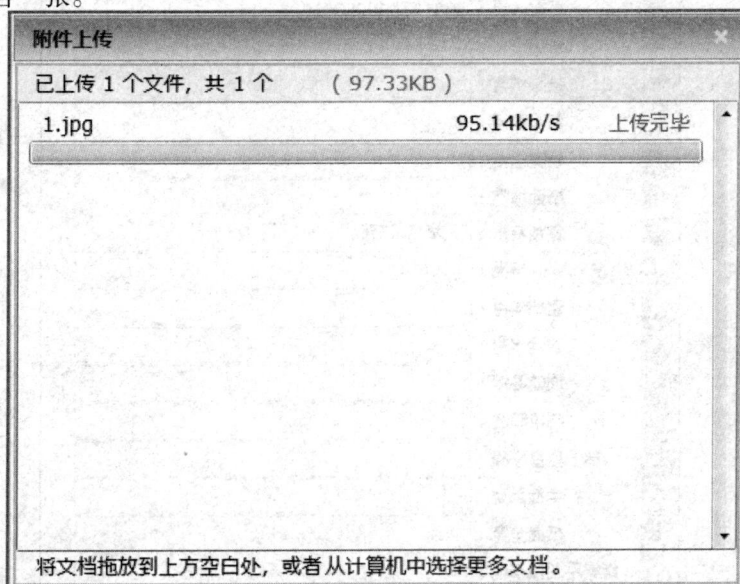

```
附件上传                                                      ✕

已上传 1 个文件，共 1 个        （97.33KB）

  1.jpg                      95.14kb/s        上传完毕



将文档拖放到上方空白处，或者从计算机中选择更多文档。
```

二、结构数据库

结构数据库共包括21个数据项：桥梁代码、桥梁全长、桥跨组合、最大跨度、桥宽组合、桥面净宽、桥高、建桥年月、改建年月、通航等级、桥梁限高、桥下垂直净高、跨中截面高、桥面全宽、桥梁平曲线半径、桥头路面净宽、矢跨比、桥面纵坡、弯坡斜特征、立交特征、交叉形式。

其中建桥年月、改建年月需通过 ▦ 按钮进行日期选择：

三、经济数据库

经济数据库共包括 18 个数据项：桥梁代码、总造价、施工工期、桥面中心标高、设计洪水频率、设计冲刷标高、主桥基底标高、历史最大洪水、年日均交通量、防护工程类型、地基地质、抗震设防、桥上附设、分隔带、收费情况、设计时速、桥梁与环境协调度、环境条件。

四、档案数据库

档案数据库共包括 13 个数据项：桥梁代码、设计资料编号、竣工资料编号、养护资料编号、保管单位、产权单位名称、设计单位、设计者、施工单位、施工负责人、所用标准图、监理单位、竣工验收意见。

其中所用标准图需通过系统插件 "Microsoft Silverlight" 进行多媒体资料的上传。

识别	桥梁代码	G001110000L0020
结构	设计资料编号：	
经济	竣工资料编号：	
档案	养护资料编号：	
部件	保管单位：	
断面	交通管制措施	
状况	最近三年是否评定	
委任人	最近改造完工日期	
	最近改造部位：	
	工程性质：	
	产权单位名称：	
	设计单位：	
	设计者：	
	施工单位：	
	施工负责人：	
	所用标准图	上传...
	监理单位：	
	竣工验收意见：	

五、部件数据库

部件数据库是通过识别数据库中的上部结构类型的选择，系统自动生成相应部件，通过部件数据库对构件数的设置，可全面反应桥梁的结构，并可在三维动态显示中完整展示。

部件数据库左侧区域为桥梁部件树型浏览区，右侧为部件综合处理区，此处理区可显示并对桥梁部件进行设置。

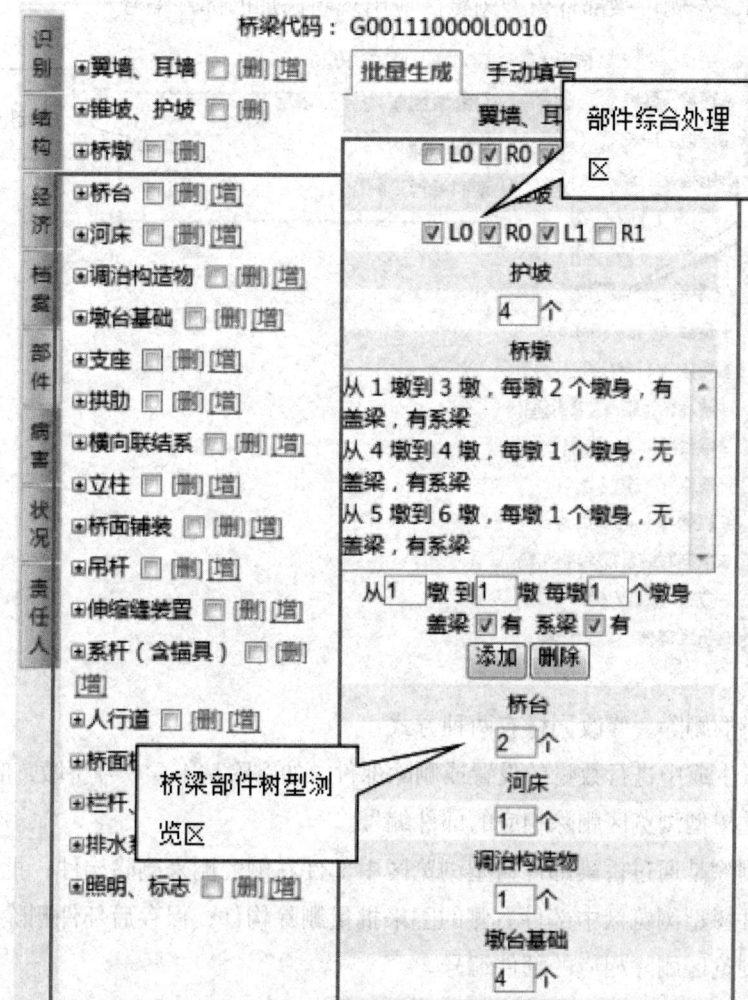

部件数量的生成有两种方式：

1. 批量生成是在部件综合处理区中进行数量的设置，如桥墩从 1 ~ 3 号墩，每墩 2 个墩身，有盖梁有系梁，部件添加成功，左侧桥梁部件树型浏览区应出现新添加的部件编号。

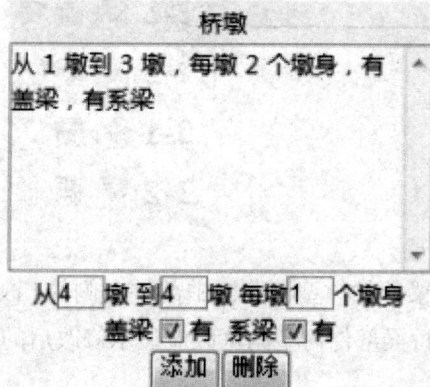

2. 手动填写是通过桥梁部件树型浏览区中部件右侧的 [增] 来添加部件编号，保存后部件添加成功，左侧桥梁部件树型浏览区应出现新添加的部件编号。

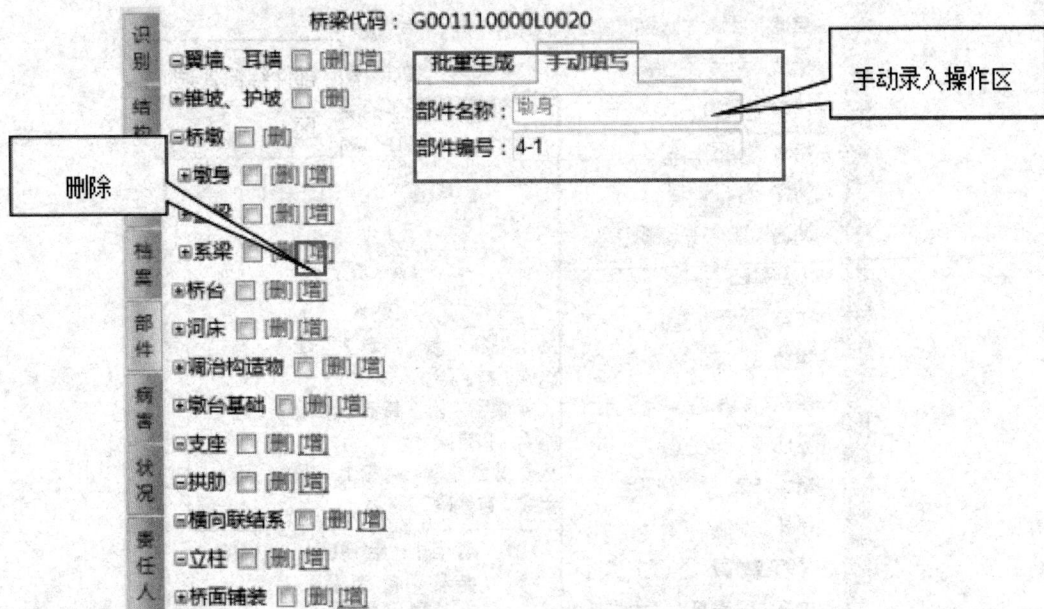

部件数量的删除、修改同样有两种方式：

1. 在批量生成中进行数量的设置或删除部件，如删除从 1 ~ 3 号桥墩，部件删除成功，左侧桥梁部件树型浏览区删除相应的部件编号。

2. 手动删除是通过桥梁部件树型浏览区中部件右侧的删来删除构件；批量手动删除是通过桥梁部件树型浏览区中部件右侧的□来批量删除构件，保存后部件删除成功，左侧桥梁部件树型浏览区删除相应的部件编号。

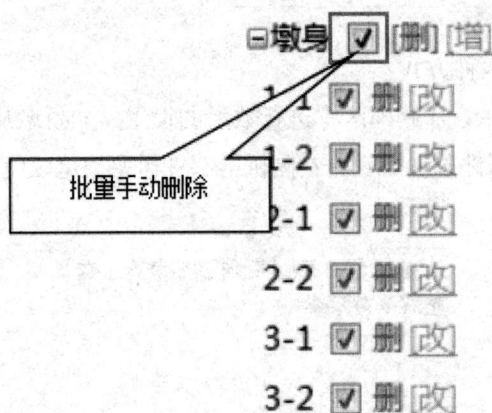

3. 手动修改是通过桥梁部件树型浏览区中部件右侧的 [改] 来修改部件编号，保存后部件编号修改成功，左侧桥梁部件树型浏览区应显示修改后的部件编号。

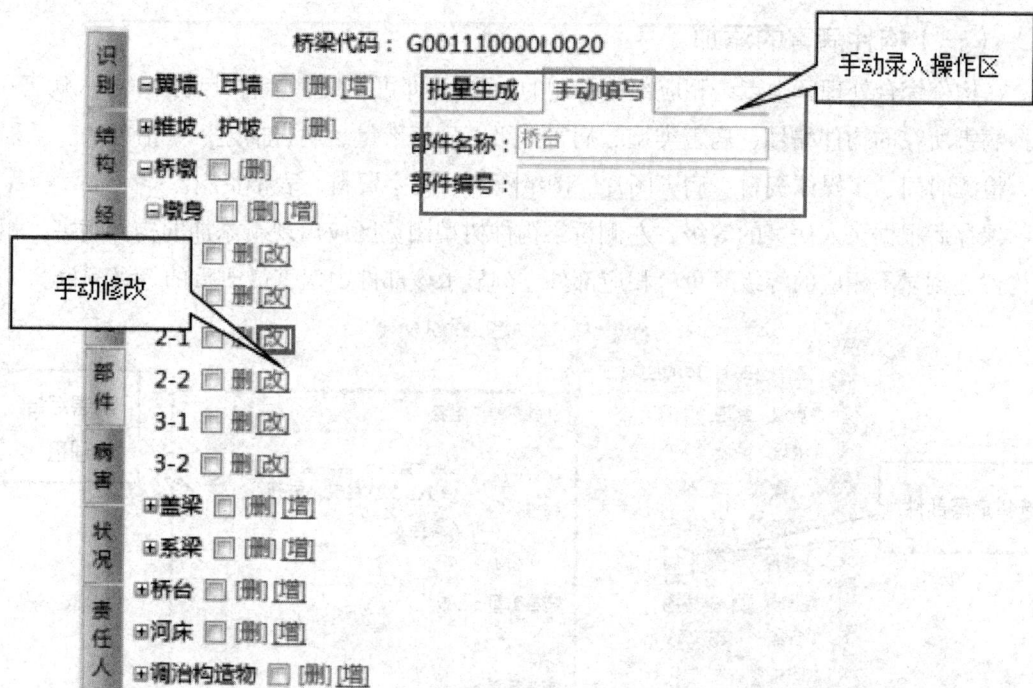

六、病害数据库

病害数据库是通过识别数据库中的上部结构类型的选择，系统自动生成相应部件，通过部件数据库对构件数的设置，系统自动计算构件数量。

病害数据库左侧区域为桥梁构件树型浏览区，右侧为病害综合处理区，通过点击左侧树型菜单的病害部件，此处理区可显示各部件病害的详细信息，并可进行对桥梁构件病害删改操作。

（一）构件病害的添加

在构件综合处理区中点击相应部件右侧的 [增]，即可在病害综合处理区中录入病害：选择病害所在的构件编号、病害类型、病害等级、病害数量、病害描述、处治方法、工程量、检测时间、多媒体资料、病害图片、图纸资料、文字资料、表格资料。

保存后根据录入病害的等级，左侧桥梁构件树型浏览区应出现新添加的构件病害，相应构件立刻显示相应的等级颜色，相应部件立刻显示该部件中病害最严重的等级颜色。

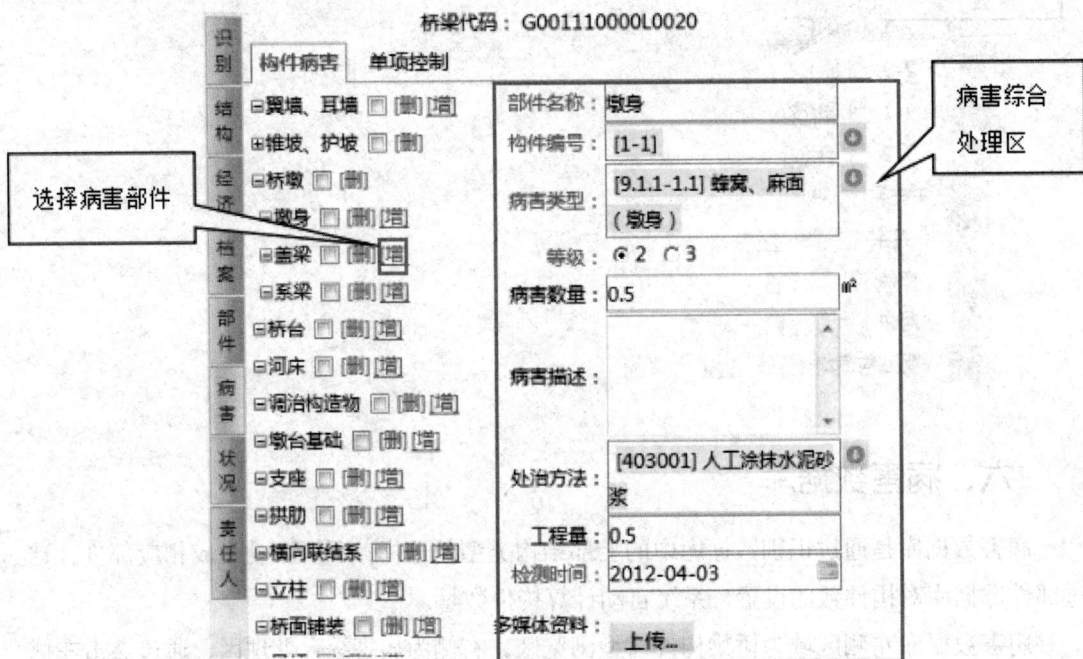

（二）构件病害的修改

在构件综合处理区中点击需要修改病害的构件右侧的 [改]，即可在病害综合处理区中修改该构件的病害信息。

（三）构件病害的删除

单个病害的删除通过桥梁构件树型浏览区中相应构件病害右侧的删来删除病害信息；批量删除病害是通过桥梁构件树型浏览区中部件右侧的□来批量删除部件，保存后该部件下的所有病害删除成功。

批量删除构件病害

修改构件病害

删除构件病害

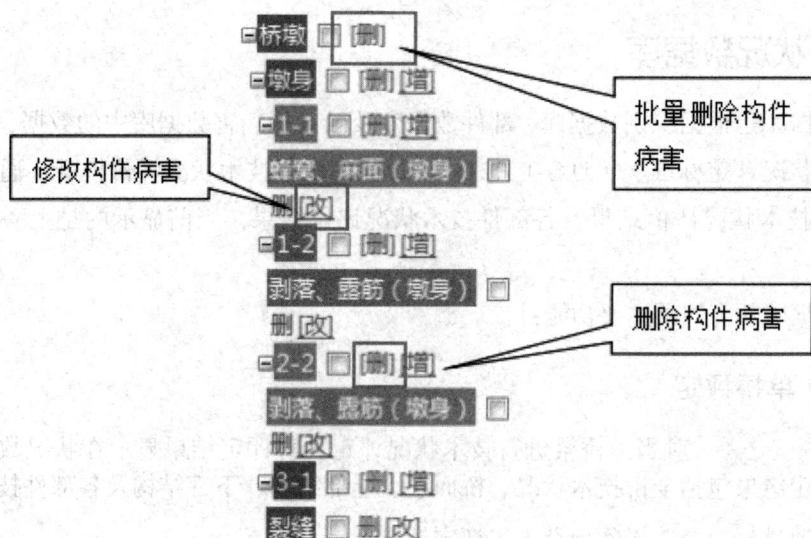

（四）病害单项控制

根据《公路桥梁技术状况评定标准》（JTG/T H21—2011）中关于 5 类桥梁技术状况单项控制指标的描述，在桥梁技术状况评定中，一旦有病害符合单项控制指标条件时，整座桥应评为 5 类桥，在单项控制处理区中进行桥型单元、单项控制指标的选择，即可实现 5 类桥梁技术状况单项控制。

七、状况数据库

状况数据库是根据识别数据库、部件数据库及录入的病害数据库中的数据，依据《公路桥梁技术状况评定标准》（JTG/T H21—2011）的桥梁技术状况评价模型，通过系统计算得到桥梁技术状况评价结果及各部件技术状况评价结果，当前显示的是上一次的评价结果。

状况数据库共有四项主要功能：

（一）单桥评定

点击 单桥评定 ，对当前桥梁进行技术状况评定，将评定结果显示在状况数据库显示区域内，评定结果包括全桥技术状况、桥面系、上部结构、下部结构及各部件技术状况的评定，并可通过 编辑 操作保存人工评定结果：

《公路桥梁技术状况评定标准》（JTG/T H21—2011）中规定应采用分层综合评定与五类桥梁单项控制指标相结合的方法对桥梁技术状况进行评定，当系统进行评定计算后发现被评定桥梁符合5类桥梁单项控制指标时，系统将弹出对话框，直接评为五类桥，如图：

（二）导出病害

点击 导出病害 ，即可以 Excel 形式导出当前桥梁的《桥梁评定指标检查评定表》。

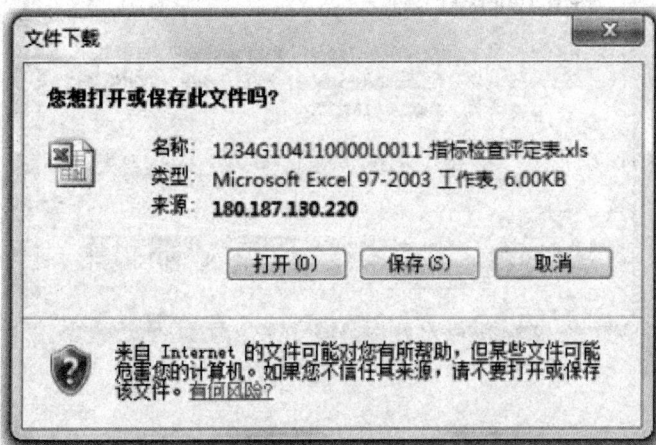

（三）导出评分

点击 导出评分 ，即可以 Excel 形式导出当前桥梁的《桥梁技术状况评定记录表》。

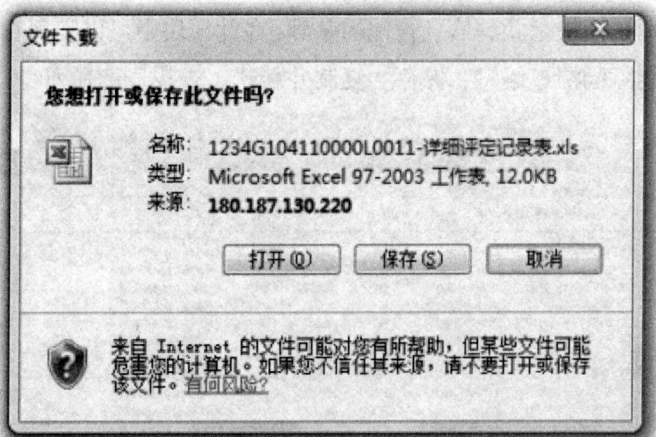

（四）导出状况

点击 导出状况 ，即可以 Excel 形式导出当前桥梁的《桥梁单元状况评定表》。

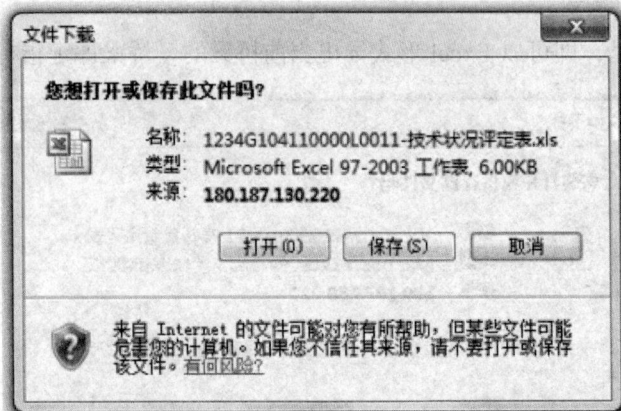

第二节　涵洞综合处理

涵洞综合处理子模块是涵洞信息管理的基础，在此模块中可以实现对涵洞信息的管理，包括新建涵洞、删除涵洞、编辑、保存、复制并新建、查找、选择列。

数据浏览：点击进入涵洞综合处理默认页面，可对管理的涵洞数据列表进行浏览、查看，在显示区域底部显示数据条目情况，通过底部按钮设置，可选择每页显示数据条目数量；双击涵洞数据显示区域列信息，即可按此列进行排序。

新建涵洞：点击"新建涵洞"，在涵洞数据显示区域自动添加一张空白表，在各数据项中填入相应的涵洞真实数据，保存后即可在系统内新建一条涵洞信息。

其中：

红色字体：表示该条信息为必填项；

![icon] ：该按键表示该条信息需通过此下拉菜单进行选择；

![icon] ：该按键表示该条信息需通过此下拉菜单进行选择，可复选；

帮助信息：双击任意一条数据项名称，即可出现该条数据项的帮助信息，有助于桥梁养护工程师在建立涵洞信息时快速了解该条信息的定义。

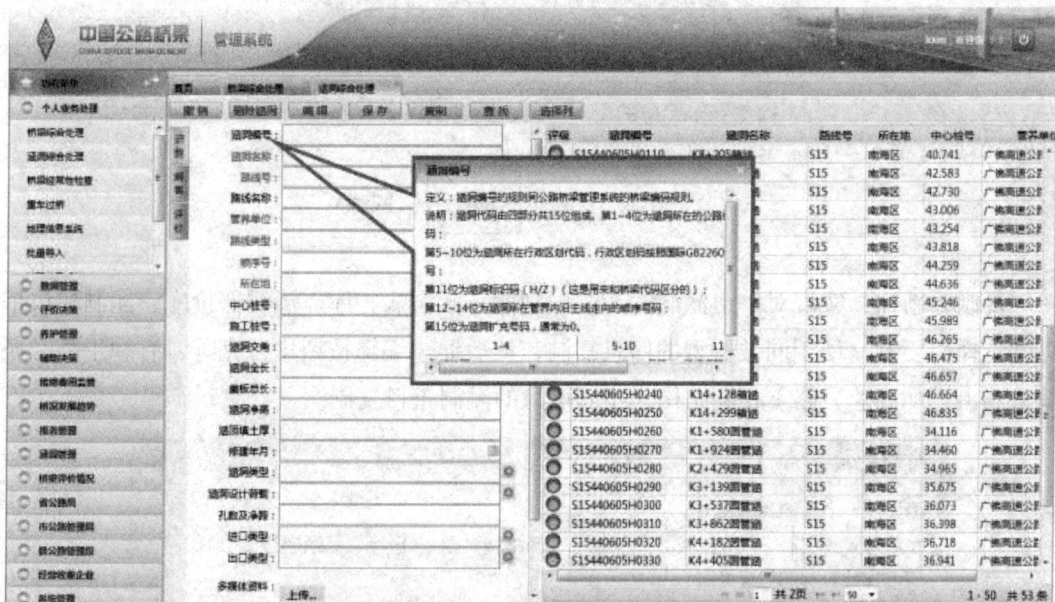

删除涵洞：选择涵洞数据显示区域中需要删除的涵洞，点击删除涵洞功能操作按钮，即可对该涵洞的信息进行删除操作（系统会进行确认提示，一旦删除，数据是不可再恢复的，除非重新进行录入）。

编辑与保存：点击涵洞数据显示区域中的任意一座涵洞，即可查看该涵洞的全部信息，点击编辑即可对涵洞信息进行修改，点击保存后修改数据上传至服务器，并弹出保存成功提示框，1s后自动关闭，如图所示。

系统检测到用户进行编辑操作后未保存，鼠标指向另一条数据时，系统将提示"检测到未保存的修改，确定要继续吗？"。

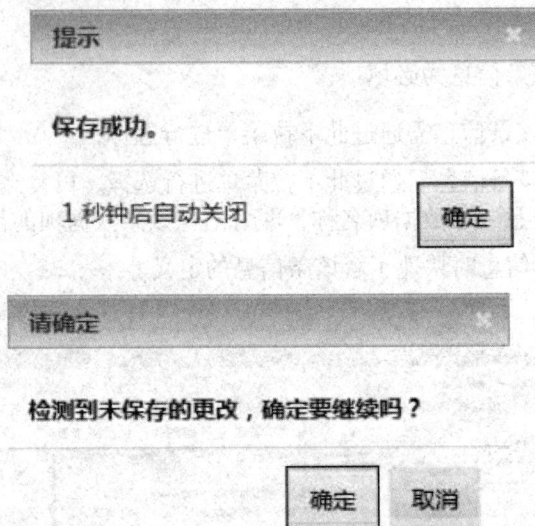

复制并新建：实现对单道涵洞的涵洞识别库、涵洞病害库、涵洞评价库、涵洞建议信息的选择性复制，便于同类桥型的信息复制，然后通过编辑按钮进行完善，有利于某一条线公路上（如高速公路）相同结构、相同信息的涵洞条目复制。

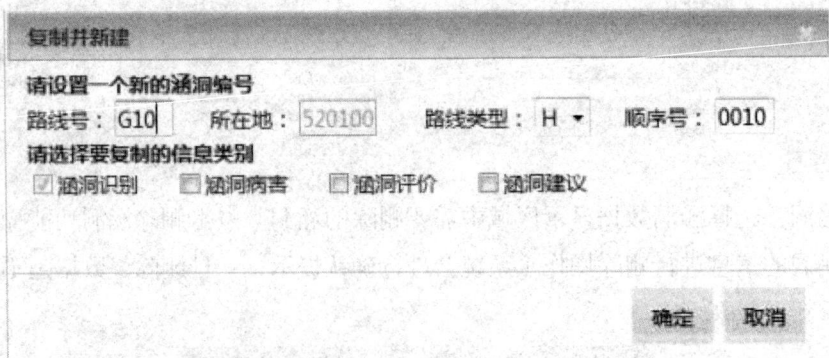

查找：可通过查找功能筛选涵洞信息，点击"查找"——选择"字段列表"——输入"关键字"——确定，即可查找到符合条件的涵洞信息。

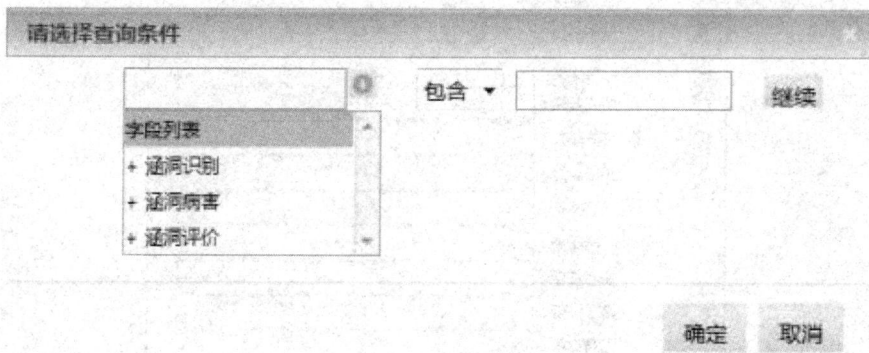

选择列：通过"选择列"可对需要显示的涵洞信息列进行设置，如下图：

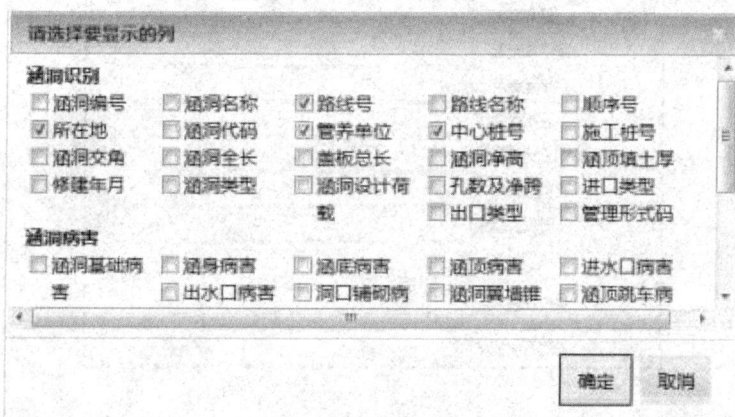

一、识别数据库

涵洞识别数据库包括23个数据项：涵洞编号、涵洞名称、路线号、路线名称、管养单位、涵洞代码、顺序号、所在地、中心桩号、施工桩号、涵洞交角、涵洞全长、盖板总长、涵洞净高、涵顶填土厚、修建年月、涵洞类型、涵洞设计荷载、孔数及净跨、进口类型、出口类型、多媒体资料、管理形式码。

其中：

1. 涵洞名称、路线号、管养单位、涵洞代码、顺序号、所在地为必填项。

2. 多媒体资料：需安装系统插件"Microsoft Silverlight"，点击按钮，可通过两种方式进行多媒体资料的批量上传：拖拽式（将图片拖拽至上传窗口中）、普通上传方式（通过文件夹目录选择上传），通过网络上传至服务器数据库中。

二、病害数据库

病害数据库包括 16 个数据项：涵洞编号、涵洞基础病害、涵身病害、涵底病害、涵顶病害、进水口病害、出水口病害、洞口铺砌病害、涵洞翼墙锥坡病害、涵顶跳车病害、涵洞排水病害、养护状况、清洁状况、检查日期、下次检查日期、备注。

通过右侧下拉菜单，对各部件对应的病害类型进行选择，并可进行对涵洞构件病害删改操作。

三、评价数据库

涵洞评价数据库是根据涵洞病害数据库中录入的病害信息，通过系统计算得到该涵洞技术状况评价结果。

第三节　桥梁综合查询

桥梁综合查询模块是针对领导管理层用于桥梁数据查询的模块，主要功能为：查找、排序及导出报表等功能。

1. 导出报表

点击 导出报表 ，即可以 Excel 形式导出按当前查询条件查询到的桥梁信息报表。

2. 查找

点击 查找 ，通过下拉框依置查询条件，点击 继续 可进行多条件查询，可对多条件查询的关系进行设置（并且，或者），若要删除某查询条件，点击 ✖ 即可，查询条件和关系设置完毕后，点击 确定 完成查询，并可通过 导出报表 导出当前条件下的查询结果。

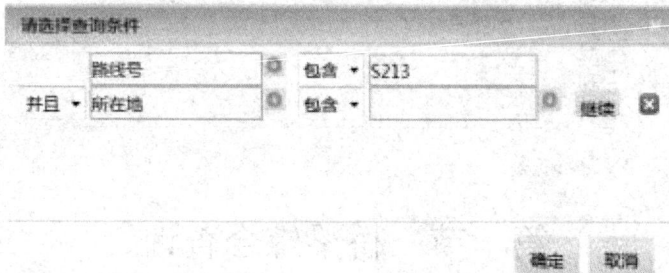

3. 选择列

点击 选择列 ，可设置需要显示的桥梁信息，从而实现对桥梁信息的筛选功能，筛选中默认始终显示桥梁代码列信息，点击 确定 完成设置，桥梁综合查询显示区域应显示用户需要显示的桥梁列信息，并可通过 导出报表 导出当前条件下的查询结果。

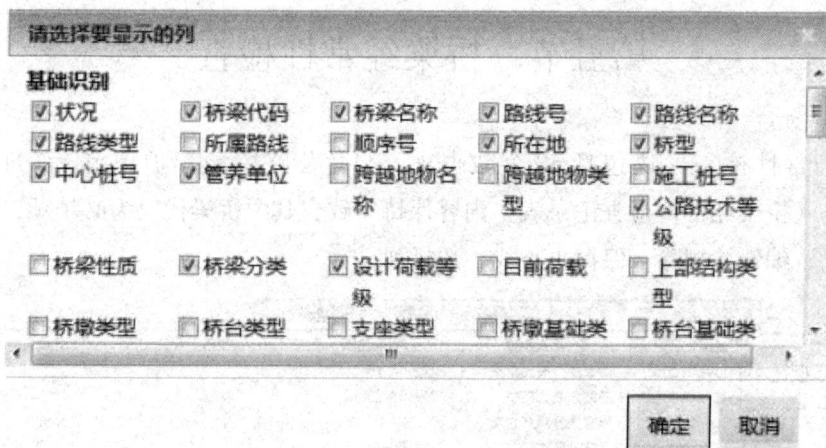

4. 排序

点击 排序 ，通过设置可对所有的桥梁进行组合排序，可将要对其排序的列拖放到右侧进行排序设置，选择升序或降序，多个列之间可以通过上下移动来调整优先级，位置越靠上优先级越高，设置完毕组合排序条件后，点击 确定 完成设置，桥梁综合查询显示区域应显示按用户设置的条件进行排序后的桥梁信息，并可通过 导出报表 导出当前条件下的查询结果。

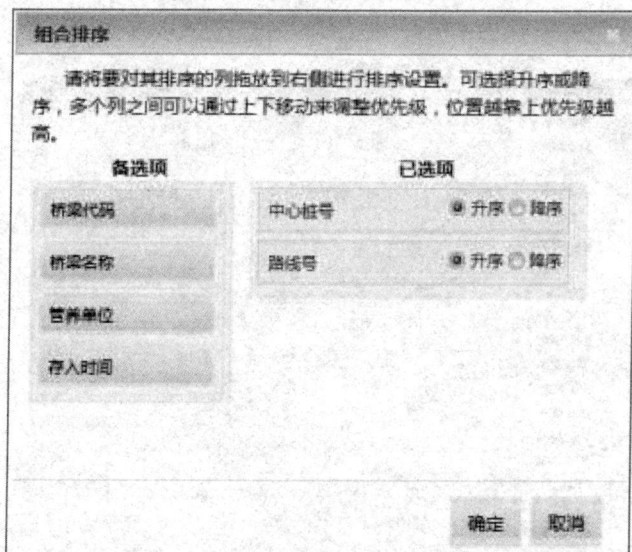

第四节 涵洞综合查询

涵洞综合查询模块是针对领导管理层用于涵洞数据查询的模块，主要功能为：导出报表、查找、选择列、排序，具体功能同 3.3 桥梁综合查询。

第五节　桥梁经常性检查

桥梁经常性检查模块包括 58 个数据项，与《公路桥涵养护规范》（JTG H11 — 2004）中的《桥梁经常性检查记录表》内容保持一致，其中桥梁代码为必填项，主要操作包括：新增、编辑、删除、保存、查找、选择列。

第六节　涵洞经常性检查

涵洞经常性检查模块包括35个数据项，与《公路桥涵养护规范》（JTG H11 — 2004）中的《涵洞经常性检查记录表》内容保持一致，其中涵洞代码为必填项，主要操作包括：新增、编辑、删除、保存、查找、选择列。

第七节　特殊检查

特殊检查模块包括9个数据项：桥梁代码、特检类别、特检年月、特检单位、特检费用、特检新技术、特检资料来源、特检评定结果、特检资料号，其中桥梁代码、特检类型、特检年月、特检单位为必填项，主要操作包括：新增、编辑、删除、保存、查找、选择列。

桥梁代码	桥梁名称	特检类别	特检年月	特检单位
411700L0004	后高楼分离式立交	无损检查	2011-12-03	ccccc
0111L0010	K33+366横沙小桥	静载试验	2011-12-23	测试
2012 L0030	下半沟桥	静载试验	2012-04-11	aa
411700L0001	安李庄分离式立交	详细检查	2012-04-25	北京新桥技术发展有限公
411700L0010	荒坡中桥	无损检查	2012-04-01	北京新桥技术发展有限公
411700L0015	主线跨被交道桥	静载试验	2012-04-01	北京新桥技术发展有限公
G045411700L0024	北李庄中桥	验算检查	2012-04-17	北京新桥技术发展有限公
G045411700L0039	阎庄分离式立交	特殊外观检查	2012-04-01	北京新桥技术发展有限公

操作按钮

特殊检查数据显示区

| 撤销 | 编辑 | 删除 | 保存 | 查找 | 选择列 |

特殊检查

桥梁代码：	
特检类别：	
特检年月：	
特检单位：	
特检费用：	
特检新技术：	
特检资料来源：	
特检评定结果：	
特检资料号：	

第八节　桥上事故

桥上事故模块包括 9 个数据项：桥梁代码、事故类别、事故年月、事故部位、损坏程度、死伤人数、经济损失、维修费用估算、维修措施，其中桥梁代码、事故类别、事故年月、事故部位为必填项，主要操作包括：新增、编辑、删除、保存、查找、选择列。

| 新增 | 编辑 | 删除 | 保存 | 查找 | 选择列 |

操作按钮

桥上事故数据显示区

桥梁代码	桥梁名称	事故类别	事故日期	事故部位
1110102L0010	母桥测试1	风灾事故	2011-11-30	护坡
G0454117000L0001	安李庄分离式立交	人为事故	2011-12-15	桥台
102L0010	母桥测试1	风灾事故	2011-12-05	护坡
411700L1003	东陶分离式立交	撞击事故	2011-12-03	桥台
1110102L0010	母桥测试1	地震事故	2011-12-07	桥墩
G045411700L0004	后高楼分离式立交	流冰冻胀事故	2011-12-09	桥头引道
S15440111L0010	K33+366横沙小桥	交通事故	2011-12-23	栏杆（缘石）
G321520123L0040	龙洞大桥	流冰冻胀事故	2012-04-11	主桥面

| 撤销 | 编辑 | 删除 | 保存 | 查找 | 选择列 |

桥上事故

桥梁代码：	
事故类别：	
事故日期：	
事故部位：	
损坏程度：	
死伤人数：	
经济损失：	
修复费估算：	
修复措施：	

第九节　重车过桥

重车过桥模块包括 9 个数据项：桥梁代码、过桥日期、通行证号、车型、车总重、最大轴重、超重车次、安全措施、收费额、过桥情况，其中桥梁代码、过桥日期、通行证号、车型、车总重为必填项，桥梁代码可选择起点桥梁代码及终点桥梁代码，表示该重车通过起点和终点间的所有桥梁，主要操作包括：新增、编辑、删除、保存、查找、选择列。

点击新增按钮后，出现的界面中"桥梁代码"字段是多选的，可以通过搜索功能找到需要记录的桥梁，勾选桥梁后点击确定即可，保存后重车通过的每座桥将产生一条记录。

第十节　地理信息采集

地理信息采集模块是系统首页桥梁地理位置定位的基础，该模块是基于 WebGis 平台，完成单座桥梁地理信息的采集、查看及修改等操作。

1. 信息采集

在右侧数据列表区选中未采集地理信息的桥梁，在左侧桥梁地理信息区点击要采集的点或者在采集区域 经度：□□□ 纬度：□□□ 输入该桥经纬度进行定位；

2. 查看桥梁

在右侧数据列表区选中桥梁，左侧桥梁地理信息区即出现该桥梁地理信息，图中桥所指位置即为桥梁所在位置，如图所示；

3. 修改地理信息

在右侧数据列表区选中桥梁，左侧桥梁地理信息区即出现该桥梁地理信息，拖动图中桥至指定位置，或通过采集区域输入该桥经纬度进行地理信息的修改。

第十一节　批量导入

批量导入模块能够实现桥梁基础信息数据库的批量导入，便于对老系统进行升级改造，批量导入功能需安装系统插件"Microsoft Silverlight"，可通过两种方式进行多媒体资料的批量上传：拖拽式（将文档拖拽至上传窗口中）、普通上传方式（通过文件夹目录选择上传），通过网络上传至服务器数据库中。

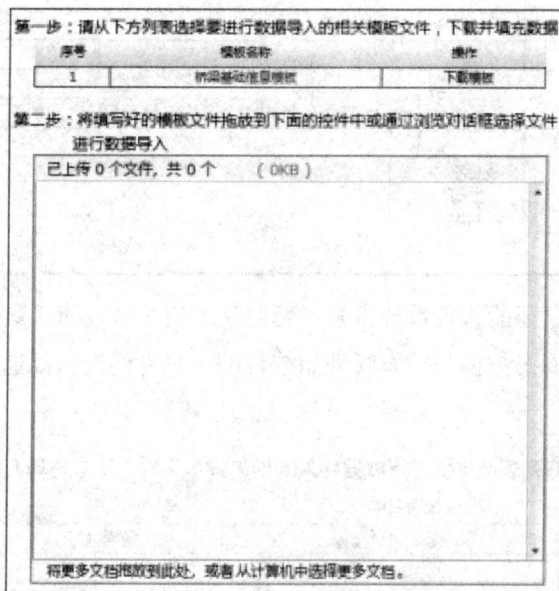

具体操作共分为两步:

第一步: 请从下方列表选择要进行数据导入的模板文件, 模板文件以 excel 形式下载, 用户可根据桥梁基础信息模板在 Excel 中填入桥梁信息, 或进行批量处理:

第一步:请从下方列表选择要进行数据导入的相关模板文件,下载并填充数据

序号	模板名称	操作
1	桥梁基础信息模板	下载模板

第二步: 将填写好的模板文件拖放到下面的控件中或通过浏览对话框选择文件进行数据导入, 当导入了不规范的文档时, 系统将进行提示, 如图:

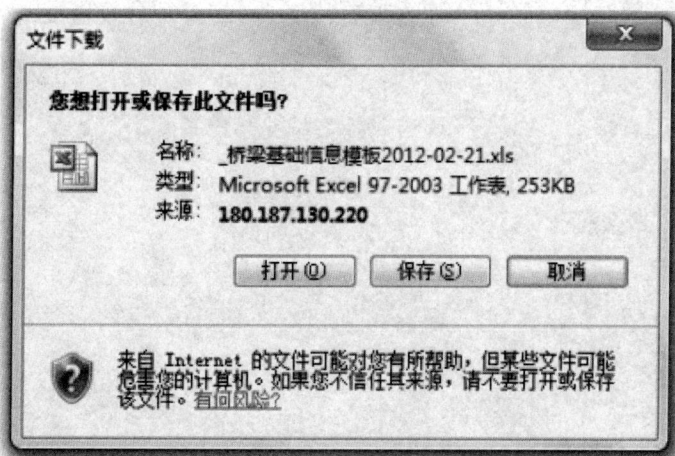

基础识别						
18	19	20	21	22	23	24
载	桥梁类型			桥墩类型		桥
	桥型	桥面板位	受力型式	材料编码	力或截面形	桥墩类型	材料编码

[1]上承
[2]中承
[3]下承

　　高速公路养护信息智能管理系统，是一套完整的应用计算机工具，辅助养护部门做好日常管理工作，实现静态数据与动态管理相结合的一套专门针对高速公路养护管理的综合性管理决策软件。

　　第一步：请从下方列表选择要进行数据导入的相关模板文件，下载并填充数据

序号	模板名称	操作
1	桥梁基础信息模板	下载模板

　　第二步：将填写好的模板文件拖放到下面的控件中或通过浏览对话框选择文件
　　　　　进行数据导入

已上传 6 个文件，共 6 个　　（374.37KB）

桁架拱桥评价结果.xls　　　　　　0.06kb/s　　　上传完毕

准备数据…　　　无法识别的导入文件，请从上方链接里重新下载模板文件

导入失败提示

结　语

在进行公路工程建设中，其中的一些项目在使用时，会随着时间的延续产生不可避免的损耗，如路面在行车荷载下产生轻微变形、车辙、磨损，就必须及时养护、整修，才能维持正常使用效能，延长使用寿命。公路工程需要对各个工程项目都制定有相应的养护规范。忽视养护，损坏严重才进行补救，造成的损失往往更大。加强对每个施工环节的管理和把控，保证施工质量和进度，实现社会价值。